民俗学の思考法

〈いま・ここ〉の日常と文化を捉える

岩本通弥・門田岳久・及川祥平・田村和彦・川松あかり 編

Thinking Like a Folklorist

慶應義塾大学出版会

目　次

はじめに

門田岳久

歴史的視点で捉える現代の日常

　本書は民俗学の入門書として書かれました。目次には一見民俗学らしくない題材が取り上げられているように思われるかもしれませんが、それは本書が、過去から伝承されてきた「民俗」だけでなく、現在の私たちの日常や生活を対象にすることをコンセプトとしているからです。近年では身の回りの事物や出来事を対象として考えていくことを謳った民俗学入門書が増えています。民俗学が過去に遡っていくことを目的としているのではなく、現在を考えるための学問だというのは 21 世紀における大きなパラダイムになっていると言えます。

　とはいえ、そのことは、民俗学が歴史的な視点と縁を切ったということではありません。〈いま・ここ〉という本書の副題は、ともすると同時代の文化現象を利那的に切り取るものだというイメージを喚起するかもしれませんが、本書でも歴史的に物事を捉えることは民俗学の重要な特徴として強調しています。一言で歴史的に物事を捉えると言ってもいろいろあります。たとえば、かつての民俗学では、祭礼や儀礼など伝統的な習俗を古代の残存物と見なし、過去のある時点の文化の姿を今に伝えているというような見方をしていました。

　これとは違って、伝承されてきた習俗の変化を捉え、それが現在の私たちの暮らしのなかでどういう機能を持っているのか考える方法もあります。たとえば、灸や瞑想といった健康法は形を変えながらも伝承され、現在では生物医療と補完し合う代替医療として実践されています。あるコミュニティのなかでそれがどう伝承され、人びとがなぜ・どのように

それらと関わっているのかを歴史的に問うことができます。このような現代社会における「民俗」の様態について、伝承や機能に着目する研究は現在の民俗学でも盛んに行われています。

　本書の言う歴史的視点も同じように時間的な変化を捉える意味ではこれに近いものですが、その対象は伝承されたもの、伝統的なものに限定されません。なぜなら私たちの日常を支える物事は、必ずしも伝承の結果だけではなく、企業や制度によって新たに生み出されたもの、マスメディアによって広まったものなど、さまざまな発生の仕方があるからです。こうした物事はいきなり私たちの日常に入ってくるわけではなく、定着するまでのプロセスを要します。

　スマートフォンをイメージすればわかるように、新しい機械が登場した時、人によっては拒否反応を示すこともありましたが、いつのまにかスマホは私たちの日常に欠かせないものとなり、固定電話など過去の連絡手段を駆逐し、待ち合わせの形を大きく変容させました。ですが、固定電話もまたある時点では、過去の連絡手段を駆逐した新たな機械でした。私たちの日常はこのように変化の連続の上に立っています。本書で言う歴史的視点とは、私たちを取り巻く日常がいかにして当たり前の状態になっていったのかを問うこと、言い換えると「いま」の成り立ちを明らかにすることです。

　グローバル化と民俗学

　上記のような民俗学における 3 つの歴史的視点は、ヘルマン・バウジンガーというドイツの著名な民俗学者の分類を参考にしています（バウジンガー 1988）。ドイツの民俗学もかつては農村の古い習俗を対象とし、「ゲルマンらしさ」とは何か、といった主題を追求していました。そのような民族主義はナチズムにとって大変都合が良く、戦前の民俗学は戦時体制に組み込まれていました。バウジンガーが戦後行ったのは、全体主義への加担を省み、民俗学の役割を過去の追究から、都市生活や科学

技術、国境を越えた移動なども対象とする、現代の文化研究として再定義することだったのです（河野 2005）。

　ですが、本書がドイツ民俗学の輸入版かと言えばそうではありません。私たちが当たり前だとみなしている慣習や常識を歴史的視点で問いなおすことが民俗学の特色であるというスタンスは柳田國男にも見られた考えでした。柳田國男とは 20 世紀前半の日本を代表する知識人で、近代民俗学の基礎を築いた人です（第 1 章）。「当たり前を問う」「常識を疑う」というスローガンは今ではさまざまな分野で謳われていますが、民俗学の場合、柳田が構想した「世相史」や「実験の史学」などのアイディア、欧米の民俗学由来のヴァナキュラーや日常といった概念を組み合わせることで、独自の「問い方」を企図します（第 2 章）。

　柳田自身、1920，30 年代当時の歴史学、イギリスやドイツの民俗学、民族学（文化人類学）からアイディアの一部を得ていたように、日本の民俗学もその起こりの時からすでに学際的、国際的な視点を持った学問でした。日本のことは外国の理論ではなく、日本の理論でしかわからないのではないかという見方もできます。ですが現代の学問はますますグローバルに展開し、学問に国境はなく、どこからでも、どの地域の研究も可能です。

　21 世紀の民俗学は海外の民俗学や日本研究（Japanese Studies）のネットワークや、国内のさまざまな学問分野に接続しつつ、独自性を出すことが期待されています。その観点から本書では積極的にグローバルな研究動向や学史の流れに位置づけるとともに、歴史学、人類学、社会学などとも共有可能な課題を取り上げるよう努めました。

　ただ、そうすると民俗学はそれらの分野とどう違うのか、という問いが発生するでしょう。これはきわめて正しい問いで、国際化、学際化の進むなかでは多くの分野が直面する課題でもあります。上記のように本書は民俗学ならではの「当たり前の問い方」を示すよう努めていますが、現在では分野間の違いは絶対的なものではなく、相対的なものであるこ

とを前提に、「本書の読み方」に引きつけて考えてみたいと思います。

　本書の読み方、使い方
　本書は民俗学の入口に立ってもらうということを目的としています。本書の読み方はもちろん100%読者に委ねられますが、初学者の方も含まれていると思いますので編者の期待を少しだけ示しておきます。
　一言で言うと、本書を通して民俗学の考え方や思考の仕方を学ぶということです。考え方とは、物の見方と言っても良いでしょう。あらゆる学問には理論や方法を駆使することで可能になる、独自の物の見方があります。たとえば「親子」を論じる学問分野には、生物学、法学、社会学、民俗学、心理学、看護学など多々ありますが、それをどう語るか、どこに目を付けるかはそれぞれ異なるはずです。「民俗学だとこう考える」「このようなところに目を付ける」という、民俗学に特徴的な物の見方を発見し、思考法を身につけるのが本書の狙いです。
　物の見方を身につけるにはどうすればよいでしょうか。まずは、第1部各章を読み、そこで何が問いとして示されており、それに対する著者の結論はどのようなものだったのか、論旨をきちんと掴むことです。どの章でも具体的な事例が取り上げられ、それをもとに論旨が展開しています。そこで論旨を掴んだら、次に各章で出てきた事例だけでなく、身近な別の事例に自由に置き換えて考えてみることがよいでしょう。身近な日常を対象とする民俗学では、つねに自分に引きつけて考えることが大事だからです。
　ここで注意しないといけないのは、身近な事例を決して「伝統的」なもの、古くから変わらない物事に限定する必要はありません。先述のとおり、民俗学は「いま・ここ」の成り立ちを考える学問です。あらゆる「いま」にはその「前」があるように、現在の私たちの暮らしがどのように形成されたのかを歴史の変化のなかで捉える学問です。その意味で民俗学の対象は限定的ではなく、狭義の「民俗」だけを対象とするので

はありません。こうした応用的な思考は、自分だけでは心許なく感じるものです。できれば同じ文章を仲間で読みあい、他の人の「読み」と比較してみましょう。

　加えて、本書第Ⅱ部には民俗学に関する知識を増やし、学説を知るためのキーワードを並べました。よく学術的な書籍を読んでいると、日常生活では聞き慣れない言葉がいきなり出てくることがあります。こうした言葉は概念と呼ばれ、たんなる熟語ではなく、その研究分野の知見や理論を短い言葉にまとめたものです。なので、概念を理解することは、その分野の物の見方を知ることに大いに役立つと言えます。第Ⅰ部の各章と関連あるキーワードを見つけて、知識を補完してみるのも効果的です。

　さらに、他分野を専攻する友人の協力を得られるなら、何かのテーマや事例を設定し、お互いの物の見方を比較してみるのも効果的です。学問間の差異は思ったほど明瞭ではないと気づくと思いますが、同時に、重なり合いのなかから少しずつ違いも見えてくるはずです。近年は「思考法」を謳ったテキストが多く出ており、鳥越皓之他編『現場から創る社会学理論──思考と方法』（2017年、ミネルヴァ書房）や松村圭一郎他編『文化人類学の思考法』（2019年、世界思想社）、東京大学教養学部歴史学部会編『東大連続講義 歴史学の思考法』（2020年、岩波書店）などと比較してみると、民俗学ならではの考え方がよりわかりやすく見えてくるでしょう。

　民俗学の広い世界へ
　こうして民俗学の入口に無事立てたとしたら、その先に広い世界があります。本書では網羅することはできませんので、下記の情報をもとにみなさん自身で足を踏み出してみてください。
　1930年代から本格的に研究されてきた日本の民俗学の成果は、民俗学事典編集委員会編『民俗学事典』（2014年、丸善）、『日本の民俗』シリ

ーズ（全13巻、2008～2009年、吉川弘文館）などに見ることができます。市川秀之他編『はじめて学ぶ民俗学』（2015年、ミネルヴァ書房）の巻末には民俗学の重要文献一覧が掲載されています。

　またドイツ、アメリカ、フィンランドなど欧米の民俗学にはさらに長い研究史があります。近年では中国やインドの民俗学も盛んです。世界の民俗学については第Ⅱ部27、また R. Bendix 他編 *A Companion to Folklore*（2012年、Blackwell）に詳しく書かれていますし、国際民族学・民俗学会（SIEF）のジャーナル *Ethnologia Europaea* や *Cultural Analysis* など、無料で読める英語のオンラインジャーナルが増えています。SIEF やアメリカ民俗学会（AFS）は、Vimeo や Youtube などにチャンネルを持ち、民俗学の紹介動画を多数掲載しています。民俗学の教材として、また語学教材をかねて面白く見ることができます。

　民俗学は大学だけで展開するものではありません。自治体が設置する博物館には民俗展示を行っているところが多々あります。都道府県立の大きな博物館では民俗学を専門とする学芸員が在籍し、民俗展示に絡むイベントや講演会も盛んに行われています。また都道府県単位の民俗学会も多数あり、定例研究会や冊子発行を行っています。民俗学は市民に開かれた学問です。興味を持てば誰でも参加できますので、「地域名＋民俗学会」等で検索をしてみてください。

　民俗学の豊かな世界を本書ですべて紹介することはとうてい不可能ですが、第Ⅰ部各章末尾には、それぞれの主題に関心を持ったら次に何を読めばよいか、編者の観点で *Next Step* という紹介コーナーを設けました。そこでは書籍だけでなく展示や映像資料も加えています。ほんの一例でしかありませんので、興味のあるものを読み、その文献リストからまた別の文献を見つけるという、いわゆる芋づる式の探索をしてほしいと思います。

課題としての「生」

　このようにして広がっていく民俗学は決して過去や遠い世界の話ではなく、あなた自身の「生」（生活や生き方、あるいは生命）を捉え直すことに繋がっていくでしょう。民俗学は以前から自己省察（内省）の学と言われてきました。これは異文化研究の文化人類学に対して、民俗学は自文化（日本文化）研究を行うという意味にも理解されてきました。それは間違ってはいませんが、決してそれだけではありません。

　文化という言葉はくせ者で、古くからの習俗や伝承を「日本文化だ」と表現した瞬間に、何か自分とは切り離された崇高なもの、価値のある伝統のように見えてきます。価値ある不変の文化を発見し選別をしていく「日本文化」論と、人の生き方に向き合い、他者の実践や言葉に耳を傾け、日々変化していく日常生活を研究する民俗学とはやはりイコールではないと言ってよいでしょう。

　したがって、ここで言う自己省察とは、民俗学的な思考を重ねることで人びとの生き方を捉え直し、今まで意識してこなかった物事に注意を配りながら、自己と他者にとってよりよい生のあり方を思索することだと言えます。なぜなら自分自身が生きている「いま」の成り立ちを考えることは、自分を取り巻くさまざまな規範や縛りを意識したり、自分や周囲の人びとの生活を支えている仕組みや価値観に気づいたりすることに繋がるからです。

　通常注意を向けることのない、自己をとりまく自明な世界のあり方を生活世界（生世界）と言い、民俗学でも重要な概念ですが（高 2016）、これを問い直すことは、場合によっては私たちが温存してきた文化的な環境を批判的に相対化することにもなるでしょう（第Ⅱ部 13、32、33）。民俗学はさまざまな人びとの「生」の技法を、民俗誌を通じてきわめて具体的に描いてきました。他者の生き方を知ることは、自己の生き方を省みることに繋がります。本書を通してぜひ、あなた自身の「生」に照らし合わせて思考を重ねてほしいと思います。

参考文献

河野眞（2005）『ドイツ民俗学とナチズム』創土社

高丙中（2016）「生活世界——民俗学の領域とディシプリとしての位置づけ」（西村真志葉訳）『日常と文化』2：60-75

バウジンガー，ヘルマン（1988）「現代民俗学の輪郭」（河野眞訳）『一般教育論集』1：79-94

第 I 部

〈いま・ここ〉を捉える思考法

第1章
生きるための民俗学へ
——日常とヴァナキュラー——

島村恭則

民俗学の発生と展開

　民俗学の歴史は、18世紀のドイツではじまる。その最初の姿は、啓蒙主義（理性を重んじ、非合理的なものを排除する思想）の影響下、知識人たちが「民衆（Volk）」の統治や教化のために、「民衆」の生活について調べ、記述するものであった。この意味で、民俗学的関心の発生母体は、啓蒙主義にあったと言えるが、これとは別に、民俗学的関心の発生からほどなく、歴史哲学者のヨハン・ゴットフリート・ヘルダー（Johann Gottfried von Herder, 1744-1803）が登場することで、この学問は、対啓蒙主義的な性格を強く持つものとなってゆく。

　ヘルダーの生きた18世紀後半、ヨーロッパでは、イギリス・フランスを発信源とする「啓蒙主義」が時代をリードする思想となっていた。啓蒙主義の考え方では、合理性と普遍性（世界のどこでどのように暮らす人びとにとっても、合理的な思考とその結果は遍く通用するはずで、またそうでなければならないとする考え）が理念とされる。そのため、啓蒙主義を信奉する人びとは、自分たちがもともと生きている社会に固有の暮らしぶり、考え方、あるいは日常的に用いている土着の言葉について、それらこそが啓蒙（無知蒙昧な状況に理性の光をあてて人びとを賢くすること）の対象であるとして、否定していった。

　ヘルダーは、この啓蒙主義に真っ向から抵抗した。彼は、フランスでつくられた借り物の思想に身を任せるのではなく、自分たち自身の「日常」に根差した生き方をこそ探求すべきだと考え、ドイツに根生いの暮

らし、言葉、思考を発掘し、大切にすることを主張した。対啓蒙主義とはこのような考え方のことをさす。

　ヘルダーは、対啓蒙主義の実践を民謡の採集を通して行った。人びとが日常の暮らしのなかで歌う民謡には、「人びとの魂（*Volksgeist*）」が宿っていると考えたからである。彼は「民謡集」を編集するとともに、民謡の採集を広く人びとに呼びかけた。その結果、ドイツ国内のみならず、スラヴ諸国や、フィンランド、ノルウェーなど、ヨーロッパの周辺部に位置する国々で、民謡採集が始まった。この動きの背景には、当時、ヨーロッパ支配を目指して戦いを繰り広げていたフランス（ナポレオン）の強大な力（覇権）に対する抵抗意識も横たわっていた。

　ヘルダーに続いて、グリム兄弟、すなわちヤーコプ・グリム（Jacob Ludwig Karl Grimm, 1785-1863）とヴィルヘルム・グリム（Wilhelm Karl Grimm, 1786-1859）が登場する。グリム兄弟は、ヘルダーの対啓蒙主義の影響を受けながら、「物語」（昔話・伝説・神話）の収集・研究を行った。世に「グリム童話」の名で知られている『グリム兄弟によって集められた子どもと家庭のメルヒェン集』（1812 年初版、以後、兄弟生前には 1857 年の第 7 版まで刊行）は、その成果の 1 つである。

　グリム兄弟の物語研究も、やはり、ヨーロッパ周辺部を中心に、各地に影響を与え、それぞれの地で民話の採集、民話集の刊行が続いた。そしてその影響はイギリスにまで及んだ。

　イギリスの古事研究家であったウィリアム・トムズ（William John Thoms, 1803-1885）は、1846 年に「フォークロア」という文章を発表し、ヤーコプ・グリムの『ドイツ神話学』を引き合いに出しながら、イギリスにおいても古い時代のマナー、習慣、儀礼、俗信、民謡、諺など、それまで「民間古事（popular antiquities）」の名のもとで扱われてきた物事を、自分が造語した Folk-Lore という新たな語のもとで研究すべきだと主張した（トムズ 1994）。

　ここで注目すべきは、ヘルダーの「歌」、グリム兄弟の「物語」に加

え、「マナー、習慣、儀礼、俗信、民謡、諺」が、folklore の具体例として挙げられていることである。そして、このような採集・研究対象の拡張は、ドイツにおいても起こっていた。グリム兄弟の弟子のヴィルヘルム・マンハルト（Wilhelm Mannhardt, 1831–1880）は、農耕に関わる儀礼や信仰を研究し、その後、家屋や農具など、「モノ」（物質文化）の研究を行う研究者も現れるようになった。

　あわせて理論的な考察の深化も見られるようになった。とりわけドイツのヴィルヘルム・ハインリヒ・リール（Wilhelm Heinrich Riehl, 1823–1897）は、「学問としての民俗学」という論文を公表し、ヘルダー以来の一連の知的営為が、独立した学問領域として成立することが示された。

　このようにして成長してきた民俗学は、世界中で研究されるようになった。19 世紀後半から 20 世紀初頭にかけて、ヨーロッパでは、フィンランド、エストニア、ラトヴィア、リトアニア、ノルウェー、スウェーデン、アイルランド、スコットランド、ウェールズ、ブルターニュ、スイス、ハンガリー、スラヴ諸国、ギリシャなどで、またそれ以外では、アメリカ合衆国、インド、ロシア、中国、韓国、日本、フィリピン、ブラジル、アルゼンチン、ナイジェリアなどで民俗学の研究が行われるようになり、それぞれの地において独自の展開を遂げていった。そして、そのなかから、さまざまな理論や方法、多くの実証的研究が生み出されて今日に至っている。

　ところで、ここで注目したいのは、民俗学が盛んな国、地域は、どちらかというと、大国よりは小国、また大きな国であっても、西欧との関係のなかで自らの文化的アイデンティティを確立する必要を強く認識した国、あるいは大国のなかでも非主流的な位置にある地域だという点である。これらの国や地域の人びとは、民俗学の研究と普及を通して、自分たちの暮らしのあり方を内省し、そのうえで自分たちの生き方を構築することで、自分たちを取り巻く大きな存在、覇権（強大な支配的権力）、「普遍」や「主流」、「中心」とされるもの、に飲み込まれてしまうのを

図1 「対覇権主義の学問」としての民俗学

回避しようとしてきたのである（図1）。

　民俗学が持つこうした性格は、ヘルダーの場合に典型的に見られた「対啓蒙主義」に加え、「対覇権主義」という言葉で表すことができる。民俗学という学問は、覇権主義を相対化し、批判する姿勢を強くもった学問である。強い立場にあるもの、自らを「主流」「中心」の立場にあると信じ、自分たちの論理を普遍的なものとして押しつけてくるものに対し、それとは異なる位相から、それらを相対化したり超克したりしうる知見を生み出そうとするところに民俗学の最大の特徴がある。

日本の民俗学

　日本で民俗学が始まったのは、20世紀の初頭である。イギリスでフォークロア（folklore）の研究が行われていることが紹介され、「民俗学」の名のもとに、学術研究が始められたのだが、特に強力にその体系化と組織化を推し進めたのが柳田國男（1875-1962）であった。

　柳田の初期の著作である『遠野物語』の冒頭には、「願はくは之を語りて平地人を戦慄せしめよ」とある。ここで言う「之」とは、岩手県遠野地方の人びとが語り伝えてきた物語の世界であり、「平地人」とは、啓蒙主義的思考のもとで近代化に邁進する都市住民のことである。現代語に訳すと「この物語を語って平地の人を戦慄させることを願っている」となるこの一文からわかることは、柳田が、啓蒙主義的世界観では非合理的なものとして切り捨てられてしまう世界の存在を、本書によっ

て「平地人」につきつけようとしていたということだ。啓蒙主義的世界観に対する対啓蒙主義からの挑戦、そして、中央の覇権に対する対覇権主義からの挑戦だと言える。

図2　柳田國男（成城大学民俗学研究所提供）

ところで、柳田の構想した民俗学には、世界的に見て独自の特色があった。それは、民俗学を、人びとが自分たちの生き方を創出してゆくための方法論、すなわち「生きるための民俗学」として構想していた点である。柳田は、社会の構造的変動──それは柳田の文脈では、明治以来の日本社会における急速な近代化のことだった──のなかで、人の生き方、暮らし方はどのように変化しつつあるのか、あるいは、社会の構造的変動のなかで、それらのうち、捨て去るべきものは何で、残すべきものは何か、また新たに取り入れたり、創造したりすべき生き方、暮らし方はどのようなものか、さらに、古くからの生き方、暮らし方と、新たな生き方、暮らし方をどのように組み合わせて未来を創っていくかを考えるものであった。

たとえば、柳田は、近代の政治制度である選挙で議員を選ぶ際、有権者が自分の判断ではなく、自分が子分として従属している親分の言うがままに投票を行ってしまうのは、「親方子方制度」や「英雄崇拝」という「民俗」の弊害であるから、そのようなものは捨て去るべきだと述べている（柳田 1963：393-408、室井 2010：91-129、田澤 2018：141-170）。あるいは、近代になって制定された標準語（共通語）には、人が自分の意見を十分に表現するに足るだけの適切な語彙が不足しているため、すでに存在する方言のなかから表現力の豊かな語彙を選択し、これを加えてゆくことで日本語のボキャブラリーを充実させるべきだといったことも述べている（柳田 1963b、田澤 2018：141-170）。

また、柳田は、人びとの幸福は、団結と相互協力によってこそもたらされるとして、近代的社会制度としての組合（産業組合や消費組合など）の導入を主張していたが、その際には、ヨーロッパで生まれた組合制度の形式をそのまま日本に輸入するのでは意味がなく、既存の「民俗」に見られる団結や自助の精神をそこに盛り込むべきだと考えていた（柳田1963：377-392、藤井2008）。

　このように、柳田が構想した「生きるための民俗学」は、きわめて現実的で実践的な知的活動であったが、このような民俗学のあり方を提言したのは、世界の民俗学の歴史のうえで、柳田國男のみと言ってよい。

　世界民俗学史上、顕著な業績を上げた学者として、世界各地の民間説話を網羅的に分類したアンティ・アールネとスティス・トンプソン、民間説話の形態論を生み出したウラジーミル・プロップ、口頭定型句理論を創出したミルマン・パリーとアルバート・ロード、精神分析学的民俗学を構築したアラン・ダンデス、科学技術世界を対象とする民俗学研究を開拓したヘルマン・バウジンガーなどを挙げられるが、「生きるための民俗学」を構想した柳田は、ここに並べることのできる民俗学者だと言える。

　ただ、念のため注意しておきたいのは、柳田の「生きるための民俗学」は、すぐれた民俗学のあり方の1つだが、それが民俗学のすべてではないということである。上記の例示からもわかるように、世界にはさまざまな民俗学の方法や理論がある。またこれは日本国内においても同様で、民間伝承そのものの起源や歴史的変遷、あるいは機能や意味を解明する研究、アジアをはじめ世界各地の民間伝承との系譜学的比較研究など、さまざまな研究が行われてきており、これはこれで豊かな成果をもたらしている。

ヴァナキュラー

　民俗学は、対啓蒙主義的、対覇権主義的な視点から人間の社会と文化

を研究する学問である。この「対啓蒙主義」「対覇権主義」という視点を一言で表すなら、ヴァナキュラー（vernacular）という語が最もふさわしい。この語は、「権威あるラテン語に対する世俗の言葉」、すなわち「俗語」を意味する語として長く用いられてきた英語である。

　ベネディクト・アンダーソンの『想像の共同体』（アンダーソン 1987）という本がある。近代国家の国語、国民文化、国民意識がどのように形成されてきたかを分析したものだ。そのなかで、ヨーロッパ各地で正統的なラテン語に対する俗ラテン語（俗語）が次第に国家語に昇格していった様子が記述されているが、原著では、「俗語」は vernacular、「国家語」は languages-of-state と表記されている。

　ヴァナキュラーは、辞書を引くと、「風土」「土着的」「ローカル」などの語義が載せられており、実際、そのような意味で用いられていることも多い。だが、「権威あるラテン語に対する世俗の言葉」の意味で長らく用いられてきたことを踏まえると、この語は、権威、権力、「正統」や「普遍」とされるもの（その最たるものがラテン語である）に対する〈俗〉を意味する言葉として理解可能である。そして、「民俗学」の「俗」もまた、この〈俗〉、すなわちヴァナキュラーに相当するものとして位置づけることができる。

　ヴァナキュラーは、民俗学的視点を表わす語だが、この視点で切り取った対象もまたヴァナキュラーと呼ばれている。従来、民俗学の研究対象は、先に言及したように英語では folklore（フォークロア）とされてきた。しかし、近年では、フォークロアよりもヴァナキュラーの方が好んで用いられるようになっている。なぜならば、一般社会において、フォークロアの語は、「農村で伝承されてきた古俗」というニュアンスで用いられたり、あるいはナショナリズムの文脈で、一国の「国民文化の基層をなす誇るべき文化遺産」の意味で用いられたりすることが多く、民俗学がこの語を学術用語として用い続けると、不必要な誤解を招きかねないからである。

「フォークロア」に対して、「ヴァナキュラー」には誤解を招くようなニュアンスはいまのところ付着していない（バウマン 2013）。「農村」「伝承」「古俗」「遺産」といったイメージに縛られることなく、対啓蒙主義的、対覇権主義的な事象を広く捉えることが可能な概念としてヴァナキュラーが用いられているのである。

フォークロアは、日本語では「民俗」と称されてきた。日本語の「民俗」は、英語圏におけるフォークロアの語ほどには、「古俗」「文化遺産」に偏向して受け止められているとは思われないが（そもそも「民俗」が「民族」と混同されることが多いことからもわかるように、「民俗」という語彙自体が社会的認知を十分に獲得しているわけではない）、そうは言うものの、一部では「民俗」＝「民衆の間で古くから伝えられてきた文化遺産」のような意味で理解されている傾向も否定できない。そのことを考えると、日本でもヴァナキュラーという語を積極的に用いる意義がある。

日常と民俗学

民俗学では、近年、日常という概念がよく用いられるようになっている。ここで言う、日常とは、「人びとがそれを当たり前のことと思って過ごしている日々の生活」のことである。日本の民俗学は、柳田國男以来、一貫して日常への関心を強く持ってきたが、第2次世界大戦後のドイツ民俗学が、民俗学を「日常学」として自己規定したこともあり（法橋 2010）、日本でも、近年、あらためて「日常」を民俗学の対象領域として再確認したという経緯がある。

ただし、「日常」を研究するからと言ってそれだけでは民俗学にはならない。さまざまな学問がそれぞれの視点や方法で「日常」を研究することができる。たとえば、社会学には、「日常」の構造を抽象度の高い精緻な論理構成で分析した仕事がある（シュッツ＆ルックマン 2015、バーガー＆ルックマン 2003、山岸 1978）。

では、民俗学の「日常」研究とはどのようなものか。ここでヴァナキ

ュラーが登場する。民俗学は、「日常」に対して、ヴァナキュラーの視点、すなわち対啓蒙主義、対覇権主義の視点でアプローチする。もっとも、この場合、民俗学が啓蒙主義や覇権主義の側、たとえば国家機構や市場システムやマス・メディアを扱わないという意味ではない。民俗学は、それらが日常のなかにどのように立ち現われるのかを、ヴァナキュラーの視点によって分析する。そして、柳田國男や本書の立場では、これを「生きるための民俗学」として実践するというスタンスをとるのである。

方法としての「世間話」

　さて、ここまでは対象領域、視点、スタンスの話である。より踏み込んで、どのような方法論によってこれを実現するのかについても説明しなければならないだろう。先にも触れたように民俗学の方法は多様である。「生きるための民俗学」の実践にあたっても方法はいくつも考えられる。

　そのなかで、ここで紹介したいのは民俗学者の重信幸彦が「方法としての「世間話」」として提示している方法論（重信 1989）である。民俗学は、草創当初から歌や物語など口頭による言語表現について研究を蓄積してきた。先に挙げた世界的民俗学者たちの仕事の多くもこれに関わるものであった。ただ、これまで主として扱われてきたのは、ストーリーや表現方法に一定の「カタ（型）」がある口頭表現であった。日本語の伝統では、こうした「型」のある言語表現は「カタリ（語り）」と呼ばれる。一方で、「型」をなさない言語表現、その場その場で生成しては消えてゆく言語表現は「ハナシ（話）」と呼ばれてきた。

　柳田國男は、「カタリ」に加えて、「ハナシ」、特に「世間」についての自由な談話である「世間話」についての研究の重要性を説いていた。それは、「世間話」が「生きるための民俗学」実現のための「方法」として有効だと考えたからだ。どういうことか。柳田の文章を読み込んで

構成された重信の見解に筆者なりの理解を融合させて、「方法としての「世間話」」についてまとめてみると、次のようになる。すなわち、

　　人びとが生活実感を伴わない状態で定型句を使いまわすのではなく、自分たちの言葉で、自分たちの「日常」について自在に話し合う。そのことで互いを知り、また他者を知る。そして、人びとは自分たちの暮らしを内省し、より良い未来について考えるようになる。話し合うことで、判断力を身につけた仲間も育つ。この仲間によって、1人では対処できないさまざまな社会問題に対する団結による対処も可能になる。この一連のプロセスを起動させるのが「世間話」の実践である。それは人びと自身によって行われる「生きるための民俗学」の実践でもある。

という考え方である。

　柳田は、民俗学は、アカデミー（大学）のなかで行われる学問ではなく、人びとが日々の生活のなかで実践し、そこからさまざまな人びととのネットワークを通してさらに物を深く知っていく知的行為だと考えていた。いわば、世間話の延長線上にあるのが民俗学、いや、より積極的に、民俗学＝世間話と考えていたのである（重信 2015）。

「上からの日常」と「ヴァナキュラーな日常」

　2020 年、世界は新型コロナウイルス感染症の大流行に遭遇した。日本では、4 月 7 日に緊急事態宣言が発せられ（5 月 25 日解除）、外出自粛や営業自粛が要請された。そして、5 月 4 日には、新型コロナウイルス感染症専門家会議の提言に基づき、厚生労働省が「新しい生活様式」を公表した。

　これは、感染拡大防止のための「徹底した行動変容」を実現するために、「日常生活を営む上での基本的な生活様式」、「日常生活各場面の生

活様式」、「働き方の新しいスタイル」を提示するものであった。

これらの「新しい生活様式」は、国家によって提示された「正統」で「普遍」的な「日常生活」「生活様式」であり、言い換えれば「上からの日常」と言うべきものである。一方、民俗学が考える「日常生活」「生活様式」は、ヴァナキュラーな次元のものである。

人びとは、国の提言やメディアの情報の影響を大なり小なり受けつつも、自ら新たな生き方を模索する。厚生労働省やメディアが言うとおりにコロナ以後の生活を構築するわけではない。国やメディアが示すものとは異なる生き方、「ヴァナキュラーな日常」が無数に生み出されるのである。

民俗学の仕事の1つは、「ヴァナキュラーな日常」の生成過程を観察することである。しかし、そのような「観察」は、民俗学の専門家が行う研究にすぎない。民俗学の本願はそこにはない。本当に求められるのは、人びとによる「方法としての「世間話」」の実践である。生活者の1人ひとりが民俗学の実践によってコロナ以後の生き方を考える。仲間との「世間話」の交換、さらには仲間を超えた外部との「世間話」の交換から新たな生き方、暮らし方を創出する。交換される「世間話」には、古今東西のさまざまな知恵が内包されていることだろう。こうした民俗学的実践によって新たな生活がつくられていく。民俗学の社会的存在価値の1つはこの実践のなかにある。

参考文献
アンダーソン，ベネディクト（1987）『想像の共同体——ナショナリズムの起源と流行』（白石隆・白石さや訳）、リブロポート
重信幸彦（1989）「『世間話』再考——方法としての『世間話』へ」『日本民俗学』180：1-35
重信幸彦（2015）「民俗学のなかの『世間／話』——『明治大正史 世相篇』（一九三一）から」『日本民俗学』281：47-67
島村恭則（2019）『民俗学を生きる——ヴァナキュラー研究への道』晃洋書房
シュッツ，アルフレッド＆トーマス・ルックマン（2015）『生活世界の構造』（那須

　壽監訳)、筑摩書房
田澤晴子(2018)『吉野作造と柳田國男——大正デモクラシーが生んだ「在野の精神」』ミネルヴァ書房
トムズ,ウィリアム(1994)「フォークロア」『フォークロアの理論——歴史地理的方法を越えて』(荒木博之編訳)、法政大学出版局
バーガー,ピーターL.＆トーマス・ルックマン(2003)『現実の社会的構成——知識社会学論考』(山口節郎訳)、新曜社
バウマン,リチャード(2013)「ヴァナキュラーの文献学」(谷口陽子訳)『日本民俗学』273:9-16
藤井隆至(2008)『柳田国男——「産業組合」と「遠野物語」のあいだ』日本経済評論社
法橋量(2010)「現代ドイツ民俗学におけるプルーラリズム——越境する文化科学への展開」『日本民俗学』263:5-30
室井康成(2010)『柳田國男の民俗学構想』森話社
柳田國男(1963a)「明治大正史 世相篇」『定本柳田國男集 24』筑摩書房
柳田國男(1963b)「国語の将来」『定本柳田國男集 19』筑摩書房
山岸健(1978)『日常生活の社会学』日本放送出版協会

Next Step

民俗学史や理論に関しては、古典として瀬川清子・植松明石編『日本民俗学のエッセンス——日本民俗学の成立と展開 増補版』(1994年、ぺりかん社)、アメリカに特化したものとして小長谷英代・平山美雪編訳『アメリカ民俗学——歴史と方法の批判的考察』(2012年、岩田書院)が挙げられる。博物館では「日常」に焦点を置いた展示が少しずつ広がっている。国立歴史民俗博物館(千葉県佐倉市)第6展示室(現代)は「戦後の生活革命」を主題にしている。ドイツ・ベルリンの文化醸造所博物館(Museum in der Kulturbrauerei)には、「日常」を冠した常設の「東ドイツの日常」(Alltag in der DDR)展があり、旧東独市民の娯楽、衣食住、秘密警察による監視といった主題を見学できる。[門田]

➡第Ⅱ部 ⎣1⎦, ⎣4⎦, ⎣6⎦

第 2 章
過去に縛られながら未来に向かう
──世相と歴史──

岩本通弥

民俗学にとっての「歴史」とは

　柳田國男は 1931 年に上梓された『明治大正史 世相篇』（以下、世相篇）で「歴史は他人の家の事績を説くものだ、という考えをやめなければなるまい」と述べた。問題の立て方によって、それは「他人にもなれば、また仲間の一人にもなるので、しかも疑惑と好奇心とがわれわれに属するかぎり、純然たる彼らの事件というものは、実際は非常に少ない」のだと続ける（柳田 1993：21）。彼は民俗学も広い意味での「歴史」に位置づけたが、それは歴史学（文献史学）の補助科学という意味ではない。

　世相篇は世相史とも呼ばれる。それは「いかに平凡であろうとも衣食住」のような「多数の者が、一様にかつ容易に実験しうるもの」（柳田 1993：21）を手掛かりに、民衆の個別な「生」の内部に入り込みながら、そのなかの共同的な「生」のあり様や仕組みの変化を、総体的なプロセスとして具体的に描くものである。感情や感覚といったあくまで個人的な心意を掬い取りつつも、「集合的な力」（柳田 2003a：119）に統御された同じ流れに浮かぶ、その「全き姿」を把捉する試みだった。

　これを彼は「歴史ある平凡」とも表現した（柳田 2003a：119）。平凡とは、第 1 に、いわば大きな出来事だけを追い求めた旧来の歴史学が、自らとは無縁のものと除外してきた私的で小さな些事のことであり（永池 2010）、第 2 に、平凡とは日常そのものであり、当たり前になってゆくプロセスを含む動態的なものとして描かれる。民衆の日常生活へのあくなき関心の在処を示しつつ、柳田が従来の歴史学のなかに「歴史」の欠落を認め、

新たな私たちの史学として構想したのが、民俗学なのだと言える。

　変化する総体的なプロセスに関し、柳田の叙述した例を挙げながら、彼の唱える「歴史ある平凡」とは何か？　具体的に掘り下げてみよう。世相篇によると、明治初年に新政府が力を入れた農業政策の１つが、花卉栽培すなわち花作りであったという。異国の鮮やかな色彩が供給されることによって、農村風景が彩られ、その寂寞単調が慰められたのをはじめ、それは「大きな世相変化の境」になったと説き進めてゆく。

　たとえば、共同墓地の一隅に花咲く彼岸花（曼殊沙華）が、救荒食物であったように、「花を植えようとする人々の心持ち」は、食用に先立っていた主用途から、大きく鑑賞へと傾いた。当初は千日紅や百日草といった盛りの長い赤い花が好まれ、切り花が日常化してゆくと、「待つとか惜しむという考えが薄くなって」、季節感は失われた。一方、主婦の美徳であるかの如く、家の仏壇に日々の花を供えるようになったのは、明治大正の生み出した新たな世相だと論じる。ただし、それは以前の祖先らが経験した、たとえば咲き始めた花の蕾に対する昂奮や、一輪の花を手に折っても抱きえた情熱などの喪失を代償に、楽しみが日常凡庸化していったことも意味したと、注意を促している（柳田 1993：32-33）。

　このように柳田の眼差しは、昂奮や楽しみの凡庸化にも注がれるのであって、有名な一節である「褻と晴との混乱」でも、「まれに出現するところの昂奮というものの意義」が薄れた結果、「現代人は少しずつ常に昂奮している」と説くのだ。「やや疲れてくると、初めて以前の渋いという味わいを懐かしく思う」とする文章に目を奪われがちだが、昂奮、楽しみ、面白さといった共同で感じていた情動が、いわば個人化してゆくプロセスを凝視している。「褻と晴の混乱」と「渋さの味わい」との関連だけを読み取ってはならない（柳田 1993：29）。

「実験の史学」と「史心」の涵養

　自身の民俗学を柳田は「実験の史学」（1935 年）と呼び、実験とは「素

養ある者の、計画あり予測ある観察のこと」（柳田 1964：517）だと述べている。先の引用でも使われていた実験には、実際の経験という含みがあるが、「総体から見て日本も二三十年前迄は、まだ実験に適しない国だつた」とするように、「目前の有りふれた事実」の変り目に心づくとき（柳田 1964：519）、初めて実験は成立する。

　時代の微妙な移り目や地方の微細な地域差に、民俗学は有意な意義を認めて、当たり前とされ自明視される存在に、微妙なズレや意味を嗅ぎ取り、そうした感性を研ぎ澄ませ、その自明性を解体することに神経を集中させてきた。柄谷行人は柳田の言う「実験の史学」を、「多くの面で類似しているが、その一部が顕著に異なるような複数のシステムを比較することによって、その違いが及ぼした影響を分析する」ものと要約するが（柄谷 2019：39）、実験とは現地調査で蒐集したデータを、比較研究することで、違いがいかに作用するかを観察することを指している。

　「ものには歴史がある。現在すべてのものに原因のないものはない」として（柳田 1983：79）、わかっている当たり前だとされる身の回りの世界や事物に、疑問を差し挟み、細部に宿ったその「歴史」を注視する精神や、それを踏まえた「自ら判断する力」を養うことを、柳田は「史心」と呼んだ。「今に依つて古を尋ねること」（柳田 2003b：327）であり、あくまで現在の自己の「生」を過去の事象との繋がりにおいて把握しようとする歴史的感性が、「史心」なのであり、国民全部が「史心を養う」ことこそ歴史教育の主眼であるとした（柳田 1983：79）。

　民俗学が培ってきたのは、このような不可視的な当たり前を可視化するための実践であり、日常凡庸のものを当たり前ではないと、読み手に自覚させる研究が積み重ねられ、そして読者にそれを提示してきた。特に柳田の場合、平凡のなかに「歴史」を見たのであり、一見、無時間的な変化のない持続として表象される、日常の小さきものやその生活世界のなかに「歴史」を見出している。

人類学と歴史学の狭間に生きる

　世相篇は柳田の学問に大きな転換をもたらした。第1に、多数の新聞記事を渉猟したものの、現実の社会事相ははるかに複雑で、「新聞はわずかにその一部をしか覆うていない」という一大事実を発見する。「新聞の記録ほど時世を映出する」という予測は大きく外れ、「生活の最も尋常平凡なものは、新たなる事実として記述せられるような機会が少なく、しかもわれわれの世相は常にこのありふれたる大道の上を推移」するという、いわば公理を導き出した（柳田 1993：5-6）。

　第2に、これ以降、柳田は全国各地の現地調査を積極的に組織化し、「生活の最も尋常平凡なもの」を記録化してゆく。それはまた索引としての、一連の民俗語彙（集）の整備を伴った。前者は人類学と同じくフィールドワークの重視をもたらしたが、後者は同一言語を使用する者が調査においては優越するという言説から、エスノロジーとの差異化が企図された。これらを柳田は「一国民俗学」と呼び、それぞれの国での成立のうえで、それらを統合する「世界民俗学」も構想したが、後学のエピゴーネンらに狭隘な閉鎖性を抱かせた原因となったことも否めない。

　1926年から1932年まで、柳田はフォークロアをエスノロジーの一部と捉え、Ethnology の訳語に民俗学を宛てていた。1930年代、Folklore の訳語に民俗学を宛てるに際して、エスノロジーとは訣別し、史学としての民俗学の構築が急がれた。1927年発表の「蝸牛考」は、図1で見るように、文化的中心地から同心円状に分布するカタツムリの方言の周圏論的分布によって、外側に位置するより古い形から内側にあるより新しい形へ順次変化したと推論した。空間的分布を時間的変遷に変換する史料としたのであり、同一言語を使用することの特長が強調され、心意（現象）＝生活意識はわずかな例外を除き同郷人にしか理解できないとさえ述べられた（柳田 1998：14）。

　ただ、戦後の議論では人類学の一部とするような言い方もなされており、1930年代の人類学から自国史への転換は、多分に戦略的であった。

■	京都・近畿：デンデンムシ	最も新しい言葉
■	中国・中部：マイマイ	新しい言葉
■	関東・四国：カタツムリ	中間の言葉
■	東北・九州：ツブリ	古い言葉
□	同上縁辺部：ナメクジ	最も古い言葉

図1　方言周圏論の模式図

その揺れ幅が示すように、民俗学は必然的に歴史学にも人類学にも両属的な内実を含んでいる。研究対象は日本史家とおおむね重複する一方、フィールドワークを重視する点では、方法的に、人類学者と共有するものが多い。いわば両者の狭間でその長所を摂り込んだ研究が魅力となるが、逆に見れば、曖昧だといった批判がなされることにもなる。

電車という公共空間と携帯電話

　柳田提言の実践例として、現代の世相を観察してみよう。たとえば、毎日乗車する通勤通学の電車を見れば、電車という空間は、公共の場として、図2のような社会的な規範意識によって、その場にふさわしい行動が求められている。電車ほど、その文化や時代の社会的考えや時世を映出する空間はないが、お隣の中国や韓国で空港から鉄道に乗り換えてすぐさま気づくのは、何の躊躇いもなく携帯電話で大声を上げながら会話をしている人たちの姿である。欧米でも電車内の通話を禁じているところはないようだ（ただし特急列車には Quiet Zone が存在する）。

　日本では「車内では携帯電話は電源を切るかマナーモードに設定のうえ、通話はご遠慮ください」と、アナウンスが流される。車内で会話をすることは許されているのに、なぜ携帯電話での通話は遠慮しなければならないのか？　以前は電磁波の関係で、心臓のペースメーカーに影響があるとか（その影響は優先座席近くの掲示に今も残されている）、一方向性の

図2 「マナーは 気くばり 思いやり」（（一社）日本地下鉄協会：2017 〜 18 年）

途切れ途切れの会話が脳科学的に不快感を与えるとか、もっともらしい諸説もあるが、ほかの国と違っていることの理由にはならない。

　日本では乗客の方も、電話が掛かってきたとしても、たいていは「いま電車のなかなので、あとで掛け直す」と言って電話を切る。ときには通話を続ける者もいるが、周囲から「白い目」を向けられる。どうやら日本では、電車内では通話するのはマナーに反するという「国民的合意」があると言ってもよいだろう。マナーの成立が問われるのだ。

　広告公共機構が 1999 年に制作した CM で、車内で化粧に励む「メイク虫」や荷物で座席を占拠する「バショトリ虫」などと並び、車内電話に勤しむ「シロクジ虫」が話題となった。これらの虫をまとめて呼んだ「ジコ虫」は同年の新語・流行語大賞でトップテンに入った。日本民営鉄道協会が行う「駅と電車内の迷惑行為ランキング」では、1999 年の第 1 回から第 4 回のトップは、携帯電話の着信音や通話が占めた。2004 年の第 5 回以降は順位を下げ、マナーとして定着したのだろうか、2017

年を最後にベストテンからも消えた。代わりに上位を占め出したのは、騒々しい会話・はしゃぎまくり、座席の座り方、荷物の持ち方・置き方、歩きスマホであり、下位にはつねに、車内での化粧、ゴミ・空き缶等の放置、電車の床に座る、駆け込み乗車など乗車時のマナーが並んでいる。

迷惑とは何か

現代の日本社会では、このようなアンケートが毎年実施されるように、周囲に／他人に迷惑を掛けてはならないとする社会規範が、想像以上に弥漫（びまん）している。その規範は現代の日本社会やその世相を考えるキーワードであると言っても過言ではない。謝罪会見ではその常套文句であるし、大学の語学講師を非常勤で勤めるようになった、ある外国人留学生は、遅刻者や私語の対策として、日本人学生に一番効く決め台詞は、「皆に迷惑でしょ！」と一喝することだと語ってくれた。

迷惑という言葉の意味を探ってみると、同じ漢語は中国にもあるが、意味するところはまったく異なっている。日本でも古くは迷う戸惑うという意味で使われ、周囲や他人を慮った言葉ではなかったが、三省堂の『大辞林』には、「①人のしたことで不快になったり困ったりする・こと（さま）。②どうしてよいか迷うこと。③困ること。〔②が原義〕」と記載されている。②と③は古語であり、①の重要な点は、自分の行いで不快になるのではなく、他者の行いによること、また自分の方から「ご迷惑をおかけしますが」と使う場合、こちら側には不快感を与える意図はないといった非意図性や不当性を伝えている点にある（近藤 2014：148）。

日本語学の分野では漢語の意味変化に関する研究において、迷惑は格好の素材のようで、多数の研究蓄積があるが、横川澄枝に従えば、原義は㋐仏教用語由来の語として、迷うこと、道理に迷うことだった。そこに㋑とまどう、どうしてよいかわからないという「困惑」系の用法が中古から中世に登場し、より発展したのが、キリシタン資料に頻出する㋒難儀、大変なことといった「苦痛」系の用法だったとする。

ただし、それは困る程度のものだったのが、日葡辞書や宗教系文学の一部に㋑心を痛めること－「苦悩」系が登場し、それが近世初頭の狂言集になると、㋓相手の行為－おもしろくない、不愉快だという意味が、さらには、狂言のなかにも、使役形で、㋕自分の行為が相手に不利益を生じる－申し訳ないといった用法が現われたとしている（横川 1997）。

社会規範としての迷惑とその誕生

　近世以降の文例に焦点を当て、現代的意味の発生プロセスを解析したのが近藤明である。近世初頭の虎明本狂言にはなかった現代語と変わらない用法が、近松世話浄瑠璃には多くなること、二葉亭四迷には「まごつく」と振り仮名を付けた古い意味を残した用例があるのに対し、夏目漱石になると、ほとんど現代語と同様になること、『吾輩は猫である』の 21 例中のうちに、現代的用法でないものは 1 つに限られ、その最後の使用例が 1906 年だったことなどが析出されている（近藤 2014）。

　このような語彙史的な推移と並行した、迷惑という公衆マナーの誕生に関して、修身・礼法の教科書類も見てゆけば、1892 年の修身書、獅虫寛慈『修身稚話──知育徳育後編』には「黒犬の迷わく」という譬え話が登場する。

　「黒犬は悪い犬ではありません……其友だちに一匹のぶち犬がありました。此犬はなかなか性悪なもので、何時も他所から犬が来ますと、噛みついていじめました……其村の犬は己れ今日こそは、常の敵を討ちやろう、と四五匹も連れ立ちて、ぶちをとりまき、かみつきてとうどうかみ殺しました。黒は之れを見て、一目さんに逃げたが、なかなか逃がしません、直ぐ追いついてきて、全くかみ殺しました、迷わくな黒です」。

　悪友ぶちが原因で黒犬も殺されたとする内容からわかるとおり、ここでの「迷惑」は「とばっちりを食らう」「巻き添えを食う」といった意味であり、迷惑なのはぶちではなく黒なのだ。ところが、1904 年の『尋常小学校修身書第 2 学年用』には、娘のお千代が庭のゴミを道路に掃き

出す光景を見掛けた父親が、「世間の人の迷惑をかけぬ」よう諭す話が出現する。ただ、その「世間」とは近所の顔見知りなどを指し、広く公共全般に対するものではなかった。

これに対して1911年に文部省が制定した『師範学校中学校小学校作法教授要項——文部省御調査』には「街路の人に危険及迷惑を及さざるやうに十分注意を拂ふべし」といった「公共空間」への言及が現われはじめ、1913年の『小学校作法教授要項』になると、「訪問ハ急用ノ外成ルヘク早朝・夜分・食事ノ時其ノ他先方ノ迷惑トナルヘキ時ヲ避クヘシ」と、いわば「公共的な時間」への言及が出現し、「迷惑」は公共の時空間における振る舞いのキーワードとして頻出してくる。

迷惑という公共意識とその隘路

そうした流れの到達点になったのは、第1次世界大戦後の1920年、文部省内に半官半民の団体として設立された生活改善同盟会が、その会則や規約に記載した「迷惑」であり、次のように掲げられる。

「訪問・紹介・依頼等ハ相互ノ迷惑ニナラサル様心掛クルコト」のほか、「衛生上他人ノ迷惑トナル行為ヲ慎ムコト」とし、1924年の『生活改善の栞』では、「汽車、電車、寄席、劇場、會堂等で他人に迷惑を與へ不快を感ぜしむる如き行為を慎むこと」が、以降、新たな公衆モラルを示す文言として、時間厳守とともに、頻繁に公文書等にも出現するようになってくる。ただ、衛生上の他人の迷惑とは具体的に何を指すのか、汽車や電車での迷惑がどういう行為なのか、実は一向にはっきりとはしていない。それが迷惑という言葉の1つの特徴なのだ（図2の一番右では迷惑に対する英訳が "Let's keep our voices down" と具体的に示されているのみである）。

そこで迷惑を次のように定義したい。その場に居合わせた者や、ある集団の構成員が、不快感を惹起しないよう、雰囲気を察知し、不必要な競争や揉め事を避ける、雰囲気を形に換えてなされる所作や振る舞いのこと、だと言っておこう。

図3　内務省衛生局のスペイン風邪予防
啓発ポスター（1920年2月7日）
　欧米では新型コロナウイルスの拡大ま
で重病者しか着けないとされたマスクが、
日本ではスペイン風邪の流行によって、
冬に予防のためのマスクをする習慣が定
着する。

　その時空間の雰囲気に適した控え目な行動のことであり、マスクなしで咳き込むことや、リュックを背に負うこと、たとえば満員電車で1人別向きに、人と向かい合うことも、たぶん迷惑に相当する。その時々の同調圧力に対する対応なのだ。車内通話を公然と行う諸外国では、雰囲気を察するのが不得手なのか、お互い様といった意識が強いのかはわからないが、車内通話に周囲もさほど不快に思わないことは確かである。

　迷惑規範は、第1次世界大戦後、大都市への人口集中が進んだ日本で、産業構造が転換し、新中間層いわゆるサラリーマンが急増するなかで、誕生する。大都市では洋装化が進み、私鉄沿線に伸張した郊外には文化住宅が建ち並び、都市ガスが普及し、流しのタクシーも登場するなど、現代にも通じる、新たな暮らしのあり方が進展する。そのなかにあって図3のようなスペイン風邪の大流行などもあり、いわば日本版のパブリック観念として、個々の日本人にも深く公衆道徳として内面化されていった。

　迷惑とは日本型の公共マナーの顕われなのであり、その規範は互いが暮らしやすいようにも機能するが、時によって、行きすぎた迷惑規範が発露することも忘れてはならない。1920年代末から激増していった親子心中には、人さまに迷惑をかけるのを忌避する親子の心情と並んで、それを個人に強要する集団的圧力が潜んでいる。2000年代から急増す

る介護心中も、他人に依頼することを自ら拒むような現代日本社会の風潮、自己責任論のいっそう高じた雰囲気と相関している。

　私たちには過去や現在を正しく知り、いたずらに萎縮せず、よりよい未来を切り拓いてゆく務めがあるのであり、柳田の求めた「歴史」とは、1人ひとりが「史心」を持った自立した個人として、判断力を正しく発揮する存在になることだったと言える。

参考文献

柄谷行人（2019）『世界史の実験』岩波書店

近藤明（2014）「『迷惑』の意味変化追補——松井利彦氏・横井澄枝氏の論との関連から」『金沢大学人間社会学域学校教育学類紀要』6：141-148

永池健二（2010）『柳田国男——物語作者の肖像』梟社

柳田國男（1964［1935］）「実験の史学」『定本柳田國男集 25』筑摩書房

柳田國男ほか（1983［1947］）「社会科の新構想」長浜功編『柳田国男教育論集』新泉社

柳田國男（1993［1931］）『明治大正史世相篇（新装版）』講談社

柳田國男（1998［1934］）「民間伝承論」『柳田國男全集 8』筑摩書房

柳田國男（2003a［1938］）「平凡と非凡」『柳田國男全集 30』筑摩書房

柳田國男（2003b［1940］）「感覚の記録」『柳田國男全集 30』筑摩書房

横川澄枝（1997）「迷惑の意味の変遷についての一考察」『言語文化と日本語教育』14：52-64

Next Step
世相史としての民俗学は、農村よりもむしろ雑踏やメディア、都市の世相を掴むのに長けている。新谷尚紀・岩本通弥編『都市の暮らしの民俗学』1〜3 巻（2006 年、吉川弘文館）は都市生活に焦点を絞ったシリーズ本。また見田宗介『近代日本の心情の歴史（定本見田宗介著作集 4）』（2012 年、岩波書店）は柳田の影響を受け、流行歌謡を素材に「社会心理史」を目指した名著である。柳田國男について知るには鶴見太郎『柳田国男——感じたるまゝ』（2019 年、ミネルヴァ書房）、室井康成『柳田国男の民俗学構想』（2010 年、森話社）、DVD『学問と情熱 9 柳田國男 民俗の心を探る旅』（2008 年、紀伊國屋書店）などがある。［門田］

➡第 II 部 ①，④，⑤，⑦，⑧

第3章
文化を伝え、演じ、作り出す
——芸能とパフォーマンス——

周　星

芸能とは何か

　現代日本において「芸能」というカテゴリーはとても広い。伝統芸能や民俗芸能・郷土芸能など、近世以前からの芸を指す場合もあるし、大道芸や大衆芸能など、大衆的なニュアンスを帯びる場合もある。テレビの「芸能人」もこうしたニュアンスと関連している。このように非常に多様であるゆえに、「芸能」という用語を外国語へ翻訳しようとすると実に困る。中国語の場合は、そのまま「芸能」とするほか、文脈により「芸術」、「伝統芸術」、「民俗芸術」、「大衆娯楽」などの訳語もあてられるが、適切な対訳は意外と難しい。英語の場合、public entertainment（パブリック・エンターテインメント）、performing arts（パフォーミング・アーツ）、folk arts（フォーク・アーツ）など、ニュアンスの違いによって複数の訳語がある。

　芸能をひとまず、演劇、舞踊、映画、演歌など芸術の諸分野において従事者の身についた技能・技法およびそれに基づくパフォーマンスと理解しておこう。本章で取り上げる民俗芸能もこの1つである。

　民俗学の入門書では芸能が取り上げられることは少なく、取り上げられる場合でも民俗芸能に限られる傾向がある。ところで、日本では研究者の団体として「日本民俗学会」とは別に、「民俗芸能学会」も存在しており、民俗学と民俗芸能研究は別の学問であるとする見方も不可能ではない。では、民俗芸能研究の民俗学的アプローチとは一体何だろうか。

民俗芸能の世界

　日本にはどのような民俗芸能があるだろうか。五穀豊穣を祈願する田楽（田遊び、御田、田植踊、春田打、収穫祭、綱引きなど）、神に捧げ、神仏との一体化を図る神楽（奥三河の湯立神楽など）、正月行事に関係する祝福芸（万歳、春駒など）、寺社の縁日や例祭に深くかかわり、疫病退治・悪霊追放・災厄鎮圧を祈るもの、あの世とのつながりを維持するためのもの（鎮魂歌、念仏踊、盆踊など）というように、民俗芸能には実にさまざまな種類がある。

　春の予祝祭事、秋の収穫祭などのように、多くの民俗芸能は季節ごとに毎年繰り返すかたちで演じられる。また、亡魂や怨霊・荒魂を鎮める祭り・儀礼では災厄や不安、穢れを払うため複雑に考案された芸能が登場する。

　民俗芸能には物真似、模擬といった感応呪術、類感呪術的なもの、田楽のように歌謡・踊りなど素朴かつ具体的な表現が中心となるものや、神楽のように宇宙論に基づいて、大地・自然に宿る生命力を維持・回復するため、聖なる霊威との交流を実践する抽象的でシンボリックな表現を行うものもある。

　伝統芸能と民俗芸能の違いはプロとアマチュアの関係にも似ている。前者は歌舞伎、人形浄瑠璃など高度な精緻化、職業化、商業化によって洗練された舞台・劇場芸能であり、地域を超えて広範囲に認知されるのみならず、演者たちがパフォーマンスで生計を立て、また家元制度や師匠と弟子からなる徒弟制により伝承される。後者は地域的なコンテクストにおける祭りや儀礼、または、地域共同体の年中行事や寺社の縁日・例祭などの一環として位置づけられる芸能である。現代日本では、しばしば国立劇場のようなホールで公演される前者とは違い、民俗芸能はあくまで人びとの生活や信仰活動の場において実践され、演者（担い手）もプロではない普通の住民が順番で担当することが少なくない。

　したがって民俗芸能は人びとの生活に埋め込まれており、地域の生活

リズムと切り離された存在ではない。全国的な興行形態をとる歌舞伎のような伝統芸能と異なり、民俗芸能は他のさまざまな「民俗」と同じように地域性があり、それぞれの地域に伝わる人びとの信仰生活に根ざして、世代を超えて伝承される。生活のニーズに応じて考案され、伝承されるさまざまな儀礼や行事のなかにおいて、信仰心や祈願を何らかのかたちで表したのが民俗芸能であり、多くの場合、その表現は個人的なものではなく、集団的なものである。

　民俗芸能に内包されている意味、価値観、死生観、論理やその外見の形式、デザインおよびパフォーマンスの情熱は、すべて祭礼や年中行事の枠組みのもとでワンセットにされ、共同体のメンバーに共有されてきたのである。

　民俗芸能の世界にはさまざまな次元がある。清らかな音楽や華麗な踊りなどを奉納して、神仏とのコミュニケーションを図るもののみならず、パフォーマンスの上演や鑑賞および饗宴や直会などを通して、住民の娯楽にもなると同時に、共同体の連帯感を深める機能も含まれる。また、巫女やシャーマンの神懸かりによって演じられる場合もあれば、お面や仮装で神鬼に扮し、霊威を示す、いわば「神の示現」の場面もよくある（渡辺 1983）。このような豊かな民俗芸能の世界を把握するため、さまざまな分類が試みられたが、その代表例は、本田安次の 5 分類である（本田 1960）。彼は日本の民俗芸能を神楽、田楽、風流、祝福芸、外来脈に分けて、それぞれの系譜や性格を明らかにしたうえで整理を行っている。

民俗学のアプローチ

　民俗芸能研究は歴史学的・演劇学的アプローチをもとにして、全国的な芸能の系譜や芸脈を明らかにしてきた。そのポイントは芸能そのものにあると言ってよい。それに対して、民俗学的な芸能研究の特色として、まずは芸能を地域的・文化的コンテクストにおいて理解するという視点があげられる。そもそも、民俗芸能と呼ばれる民俗事象は、近代以来の

鉄道網、旅行雑誌、郵便、ラジオなどのメディアを介して「発見」・「発掘」され、対象化された「奇習」であったが、やがて国家の歴史や民族の芸術を語る生きた資料として高く評価されるようになった。柳田國男は民俗芸能を貴重な資料として、神観念等の精神文化を追求し、祭祀のなかでの芸能の役割や機能を分析した（柳田 1942）。また折口信夫らも「芸能」を「民俗」に規定されるものとして定位し、その信仰的側面を重視した（橋本 1993）。また、早川孝太郎の花祭研究（早川 2009［1930］）をはじめとして、多くの民俗学者が各地方の民俗芸能を現地調査して成果を上げてきた。このように民俗学の基本的なアプローチは、民俗芸能を地域社会の日常的な文化の一部分であると位置づけ、地域住民の語りや実践に向き合い、実地調査による観察や聞き書きの方法を生かして、行事や祭りの仕組みのなかで民俗芸能を理解することである（俵木 2009）。芸能のパフォーマンスは一連の行事において目を引くものではあるが、その特別扱いを控え、あくまでも地域的な行事や祭りのコンテクストにおいて芸能の機能や意義等を解明しようとする。またこのアプローチでは、民俗芸能の美的、芸術的な要素というより、芸能による氏神とのつながりや氏子同士のつながりなどを重視する。

　民俗学的なアプローチのもう 1 つの特色は、民俗芸能を具体的な表現文化として捉えることである。民俗芸能を含むすべての芸能の共通項は身体によるパフォーマンスである。それらには、簡単な身振りや素朴な仕草もあれば、華麗な動作や完成度・専門度の高い身体表現もある。語り、ウタ、マイ、オドリなどいずれも、技というものは知識としてよりも身体動作として覚え込むものである。さらに榊、笹、鈴、檜扇などを手にして、また華麗な装いを凝らし歌ったり、踊ったりして、モノと身体によって巧みさを表現する。うまくパフォーマンスをこなすためには技芸の稽古、練習や修行を積み重ねて、身心を鍛練し、技や表現力を身につけるのが担い手の責務である。アメリカの民俗学者キャサリン・ヤングは 1989 年に「ボディロア（bodylore）」という概念を提案した（Young

1996)。以来、身体を通した表現文化（expressive culture）（Sims & Stephens 2011）は民俗学の一領域にまで発展してきた。民俗芸能は身体を通した表現文化の代表例であり、数多くの「型」が伝統的な祭礼や行事を通じて伝承されるだけでなく、パフォーマンスとしても創意工夫されてきたのである。

　鬼祭におけるパフォーマンス

　ここで実際の民俗芸能のパフォーマンスについて見てみよう。毎年2月10日〜11日に行われる愛知県豊橋市神明社の鬼祭は、「奇祭」と呼ばれることもあり、その名のとおり儀礼の過程で「鬼」などが登場するさまざまな芸能が繰り広げられる。

　一般の観衆はそれほど関心を寄せないが、神官らが主祭神（天照皇大神）を祭る神事を、定式に沿って粛々と行う。諸神事と組み合わせられて芸能が奉納される。10日の前夜祭には「岩戸の舞」、「五十鈴神楽」、「浦安の舞」など、神楽と田楽の練習および奉納があり、11日の本祭では「日の出神楽」、「浦安の舞」、「五十鈴神楽」、「田楽ならし」、「赤鬼と鼻高のからかい」および「神幸神楽」などがそれぞれ出自の異なる町の氏子によって次々と演出・奉納される。これらのパフォーマンスはかつて娯楽が乏しかった時代の地域住民にとって、芸能鑑賞の絶好の機会だったと思われる。そのなかでも、五十鈴神楽では5，6歳の「神楽子」が美しく化粧をされ、楽人が奏でる笛・大太鼓・小太鼓のリズムに合わせて舞いを奉納する。子どもたちのかわいらしい動作や表情は、地元住民にとっての見どころでもある。

　何よりも鬼祭の見どころはお面をかぶった黒鬼、赤鬼と天狗が登場する場面である。黒鬼は諸神事を見守る役で、その物静かさと対照的なのが、赤鬼と天狗が見せる「からかい」のパフォーマンスである（図1）。鬼たちの着けたお面は一見無表情であるが、そのお面は再現される「高天原神話」の物語によって、顔の隠された演者の身振りや動作など、観

図1　鬼祭に登場する赤鬼

衆の目線や歓声のなかで共感をえて、生き生きとしており、複雑な動作こそ少ないが、型の決まった形式美を鑑賞することができる（周 2015）。

「からかい」の結果、いたずら好きの荒神である赤鬼は、正義の味方である天狗に懲らしめられる。ドラマチックなのは天狗によって「改心」した赤鬼が聖者に変身し、夕刻に多数の警護の若者を従え、飴を撒きながら最寄の氏子たちの家々を訪問する場面である。これは「門寄り」と呼ばれる祝福行事であり、鬼が地域住民の歓声を浴びることになる。

パフォーマンスの視点から鬼祭の構造を見ると、たしかに儀礼のプロセスにおいて配置された数々の芸能の演出は、神と人、演者と氏子のダイナミックなコミュニケーションとして捉えられる。

しかし、都市化に伴う過疎化、また少子高齢化などにより、地域の社会関係が希薄化し、行事が廃れつつある現在では、民俗芸能もまた維持

困難な状況に陥ることが珍しくない。豊橋の鬼祭も例外ではない。毎年集まる観衆・見物人は、地元住民より外国人観光客を含む外部者が上回る。また、カメラマンの数も増え、主催者側にとって祭神に奉納する諸芸能は、同時に外国人やカメラマンに見せるパフォーマンスとしての重要性も意識され始めている。たとえば、かつてはなかったイベントを取り入れたり、中学校の部活動が太鼓の練習の成果を披露するパフォーマンスも行われるようになっている。

文化財化する民俗芸能

　明治時代以降、日本社会の構造的変化や工業化など生業形態の推移・発展に伴い、民俗芸能が廃れはじめたが、特に戦後の都市化や経済の高度経済成長に伴い、地域社会が過疎化し、民俗芸能のさらなる衰退が顕著となり、後継者が確保できない状況が一般化しつつある。

　さらに、地域住民のライフスタイルの変遷によっても、民俗芸能は以前と同じ形態のままでは保てなくなった。たとえば、かつて祭りに組み込まれた民俗芸能は村落社会の成人教育でもあった。子どもたちや青少年の年齢に応じて、それぞれに役を配分し、時間のかかる技芸の稽古を通じて、一人前の人間にふさわしい心身の鍛錬や修行を重ね成長させる役割が日本の各地方にあった。ところが、過疎化や学校教育、地方自治体による行政の行事としての「成人式」の浸透などにより、そのようなメカニズムは昔のままでは機能しなくなった。

　1954年の文化財保護法の改正により、民俗芸能は「無形民俗文化資料」（1975年に「無形民俗文化財」と改称）として位置づけられ、歴史のある、芸術的な価値のある、かつ流派的、また地域的特色を持つ民俗芸能が国と各地方の無形民俗文化財として指定され、さまざまな保存策が講じられるようになった。これらの政策に伴い、民俗芸能に関する大規模な調査や記録作成が行われ、文書、舞型譜、楽譜、写真、映像などのかたちで記録され、民俗芸能研究の貴重な資料となった。

また各地で、住民有志による「保存会」が結成され、民俗芸能の伝承母体として取ってかわるようになる。1976年に民俗芸能を保存・振興するため、文化庁や各都道府県教育委員会および市町村長・保存会代表などの協議により、市町村が主体となって全国民俗芸能保存振興市町村連盟（「全民連」）が立ち上げられた。民俗芸能の「所管」が地域社会から地方自治体へと移管されたと言ってもいいだろう。こうした動きにより、民俗芸能の価値が無形民俗文化財保護の名目で認められ、地域住民を含む日本社会全体が民俗芸能を再発見、再認識し、活発に再生産するようになる。民俗芸能の保存・振興を目指して、担い手となる資格の緩和や行政からの助成も行われるようになり、新たな創出も奨励されている。このように、民俗芸能の存続・発展の環境および条件は大きく変化しているのである（俵木 2003）。

　1992年には「地域伝統芸能を活用した行事の実施による観光及び特定地域商工業の振興に関する法律」が制定され、同年、財団法人「地域伝統芸能活用センター」が設立された。翌1993年に、第1回「地域伝統芸能等を活用した事業」として年一度の「地域伝統芸能全国大会」が実施されてから、2020年で28回を数えるまでになった。全国規模で盛大に行われるこの大会は、新たな枠組みとしてすでに定着している。

　日本では、民俗芸能は地域文化の代表として、あるいは地域を表象するシンボル的な存在として期待される。地域の所産だからこそ故郷自慢の材料になっているというよりも、地域社会の救世主として過大評価されがちである。また、地域のアイデンティティや住民の心の拠り所といった表現は、懐古情緒やノスタルジーブームにも拍車をかけている。このように民俗芸能をめぐってはさまざまな制度や言説が重ねられ、文化財として保存されるべき民俗芸能、古き良き故郷へのノスタルジーを満たし癒してくれる民俗芸能、町おこしの資源として新たに創出される民俗芸能など、複数の顔を持つようになる。どの場合においても、従来の地域社会のコンテクストから離れたパフォーマンスが求められている。

地域振興や町おこしを目的に、民俗芸能がたびたび活用され、再創造されるが、こうして民俗芸能は従来のコンテクストから離脱させられ、新たなコンテクストのなかで再編成される。新たなコンテクストとはいえ、最もポピュラーな言説は観光資源化や地域活性化にほかならない。民俗学の立場から見れば、まさに典型的なフォークロリズムである（俵木 2009）。特に観光や地域経済などの目標を掲げる宣伝やそうした期待のもとでは、観光行政の介入により、ある程度の民俗芸能・民俗文化の改造や操作も許容される点は懸念される。

新たな文化を作り出す競演

　地域で実践されてきた民俗芸能はあくまで神事などと関わる儀礼の一環であったが、これが観光資源となるに従い、競い合いが生じることになる。民俗芸能の「競演」には長い伝統がある。戦前の 1925 年より「郷土舞踊と民謡の会」、戦後 1950 年に始まった文部省芸術祭執行委員会主催の「全国郷土芸能大会」、1957 年以来の「全国民俗芸能大会」、そして現在の「地域伝統芸能全国大会」、さらに都道府県教育委員会によるブロック別民俗芸能大会など、多くのイベントが開催されている。これらのイベントにより、地方の民俗芸能の現地以外での上演が実現し、それにともなう舞台化、つまり、パフォーマンス的な要素も目立つようになり、「競演」というメカニズムの働きが生じたことはまぎれもない事実である。

　民俗芸能に関する全国的なイベントには少なくとも 2 つの効果がある。

　1 つは地域の民俗芸能を国民文化として祭り上げる傾向があるため、ナショナリズムが高揚する点である。これを文化ナショナリズムと言い、「地域伝統芸能全国大会」の開催には国民体育大会や国民文化祭と同じように、国民文化構築の一翼を担う役割がある。国外から演目が招待される場合、地域の民俗芸能は「日本文化」へと昇格し、舞台で外国芸能と競合するために、国レベルにふさわしい演目が選択・工夫される。

2つ目は、素朴な民俗芸能から華麗な演目への進化や、パフォーマンスの度合いが相互の競争・競演によって一層増幅され、観客や審査員の目線を過度に意識して派手な演出となり、民俗芸能を改変する動きが現れる点である。競演の芸能は比較的、全国での知名度が高い。競演に伴いいくつもの賞が授与されることから、それらの表彰制度によって、国の重要無形民俗文化財指定とは別の権威が構築されることになる。

　全国イベントは、主催地の所管内にある地元の民俗芸能保存会などの出演団体が登場する機会もあるが、あくまで国の催事であり国レベルの演出がメインである。上演される演目のほとんどは国の重要無形民俗文化財であるがゆえに、「保存のうえ公開」することを謳った文化財保護の観点から言えば、できるかぎりそのまま表現・再現されるべきだとも言える。ところが近年の文化財政策では、無形文化財の「活用」も期待されるようになっている。特に「地域伝統芸能を活用した行事の実施」からもわかるように、芸能そのものの保存というよりも、それらを活用した行事の実施やまちづくりが奨励されるようになっている。

　民俗芸能の競演が行われるイベントやフェスティバルでは、音楽、照明、ナレーション、パンフレット、シンポジウムやパネルなど、数々の技術やノウハウを駆使し、観客の想像力を喚起するパフォーマンスが営まれており、そこで演じられる民俗芸能は新たな舞台芸術と見なすことも可能である。人気の芸能人を招待し、民俗芸能をプロの舞台芸能、芸能集団や著名なアーティストと同じ舞台で一堂に出演させることから、民俗芸能の担い手には芸術家という自己意識が芽生え、さらに洗練されたパフォーマンスを目指すことにつながってゆく。もはや地域住民ではない観客の目にも楽しい、面白い、美しい、豪華だ、上手だと映るような、端的に言えば娯楽や舞台化を前提に民俗芸能のパフォーマンスが見られるようになっている（八木 2006）。

　広島県北広島町で行われる「壬生の花田植」はユネスコ無形文化遺産にも登録されており、観光化や競演によって形を変えてきた民俗芸能で

ある。もとは牛を用いて水田で代掻きを行う所作がハイライトだったが、昭和前半に競演として見せることが主眼になるにつれ、場所も水田ではなく運動場を舞台とし、演者の感覚も演じる快感や見られる快感へと変わっていく（橋本 2014：117-130）。競演で勝つために、審査員や観客に喜ばれる派手な演技や衣装が次々と開発され、拍手喝采の応援合戦も繰り広げられるようになる。行列構成の複雑化や華麗な演出も見られるようになった。現在では大会はなくなったが、地元には複数の田楽団があり、イベントに招かれ出張・出演するようになった。このように民俗芸能と観光は不可分になりつつある。

創作芸能の可能性

「地域伝統芸能全国大会」のような大型イベントにおける競演やパフォーマンスのメカニズムは、新たな芸能や表現文化が創出・生成されるパブリック・フォークロアの一種である（八木 2006）。地域の伝統を素材とし、新たに創作・考案された芸能、都市部の新しい祭りでのよさこいソーランのような舞踊や和太鼓なども、競演の機会に恵まれ、次第に定着していった。さらに、「地域伝統芸能全国大会」に参加するために創作された郷土芸能があるなど、各地域の民俗芸能のリストは日々更新され、再編成が行われている。

創作芸能の典型例は和太鼓である。日本では太鼓もまた、祭りや神事で奉納される芸能の一種であった。このなかから太鼓の演奏だけを独立させ、新たな芸能表現のかたちとして再構築したものが現在の和太鼓である。1960 〜 1980 年代に日本全国でブームとなり、現在、1 万に及ぶグループが活躍しているという。そのなかには「ふるさと創生事業」（1988-89 年に行われた国の地域振興事業）の助成によって成長し、現在では新しい郷土文化、民俗芸能として定着したものも少なくない。大きさがさまざまな太鼓と、チャンパやチャンチキなどと呼ばれる打楽器との組み合わせでアンサンブルを行う。複数の打ち手がねじり鉢巻き姿で、掛

け声を合唱しながら、規律よく力強く打つことに特徴がある。太鼓が奏でる音楽表現のみならず、激しい身体の動きやリズム、肉体美や力強さといった打ち手の身体表現もまた、和太鼓のパフォーマンスを構成する重要な要素となる（小長谷 2003）。

　和太鼓という芸能は、商業的な演出も辞さず、メンバーの流動性もあるとはいえ、その担い手たちは郷土の伝承や地域の歴史を受け継ぎ、新たな民俗芸能を作っていると自負している。この新たな伝統は 1970 年代に海を越え、アメリカに渡って、日系アメリカ人のエスニシティを象徴するものとなった。民俗芸能の伝統から生まれ変わった和太鼓は現在、かつての一過性のブームとしてではなく、日本由来の表現文化として、世界各地に定着したのである。

　民俗芸能というと多くの人にとってあまり縁がないか、祭りや行事で「見る」だけのものかもしれない。しかし和太鼓のような創作性を併せ持った芸能は、地域やコミュニティに縛られないパフォーマンスとして、またエクササイズとして、誰にでも開かれている。加えて、それは越境的な文化としてグローバルな現象にもなっている。空間を超えた文化的、身体的なつながりは、21 世紀の民俗芸能研究の新たな可能性を示している。

参考文献

橋本裕之（1993）「『民俗』と『芸能』——いわゆる『民俗芸能』を記述する方法・序説」『国立歴史民俗博物館研究報告』51：221-257

橋本裕之（2014）『舞台の上の文化——祭り・民俗芸能・博物館』追手門学院大学出版会

早川孝太郎（2009［1930］）『花祭』講談社

本田安次（1960）「附説二　芸能の定義」『図録日本の民俗芸能』朝日新聞社

俵木悟（2003）「文化財としての民俗芸能——その経緯と課題」『芸能史研究』160：48-73

俵木悟（2009）「民俗芸能の『現在』から何を学ぶか」『現代民俗学研究』1：79-88

小長谷英代（2003）「太鼓の表象とマスキュリニティの構築——民俗伝統による日本

人と日系アメリカ人の抵抗」『東京大学アメリカ太平洋研究』2：113-127

Sims, Martha C. & Martine Stephens (2011) *Living Folklore, Second Edition: An Introduction to the Study of People and Their Traditions*, Utah State University Press

八木康幸（2006）「パブリック・フォークロアと『地域伝統芸能』」『関西学院史学』33：53-87

柳田國男（1942）『日本の祭』弘文堂

渡辺伸夫（1983）「神の示現と芸能」福田アジオ・宮田登編『民俗学概論』吉川弘文館

Young, Katharine (1996) "Bodylore", in Jan Harold Brunvand ed., *American Folklore: An Encyclopedia*, Garland Publishing

周星（2015）「日本的豊橋鬼祭——対一項無形民俗文化遺産的現場観察」『文化遺産』2015 年第 6 期

Next Step

パフォーマンス理論は、1960 年代後半から現在にいたるまで、アメリカ民俗学を代表する理論の 1 つである。これらは、コミュニケーションのプロセスとして民俗を見る視点に立って、多くの興味深い議論を展開している。たとえばリチャード・バウマン（Richard Bauman）、ダン・ベン - アモス（Dan Ben-Amos）、ロジャー・エイブラハムズ（Roger Abrahams）の論考を、日本語であれば小長谷英代『〈フォーク〉からの転回』2017 年、春風社）を参照。このパフォーマンスへのまなざしは、民俗のアート論へと接続する重要なテーマである。日本では、いわゆる「アート」と民俗学との対話は十分ではないが、社会学者 E. ゴッフマンや人類学者 V. ターナーの読み直しから、パフォーマンスという考え方を使って眼前の現象がどのように捉えられるのか、に挑むことも面白いかもしれない。今日の民俗芸能への視点は俵木悟『文化財／文化遺産としての民俗芸能——無形文化遺産時代の研究と保護』（2018 年、勉誠出版）を参照のこと。［田村］

➡第 II 部 15, 16, 18, 28, 29

第4章
ソーシャルメディアは伝承母体になりうるか
――ハナシとメディア――

法橋 量

「ハナシ」はどこにあるのか？

「むかしむかしのことじゃった……」という語りだしが印象的な『まんが日本昔ばなし』のテレビ放映が始まったのが1975年。情趣豊かな映像とともに、子どもたちに民俗的語りの世界を届け続けてきた。口承文芸研究におけるジャンルとしての「昔話」「伝説」や創作民話なども含んだこの番組は、音と絵による物語（「ハナシ」）を伝達する、マスメディア時代の「ハナシ」の伝承過程とも言える。ところが、従来口承文芸研究の中心的なジャンルであった「昔話」も、現在では、村落社会で語り手、聞き手の間のコミュニケーション過程としての「生きた」語りとして見出すことは難しくなっている。

19世紀初頭、ドイツでグリム兄弟によって民衆の文芸として発見されたメルヒェンなどの「ハナシ」は、民間説話、口承文芸、民話などと称され、さらに昔話、伝説、笑話、世間話などのジャンルに分類されてきた。こうした口承文芸は、人間の「声」というメディア、身体性を伴ったパフォーマンスとしての「語り」である。また「語り」の場を共有する語り手と聞き手が、いわゆる伝承母体を形成してきた。第1章では、民俗学が研究対象とする広義の語りに柳田國男が型のある「カタリ」と自由な「ハナシ」という区別をつけていたことを紹介したが、一方、私たちは日頃から「昔ばなし」のように一定の型のある物語を「ハナシ（話）」という用語で呼んでいる。本章ではこれら物語的な構造を持った「ハナシ」について、現代の日常を取り巻くメディアとの関係で考えていく。

マスメディアと語りの共同体

　昔話や語り物といった民衆の文芸は、それが本来特別な場所や機会に語られるべきものであったにせよ、それらの「ハナシ」が生きていた時代にあっては、広い意味での日常を構成するコミュニケーション文化、語りの文化の一部であった。語り手と聞き手が相互に作用し合いながら、1つのハナシを構築してゆくその時間と場を共有する人びとは、いわゆる「語りの共同体」あるいは伝承母体を構成していたと言ってよい。

　ならば現代を生きる私たちは、語るという行為をいかなるとき、いかなる場所で行っているのだろうか。伝統的な口承文芸という枠組みを取り払ってみれば、語り、コミュニケーションする場は、家庭、職場、学校、カフェや居酒屋などのいわゆるサードプレイス、さらにはスーパーマーケット、道端など実にさまざまである。こうした場所での語りをヘルマン・バウジンガーは「日常の語り」として、民俗学的説話研究に取り入れたが、いずれにしても、語りという営為は人の声というメディアを介した直接的なコミュニケーションの過程として捉えられていた。

　先に触れたテレビ番組『日本昔ばなし』の場合では、「ハナシ」の送り手はテレビというメディアであり、語りの場はテレビが据え付けられている室内、かつては「茶の間」であり、多くの場合、子どもだけではなく家族がそろって視るという「ハナシ」の受容の共同体が存在していた。現在のサイバースペースが登場し、コミュニケーションがより個人化する以前、マスコミュニケーションの時代が、民俗的な語りの時代に続いて存在していたし、今も存在していることは留意すべきであろう。マスメディアと「ハナシ」の関係について民俗学的研究はまだ少ないのも事実であるが（岩本 2017）、まずは既存のメディア・テクノロジーと「ハナシ」との関係を見ていこう。

生きた口承を探して

　民俗学における「語り」研究において、特に重視されてきたのは口承

性（orality）である。そもそも民間伝承（フォークロア）の前提が、伝承されたものであったが、この概念の起源である19世紀には、伝承は、声（口承）と文字（書承）というプロセスしか想定されていなかった。特にフォークロア、「語り」が声というメディアによって伝達されるコミュニケーションのありようこそが、民俗社会を特徴づける理論的前提となっていたのである。そこにはオーラル・コミュニケーションによって紡ぎ出される豊穣な語りの文化、またフォークロアの伝承母体とされた村落共同体が、民俗学者にはなかば憧憬を込めて夢想されていた。口承文芸と名づけられた民衆の文芸は、主として採訪者の語り手への聞き書きという手法によって記録された。民間文芸研究者の初期の目的はテキスト——あらかじめジャンルに分類された——を採集することであったから、語り手を含めた語りの日常について、つまり語り手が日常のいかなるコンテクストで語るのか、コミュニケーションの日常について詳細に記録されることはまれであった（語り手と聞き手との関係性についての記録・考察はあるが）（武田 2000）。

　1970年代からアメリカを中心とした民俗学者の主張するパフォーマンス理論は、民間説話研究のテキストからコンテクストへの転回を意味するものであり、そこでは語りを実践として捉え、語り手−聞き手の相互関係、コミュニケーション過程から語りを捉え直すというものであった（Bauman 2012）。こうした研究は、現代社会にあっても依然として生きたフォークロアが存在しているという確信によるものであった。「生きた」という物言いは、社会のなかでフォークロアを支える口承性に対する確信とも言えた。口承性への信頼感は、伝承母体たる村落共同体の衰退に伴う伝統的語りのジャンルの消失にもかかわらず、都市伝説（urban legend）という現代社会におけるフォークロアの発見によって一旦は取り戻されることになる。

コミュニケーション技術の発展とフォークロア

しかし、現代社会におけるフォークロアを考えるうえで、口承と書承という伝統的メディアの相互交渉に加えて、コミュニケーションのあり方に決定的な影響を及ぼしたコミュニケーション・テクノロジーの発展は、不可欠な視点である。すでに印刷というマスメディアによって、文字情報があらゆる階層に対して浸透し、さらに次の段階では、声の伝達手段である電話、文字を含めた視覚情報の伝達技術としてファクシミリが登場、また音声・映像を伝えるマスメディア、ラジオ、テレビジョンが生まれてくる。そして現在、われわれのコミュニケーション環境に決定的影響を及ぼしているインターネットの出現を見る。こうしたメディアの発展に伴って、フォークロア研究も、新聞伝説、ファックスロア、ネットロアなど、コミュニケーション・テクノロジーに伴って生まれた新しいフォークロアの形を追っていくことで、フォークロアが絶えず革新されるテクノロジーに適応して存続していくことが確認された。

しかし、こうしたマスメディアのなかに現れたフォークロアは、決して従来のフォークロア研究が前提としてきたように口承によって伝達されるものとは限らなかった。マスメディアによって、声のみならず文字や図像などによって、従来のフェイス・トゥ・フェイスとはまったく異なるマスコミュニケーションという、新たなコミュニケーションの場が生まれたことを意味していた。マスメディアによって大量に送り出される情報のなかにフォークロアとして識別できる「ハナシ」が紛れ込んでいるというのが実情であり、コミュニティという伝承母体のなかで流通してきたフォークロアあるいは「ハナシ」が、マスメディアによって拡散し、ふたたびオーラルな語りのコミュニティに回収され流通していくというのが、マスメディア時代の語りの日常の一部となった。

しかし20世紀後半、インターネットの登場によって語りの日常はさらに大きな変化を遂げる。まず語りの場の変化である。コミュニケーションにリアルな場所が必要ではなくなった。個々人がフェイス・トゥ・

フェイスで向き合うのではなく、サイバースペース上でやり取りがなされる。そこでは、従来の語り研究において注目されてきた語り手・聞き手の身体性、また場所性（シチュエーション、雰囲気等）といったニュアンスは存在しない。そして、何よりもコミュニケーションがオーラルから文字に変わったことが重要である。レスポンスの簡便さによって電子メールが、またチャットや電子掲示板が会話の代替になった。さらにソーシャルメディアでは、それまでのコミュニケーションの特徴であった匿名性にオーサーシップも付け加えられた。いずれにしてもこれらのコミュニケーションは文字によって行われるのが主流である。

　ネット時代の語りの文化を論じる際にまず押さえておきたいのは、「現代はネット時代である」という言説から当然のように排除されているインターネット・コミュニケーションに無縁の人びと、そして話すように書かない、また書くことができない（PCのキーボードが扱えない、携帯の文字入力ができない）人びとも少なからず存在しており（デジタル・デバイド）、同時代の語りの日常を語る場合、あくまでもネット上の語りはインターネット・ジェネレーションの日常であるという但し書きが必要である点だ。インターネットは周縁にいる人びと、マイノリティのコミュニティの形成に貢献しているという議論もあるが、一方でインターネットに接続できない人びとがいまやマイノリティとなりつつあることも忘れてはならない。

　ともあれ、現代の「語りの文化」あるいは「語りの日常」を考えるうえで、インターネットの出現によって「語り」がどのように変化し、どんな新たな「ハナシ」が生まれているのかが問題となる。さらにインターネット上で繰り広げられるコミュニケーションそのもののあり方の変化が、「語り」という営為自体にどのような影響を及ぼしているのだろうか。

インターネットとフォークロアの親和性

　インターネット上のコミュニケーションは、声よりもむしろ文字を媒介になされている。文化学者アライダ・アスマンは、文学の発信と受容をコミュニケーションの視点から分析し、文字によるコミュニケーションにはフォークロア的コミュニケーションと文学的コミュニケーションという2つの形式があることを指摘しているが（Assmann 1983）、このフォークロア的コミュニケーションの特徴は、インターネット上のコミュニケーションのあり方ときわめて類似している。クラウス・ロートはアスマンの指摘を引き継いで、インターネット・コミュニケーションにも通じるフォークロア的特徴には、次の5つがあるとしている（Roth 2009）。①公開性（Offenheit）、②類話性（Variabilität）、③匿名性（Anonymität）、④シリーズ性（Serialität）、⑤消費財的性質（Gebrauchscharakter）である。公開性は、ネット上では「ハナシ」のテキストが、情報ソースからほぼ無制限に編集できるという特徴である。②の類話性とは、1つのテキストは自由に編集・改編され、さらに外国語に翻訳されうるもので、ネット上でただ1つの起源を特定できず、その意味でネット上のハナシは1つのバリエーション、類話にすぎないという特徴である。③匿名性は、インターネット・コミュニケーションではしばしば指摘されていることであるが、テキストの特定できる著作権を主張できる著者が多くの場合存在しないということである（FacebookなどのSNSのなかには匿名性を廃したものもある）。そして④シリーズ性は、本来は大衆読み物を前提とした特徴であるが、ハナシは独立した単体（作品）として存在するのではなく、連載の形で次々と新話が提供され、結果的にそれぞれのハナシは永続しないという特徴だ。⑤消費財的特性は、④の特徴とも関連しているが1つのハナシに対する関心は持続せず、文字どおりハナシは消費財として読み捨てられるということである。これは文学的コミュニケーションとは大きく違う点でもある。この5つの特性は、インターネット・コミュニケーションをも特徴づける決定的要素であると言えるだろう。

双方向性メディアと「ハナシ」

ネット上のコミュニケーションそのものがフォークロア的な性格を帯びているとしても、それならば具体的にそのコミュニケーションのなかでどんな「ハナシ」が生成されているのだろうか。アメリカの民俗学者たちは「ネットロア」あるいは「ニュースロア」などの概念を用いてネット空間でのさまざまなフォークロアを取り上げている（Blank 2009）。また日本においても「ネットロア」という用語を積極的に使用し、電子掲示板やSNSで拡散した「都市伝説」を取り上げた研究も見られる（伊藤 2016）。日本における口承文芸研究においては、こうしたネット上の「ハナシ」は「世間話」と呼ばれるジャンルに含まれるものとして扱われている。現代のサイバースペースでは、リアルなムラという伝承母体が消失した後、ネットコミュニティの出現が口承文芸・フォークロアを産出し続けていると言ってもよいだろう。

一方、ロートは、インターネット上での「ハナシ」を分類するのに際して、新しいメディアのあり方に即した語りの分類基準を提案している。

まず、①双方向性のない電子メディアにおける語り。データベース的なインターネット・サイトでは、これまでに文字で記録された伝統的ジャンル——昔話、伝説、世間話、ことわざ、なぞ——から現代伝説（都市伝説）までその説話テキストを収集・分類し検索・閲覧可能にしている。こうしたサイトへは学術的な関心あるいは単純な興味からそれらの「ハナシ」を閲覧するが、そこはテキストに対してコメントしたり議論したりする「場」ではない。その意味では受け手にとって「語り」はテキスト化された説話集や事典などを図書館で閲覧する読書体験に近い。

次に、②限定的な双方向性を持つ電子メディアにおける語り。ある種のジャンルやテーマについて投稿を求めたサイトに現れた説話群がある。日本では「2ちゃんねる」（現5チャンネル）のような電子掲示板や「怖い話投稿サイト」など読者が知っているハナシを投稿するサイトがおびただしく存在する。欧米ではジョーク・小話（joke, Witz）、現代伝説（都市

伝説）なども人気投稿サイトがある。これらのサイトでは実話か創作か、あるいは別のサイトからのいわゆる転載・引用である可能性もあるが、主に匿名の語り手（書き手）が積極的に新しいハナシをつけ加えていく。

　最後に、③高度な双方向性を持つ電子メディアにおける語りである。これはいわゆるソーシャルメディアでの語りを指し、Facebook、Twitter、LINE や WeChat のようなチャット、チャットルームであり、リアルタイムのコミュニケーションである。チャットは音声、対面の映像によるコミュニケーションも可能であるが、中心はやはり文字によるコミュニケーションである。ここでは、個人的な体験談や自分語り、うわさ話など、「日常の語り」に非常に近い話が交わされる（ユーザーによってはそれが「語りの日常」でもある）。またオンライン・ゲームを通じてプレイヤー同士がコミュニケーションをするという場合もある。こうした双方向性の強いメディアによるリアルタイムのコミュニケーションあるいはハナシの交換は、対面と同じような親密圏を形成し、語りの共同体を生み出す。こうしたソーシャルメディアのコミュニケーションが、地理的空間を超越してコミュニティを形成したり、特に体験談を共有することで〈体験の共同体〉が生まれることもある。メディアを介したコミュニケーションのあり方や、個人の経験やその語りを共有（シェア）できるという状況は、メディア学的、社会学的にも重要な課題となるだろう。

データベース化される「ハナシ」・共有される「ハナシ」

　このようにロートがネットメディアの双方向性に注目して整理したネット時代の語りのあり方は、新たなツールやプラットフォームなどのメディア環境の創出によって結果として生み出されたものである。このメディア環境の変化を語りの文化の次元から見て言えることは、「ハナシ」が伝承されるというより、共有（シェア）されるものになったということである。他方、双方向性の限られた電子メディアの場合、特別なサイトや掲示板のかたちで「ハナシ」はデータベース化された。マスメディ

アとの決定的な違いは、マスメディアでは送り手が「ハナシ」を選択的に配信するのに対して、ネットはユーザーが「ハナシ」を主体的に検索し自分の欲する「ハナシ」にアクセスできることである。双方向性の強いメディアの場合、語り手は自分の「ハナシ」を共有したい、あるいは共有できる聞き手がサイバー空間に存在する前提で発信する。すなわちソーシャルメディア上での語りの日常とは、「ハナシ」をシェアする共同体の存在によって成り立っているのである。

　ここで民俗学的説話研究にとって課題となるのは、「ハナシ」のシェア共同体においてどんな語りの実践が行われているのか、実践のなかで生み出されている「ハナシ」がいかなる内容・形式を持っているのか、そしてそれらの「ハナシ」は、口承文芸研究が蓄積してきた従来のハナシと本質的に異なっているのか、あるいは同じ性質を持っているのか、また「語り」という実践自体が、サイバースペースにおいて何らかの変容を遂げているのか、ということである。

　ソーシャルメディア上に現れたおびただしい「ハナシ」のなかで、伊藤（2016）は「くねくね」「のびあがり」「八尺様」など特に妖怪話、怪異譚を取り上げているが、欧米でも、いわゆる現代伝説（都市伝説）系の「ハナシ」が取り上げられることが多い。そこで確認されたことはそれらのハナシの形式的特徴が伝統的な昔話や伝説あるいは世間話ときわめて類似していることである。その意味では、「ハナシ」の一群はある種の形式に強く「拘束」されている。それゆえ現在でも説話の形式的研究が有効な方法の 1 つであるとも言えるのである。

　メディアと民俗学的説話研究
　新しいメディアの登場を踏まえて民俗学的説話研究の方向性として 3 つの道が考えられる。まず 1 つの方向として、口承時代から反復されるハナシの特質を発見し確認していくという道である。そして 2 つ目の道は、ソーシャルメディア上の「ハナシ」を、聞き書きあるいは直接的な

コミュニケーションの場と想定して、その場で交わされる、特に伝統的ジャンルとは異なる「ハナシ」を「方法としての世間話」（重信 2012）として、メディア時代のことばの発露として分析する、さらには語りを通じて語り手の意識を分析する道である（レーマン 2020）。最後は、「ハナシ」は出来事や経験が言語として構造化されたものであるという前提に立って、ヒトが「ハナシ」を構造化するプロセスが、新しいメディア環境のなかで、何らかの変容を遂げているかを分析する説話学（ナラトロジー）的な道である。

　いずれにしても民俗学的説話研究の課題は、伝統的なジャンル──かつては語りの日常を構成する重要な「ハナシ」であった──が現代社会のコミュニケーション環境、メディア環境のなかでいかに適応し変異しているかということだけでなく、現代の日常において現に語られているハナシ（日常の語り等）のあり方、さらには語りの文化のあり方を問うことである。説話学、言語学、社会学など語りについてさまざまなアプローチがあるなかで、民俗学的説話研究が独自性を持ちうるとすれば、それは伝統社会におけるいわゆる口承文芸のテキストとそのコンテクストを包含する「語りの文化」に対する知見・洞察であり、現代の語りも「語りの文化史」の延長線上にあるという認識であろう。語りの歴史的展開を踏まえた現代の「語りの文化」、メディア技術のめまぐるしい進化のなかでの「ハナシ」を含めたコミュニケーションのあり方、すなわちコミュニケーションの日常そのものを明らかにすることが、同時代の民俗学的説話研究のあり方なのではないだろうか。

参考文献

伊藤龍平（2016）『ネットロア──ウェブ時代の「ハナシ」の伝承』青弓社
岩本通弥（2017）「異化される〈日常〉としてのマスメディア──「男児置き去り事件」と「介護殺人／心中事件」の NEWS 報道をめぐって」『日常と文化』3：63-98
重信幸彦（2012）「「声」のマテリアル──方法としての「世間話」・柳田國男から現

代へ」『日本民俗学』270：85-110

武田正（2000）「民話（昔話）の語り手と聞き手」福田晃・常光徹・斎藤寿始子編
　　『日本の民話を学ぶ人のために』世界思想社

バウジンガー，ヘルマン（1994）「世間話の構造」（竹原威滋訳）アラン・ダンデス
　　他『フォークロアの理論――歴史地理的方法を越えて』（荒木博之編訳）、法政
　　大学出版局

レーマン，アルブレヒト（2020）「民俗学の方法としての意識分析」（及川祥平訳）
　　岩本通弥編『方法としての〈語り〉――民俗学をこえて』、ミネルヴァ書房

Assmann, Aleida (1983) "Schriftliche Folklore, Zur Entstehung und Funktion eines Überlieferungstyps", in Aleida Assman, Jan Assmann und Christof Hardmeier eds., *Schrift und Gedächtnis: Beiträge zur Archäologie der literarischen Kommunikation*, Wilhelm Fink Verlag

Bauman, Richard (2012) "Performance", in Regina F. Bendix & Galit Hasan-Rokem eds., *A Companion to Folklore*, Wiley-Blackwell

Blank, Trevor J. ed. (2009) *Folklore and the Internet: Vernacular Expression in a Digital World*, Utah State University Press

Frank, Russell (2011) *Newslore: Contemporary Folklore on the Internet*, University Press of Mississippi

Roth, Klaus (2009) "Erzählen im Internet. Brednich", in Rolf Wilhelm Brednich ed. *Erzählkultur: Beiträge zur kulturwissenschaftlichen Erzählforschung*, Walter de Gruyter

Schneider, Ingo (1996) "Erzählen im Internet: Aspekte kommunikativer Kultur im Zeitalter des Computers", *Fabula* 37: 8-27

Next Step

ハナシとメディアというテーマについては、まず「書かれたもの」と「語られるもの」の関係を知ることが重要である。W. J. オング『声の文化と文字の文化』（桜井直文他訳、1991 年、藤原書店）はこの種の議論の古典。メディア時代のハナシについては J. H. ブルンヴァン『消えるヒッチハイカー』（大月隆寛他訳、1988 年、新宿書房）、R. W. ブレードニヒ『悪魔のほくろ』（池田香代子他訳、1992 年、白水社）、近藤雅樹他『魔女の伝言板』（1995 年、白水社）、伊藤龍平『ネットロア――ウェブ時代の「ハナシ」の伝承』（2016 年、青弓社）等が楽しみながら学べる。また、ツールとの付き合い方については金暻和『ケータイの文化人類学』（2016 年、CUON）を薦めたい。読者は今すぐにでもネット空間をフィールドワークすることができる。手始めに 2 ちゃんねる（現 5 ちゃんねる）や Twitter を覗いてみてほしい。ハナシの海をただ眺めるのではなく、分析者として航海するためのヒントが本章では示されている。［及川］

➡第 II 部 ②、⑰、⑳、㉟、㊱

第 5 章

暮らしのなかのブラックボックス

──科学技術とフォークロア──

フェルトカンプ，エルメル

民俗学の研究対象としての科学技術

　私たちは、一見してわかりにくい新しい科学技術と出会ったときにどのような反応を見せるのだろうか。またそれに慣れていくためにどのような戦略を使うのだろうか。本章では、科学技術と民俗学の関わりについて考えていきたい。特に注目したいのは科学技術が人びとの生活にもたらす変化や、その変化を人びとが暮らしのリズムや常識のなかに内在化していくプロセスとしての「日常化」である。

　民俗学はこれまで人びとの生活世界における科学技術の意味づけにはそれほど注目してこなかった。近年の民俗学入門書を見ても、やはり家族と先祖、一生の節目、年中行事といった「昔の生活」に関わる古典的なテーマを現代的な文脈において考えようとする傾向が強い（たとえば、市川ほか編 2015）。他方、現代農家の仕事を科学技術と経験主義との融合から描いた野口（2017）や、カマイタチ伝承を事例に民俗学が俗信と科学知識を対等な位置づけで研究対象とする視点を示した廣田（2016）など、各論レベルでは科学技術研究が増えつつある。しかし、それはいまだ日本の民俗学のなかではフロンティアである。私たちの生活がコンピュータや携帯電話など、科学技術やオンラインの世界と絡み合っていくなかでは、機械化・自動化・デジタル化されていない部分を探し出すこと自体が難しい。もはや前世代の生活様式や日用品にとらわれず、科学技術が人びとに与える新しい次元の経験を考えていく必要がある。

　もちろん、前世代の伝統的な生活様式を明らかにするのが民俗学だと

いう考え方もあるだろう。しかし、本章で言う民俗学は生活世界の変化とそれに対する意味づけを調べ、解明する学問である。岩本（2012）が自分の学生時代の経験をもとに述べているように、1960年代から日本の農業では機械化が進み、化学肥料や農薬が導入されたことで、農村の暮らし方も大きく変貌した。1970年代には民俗学者のあいだで「民俗の消滅と変貌」が議論され始め、民俗学全体に危機意識が広まった。だが民俗学を「伝統文化の学問」ではなく、「人びとの生活の変化やそれにまつわる理解や解釈を明らかにする学問」として理解すると（岩本 2002）、研究対象がなくなるわけでは決してないし、科学技術と生活世界の融合を考える意義が理解できるだろう。

こうした状況は日本以外の民俗学でも同様だった。ドイツの民俗学者ヘルマン・バウジンガーは、民俗学がナチズムに加担した反省として、戦後、研究の枠組みを改変する必要があるとし、現代的生活を視野に入れる重要性を主張した。つまり、われわれが生活をともにしている「科学技術」も生活世界のなかの1つの重要な要素であると考えた。『科学技術世界のなかの民俗文化』（原著 1961）のなかでバウジンガーは、科学技術の「自然的な側面」（新しい技術が徐々に「わかりきったもの」へと転化すること）を強調し、科学技術とフォークロアをともに人びとの日常性として理解する必要があると主張する（バウジンガー 2005）。科学技術とフォークロアとは決して分離した世界ではなく、新しい科学技術と出会った人びともまたそれを意味づけることで、自己の「日常世界の地平線」のなかに引き込もうとするという。

日常生活におけるコンピュータを研究しているドイツの民俗学者ゲリット・ヘアリンは、科学技術への民俗学的アプローチには次のような特色があると述べる。すなわち、①科学技術の物質性への焦点（科学技術的なもの、そのものの次元）、②科学技術の利用者と利用の実践への焦点、③歴史的な次元（科学技術化する過程や科学技術の発展と文化的な変化との相互関係）への焦点である（ヘアリン 2010）。科学技術とフォークロアの研究は、

バウジンガーが言うように生活の変化という観点を基礎に置きつつ、ヘアリンが言うように、人びとの生活のなかの科学技術との関わりや意味づけのあり方に焦点を合わせることが重要である。本章では科学技術への民俗学的アプローチを具体的事例とともに確認していき、最終的には人びとの科学技術に対する「慣れ」の仕方と日常化のプロセスを学ぶことを目標とする。

不安への対応──科学技術と人間の境界線の拡大と超越

　科学技術は人びとにとってどのような意味を持つのだろうか。科学技術の役割の１つは、人間の身体の可能性を拡大させることである。たとえば、災害時の救援ロボットは、崩壊した建物に入って生存者を探しだす。人間にはリスクの大きい危険な仕事を、機械・技術的なものが人の身代わりとなってこなしてくれる。われわれの日常生活・生活世界の境界線を越えていくこのような科学技術の機能は「良いこと」とされ、歓迎されることが多い。

　しかし、科学技術が研究対象になるのは、大概それが「問題」になった時である。たとえば、スマートフォンのようにわれわれの生活には次々と最新技術の機械やシステムが入り込み、自動化やデジタル化が進んでいるが、人びとはアナログで手触りのある生活や、対面的な人間関係からすぐに離脱できるわけではない。急速な技術の浸透はそれに不慣れな人の反発を招き、文化的な反応も激しくなる。このような変化・変容による衝撃がある程度落ち着いたら、次は新しい要素が日常的なルーチンに内在化される。このプロセスによって、はじめはブラックボックスであり、よくわからないがゆえに不安・緊張・恐怖の要因でもあった科学技術が徐々に当たり前のものになっていく。これが日常化というプロセスの働きである。以下では、この日常化を念頭に置いて、人びとが自分の生活世界における変化・変容にどのように対応し、どのように日常的で当たり前なものにしていくかを探っていく。

図1　ドイツの週刊誌『デア・シュピーゲル』表紙（1978年4月）

　まずは、生活の変化に対する不安がどのように表現されるかを見てみよう。1978年4月発行のドイツの週刊誌『デア・シュピーゲル』の表紙（図1）には、角張った機械のような形をしたメタルのロボットが、安全ヘルメット・作業服を着た労働者を手に取って脅かしている。雑誌の表題は「コンピューター革命——進歩は失業をもたらす」とある。従来人間がしてきた労働がロボットにもできるようになった世の中では、多くの人がその犠牲になって仕事を失う恐れがあるという、科学技術に対する恐怖や警戒を表している。この表紙は実際の産業用ロボットとは形が明らかに異なっているが、労働現場にロボットが浸透していくこと自体が人びとの心配のもとになっていたことがよく理解できる。以下では、このような不安と恐怖感をいくつかの実例で具体化させよう。

　バウジンガー（2005）が語るように、ドイツのカトリック教会では、復活祭のろうそくに火をつける際に、その火がライターではなく自然に作られた「本当」の火でなければならないという。復活祭の焚火から取った火が「特別」で「魔術的」な意味を持つと考えられているからである。言うまでもなく、燃えている「特別」な薪であれライターであれ、科学的現象としての燃焼そのものは、どちらにしても同じものである。人類史から見れば「火」もある時代に新しく発見された科学技術であったのが、定着すれば徐々に「当たり前」なものに変化していくとともに、「本当」で「魔術的」な機能まで持てるようになるのである。もう少し近い事例を挙げると、電子レンジが一般消費者の市場に登場した頃、料

理を温める電波が人体に危険ではないか、という声もあった（実は、このような疑いは現在もまだ残っている）。この不安も科学技術が定着する過程の自然な段階であると見てよい。

科学技術に対する疑心暗鬼というテーマは、頻繁に出現する。たとえば、1960年代以降のアメリカでは、「バックワード・マスキング」、つまりレコードを逆再生することでサブリミナル（潜在的な）メッセージが聞こえるという都市伝説が流行った。有名な例としては、ザ・ビートルズが1968年に発表したアルバム『ザ・ビートルズ（ホワイトアルバム）』のなかの一曲「リボリューション9」を逆再生するとビートルズの中心メンバーであったポール・マッカートニーが実は死んでいる、というメッセージが聞こえるという噂が広がった。"Paul is dead"（ポール死亡説）と呼ばれるようになるこの都市伝説は、レコードという新たな技術への反応である。また、1970年代以から1990年代にかけて、同様の現象がアメリカのキリスト教会のあいだでも広がり、逆再生によって「悪魔のメッセージ」を聴くことができるという説も出た。1990年には、同伴自殺した2人の少年をめぐってヘビーメタルグループのジューダス・プリーストが訴訟を起こされた。ある曲を逆再生すると "Do it!（やってしまえ！）" というメッセージが聞こえるといい、その言葉が少年たちを自殺に導いた、という訴えであった。

次に、もう少し現在に近い例に焦点を移し、従来の生活世界の範疇に沿って解釈される科学技術の例として、コンピュータやデータを考えてみよう。筆者が小学生だった1980年代はパソコンが家庭に浸透していく時代でもあったが、中が見えないブラックボックスとしてのコンピュータやデータに関する日常的な語りも生まれはじめた。たとえば、当時のコンピュータのソフトが入っていた5.25インチのフロッピーディスクは容量が小さく、アドベンチャーゲームのような複雑なソフトを起動する際には、ディスクを何回も入れ替えて続きのデータを読み込む必要があった。同じ時代にはコンピュータやソフトウェアをダメにする「ウ

イルス」が一般の人びとの生活に登場しはじめた。

　しかし「コンピュータ・ウイルス」が実際に何であるか十分に理解していない一般の人びとは、それを身の回りの経験的知識に基づいて解釈するしかなかった。おそらく、ソフトが壊れる一番の要因はフロッピーの折れ曲がりや熱・水による損壊など、物理的な性質の変化にあったと思われるが、コンピュータがウイルスに「感染」したり、ウイルスが「空気中を飛んで」うつったりするという、比喩的な語りも見られた。筆者は中学生の頃、「感染した」フロッピーをもう１枚のフロッピーの近くに置くと、もう１枚も「感染する」と友人から注意されたことがある。これは決して珍しい考え方ではなく、科学技術が想像の及ばない遠い存在であるほど、その性質や動きは身の回りの直接的かつ身体的な経験に基づく原理に沿って解釈されがちである。

　つまり、科学技術的なものに対する理解が不完全な場合は、その不足した部分を「日常的な解釈」で埋め合わせていく。科学技術はつねに発展しているため、このような語り方と解釈も次々に出てくる。コンピュータで作る「データ」がこの数十年のあいだ、世界が動き回るのには必要不可欠のものになり、その管理・保存や喪失（いわゆるデータ・ロス）もきわめて重要な問題になってきた。客観的に見ると、データの保存環境となるサーバーやハードディスクなどは物質的で機械的な「もの」であって、それが故障するとデータが損傷する。しかし、データ・ロスに対する語り方もまた、前述のような「日常的な解釈」をもとにしている。いわゆる「ビット・ロット（腐敗）」（それまで読み込めたデータやファイルが腐って読み込めなくなる現象）や「リンク・ロット」（ウェブページやインターネット環境にあるハイパーリンクのリンク先がなくなり、ページが使えなくなる現象）がそれである。次節ではこのようなデジタルな世界に対する日常化をさらに解明していきたい。

デジタル化する生活環境と科学技術の「日常化」

科学技術は「もの」が中心となる物質的な世界だけではない。この数十年のあいだにわれわれの生活世界に浸透してきたもう1つの科学技術のかたちは、普通に生活をしている世界とは別次元の「バーチャル」な世界である。

コンピュータで作り上げられる仮想の世界としての「バーチャル・リアリティ」という表現は、少なくともアメリカでは1950年代後半から見られ、1970年代末から1980年代にかけて語られる機会が増えた。コンピュータの情報処理能力が上がるとともに、1990年代には「VRブーム」が起こった。映画にもこのテーマが登場することになり、1982年の『トロン』、1990年の『トータル・リコール』や、1999年の『マトリックス』がその代表作である。

「バーチャル」とは、われわれが五感で経験している生活世界とは別次元にあるものを指しているが、その意味で「本当」のものではないにもかかわらず、「本当の世界に影響を与える」という意味に由来がある。日本の新聞で「バーチャル・リアリティ」が仮想現実・疑似現実・擬似空間などを意味する表現で登場するのは1990年である。その年の2月17日付の朝日新聞では「CGで「未知」を体験　人工現実感の世界」という記事があり、そこでは「人工現実感（アーティフィシャル・リアリティ）とか仮想現実感（バーチャル・リアリティ）という言葉が生まれている」と書かれている。しかし、この時点では、まだバーチャルはコンピュータ・グラフィックス（CG）や原子炉内のロボットの作業訓練のためのものとされている。しかし1991年12月7日付の夕刊には、バーチャル・リアリティがゲーム界の「万能呪文」にまでなっているとあり、短期間に人びとのあいだで爆発的に人気になったことがわかる。

同じような表現に「サイバー〇〇」というものもある。この言葉もまた「コンピュータに関連する」という意味合いで、「電脳〇〇」に言い換えられる場合もある。1980年代の新聞を見ると、「電脳」というのは

まだ「中国語でコンピュータ」と解説されるが、1990年前後から仮想現実と関連づけて語られるようになる。

　これらの言葉はいずれも、新しい現象を言語化するために使われはじめた単語である。それから30年経った現在、この言葉をまったく耳にしないわけではないが、その用途は狭くなったと言える。特に、ひととき「バーチャル」で仮想的なものとして新鮮であったのが、現在はもう「本当の」生活と区別が付きにくいぐらい「リアル」なものになったからである。その一例として、1990年代後半の電子ペット・ブームを牽引した「たまごっち」に対する文化的反応を取り上げてみたい（フェルトカンプ2011）。たまごっちとは卵形のおもちゃで、液晶画面に現れる電子的な生命体を飼育するゲームである。

　前述のヘアリンは、科学技術的なものの日常化のために人びとが採るさまざまな戦略を挙げているが、その多くは、一見理解不能な現象の意味づけの追求である。これはまさに当時のたまごっちに対する反応や解釈に当てはまる。結論から言うと、「バーチャル・ペット」に対する人びとの文化的反応は「本物」のペットに対する反応や解釈と類似した部分が多く、それがたまごっちという科学技術的なおもちゃに対する「日常化」を促した。

　特に興味深いのは、人間の操作による機械的な動きという事実的な次元よりも、それ以上にたまごっちに対する人びとの態度や扱い方などが「バーチャル・ペット」の性格を変える、あるいはダメにするという解釈であった。たとえば、たまごっちを飼育していくなかでは、ユーザーによる程々の「しつけ」が必要であり、甘やかしたり放置しておいたりすると「性格が悪くなる」という。また一部のユーザーには、たまごっちの「ウンチ」をあえて掃除せず「虐待」するという行動も見られた。ここではユーザーが、科学技術的なものに対して生命体と同じような特徴があるかのように行動したり表現したりしていることが注目される。フロッピーディスクの話と同様に、経験をもとにした解釈によってたま

図2　たまごっちの最期

ごっちを日常化しようとしているのである。

　たまごっちの「生前」の扱いだけでなく、その「死」もまた興味深い反応を起こした。たまごっちはユーザーがいくら上手に面倒をみたとしても、わずかな期間で必ず死んでしまう。平均寿命はおおよそ1週間余りであった。そのうち病気になり、最期を迎えたたまごっちは、ピーピーと悲しい音を出し、最後には心臓が止まった心電図のような音で他界する。その直後、画面にはたまごっちの墓石が映り、横には霊魂が漂う（図2）。このように死の場面にはドラマ性があったことから、ネット上では「たまごっち霊園」まで設けられて人気を集めた。

　ただ、2代目以降のたまごっちのモデルは初代ほどの人気を集めることができなかった。1つの要因としては、電子ペットに対する人びとの慣れがあったからだと思われる。たまごっちブームの数年後、電子ペットが「懐かしいアイテム」として展示されたことまであった。ここからは、初代が流行した時のような文化的反応は見られず、科学技術を日常化させる必要性は時とともに弱まっていったことがわかる（フェルトカン

プ 2011)。

このような現象は、たまごっちに限ったわけではない。この時からパソコンやデータのようなデジタル遺品の供養を行う寺が報道されるようになり、「デジタルな死」に関するイベントが近年でもニュースになることがある。現代を生きる多くの人びとの生活はつねにコンピュータとともにあり、データと関わらない日などめったにない。そのぶん、生活世界におけるデータの重要性も増え、データをなくしたり、パソコンや携帯電話が壊れたりすると喪失感が湧いてくる。本章で述べている科学技術への対応を念頭に置けば不思議なことでもない。

これと直接関連するもう1つの例が電子犬・AIBO をめぐる反応である。AIBO はソニーの開発したロボット犬であり、1998 年にプロトタイプが発表され、翌年に一般販売されると人気を集めた。AIBO は犬の形をしたロボットとして、実際に生きているペットの面倒は見たくない、あるいは事情があって飼育できない人をターゲットとして売り出された。実際その姿は多くの人にとって身の回りの見慣れた犬のように見えることが注目を引き、当時の新聞ではこのような「ほとんど生き物」のロボットが人びとの生命感にどのような影響を与えるか議論された。

AIBO は外見上明らかにロボットだが、ペットとしての完成度はともかくとして、いったいこれは何の存在だろうか、どのように解釈し理解すればいいか、問いかける声もあった。たとえば、1999 年 7 月 29 日の朝日新聞（大阪版）には、「ロボットはペットになれるか」という率直な疑問をタイトルにした記事があるが、そこでは「命が軽く扱われないか」という危惧の意見や、「ロボットにはすぐ飽きる」など否定的なコメントが多く取り上げられている。他方、プラクティカルなコメントとしては「(生き物の) 世話が無理なら代用に」「孤独を癒すのに役立つ」「親しめればそれでいい」というようなものもあり、問題視されるばかりではなかった。科学技術的なものに対する態度の相対化も見られるが、パターンとしては前述のたまごっちと同様のものである。

デジタルネイティブの時代の民俗学へ

　以上の事例を通じて科学技術のさまざまな文脈を記述し解明してみた。この20年のあいだ、新たな科学技術は人びとの行動を大きく変化させてきた。2000年代の韓国における大規模なロウソクデモは、ソーシャルメディアを使いこなす若者たちがオンラインで場所や時間を多くの人とシェアしながらデモをオーガナイズし、積極的に民主主義に参加する画期的な出来事だった。また香港の独立運動とデモでは、中国政府が顔認識システムを動員することで科学技術を権力のツールとして用いたことに対して、デモに参加する市民はそのテクノロジーを理解し、顔が認識されにくくなるマスクを作ったり、政治家の顔が映ったマスクを被ったりすることで権力に抵抗した。こうした状況では、科学技術の物質的な側面が可視化したと言える。

　デジタルネイティブと呼ばれる世代にとって電子機器を使いこなすことと社会運動が不可分だったように、科学技術は世界中の多くの人びとにとって生活の必要不可欠な一部となっている。そしてその生活の可能性を拡大させることで境界線を調節し、機械的な次元を越えた意味づけがなされる。しかし、人びとは科学技術を受動的に受け入れるのではなく、従来の生活への影響も含めてその意味を考え、当初はブラックボックスだったものを徐々に「当たり前」なものへと変えていく。これこそ日常化のプロセスである。科学技術とは過去を反映した未来への鏡でもあり、人間の情緒的な世界をもう1つの方向から見せてくれる。科学技術が伝統的な祭りや慣習と同様に、あるいはそれ以上に民俗学の研究対象となりうる理由は、イノベーションが人びとの生活世界に与える影響や、それに伴う意味づけのプロセスに過去・現在・未来が収斂してくることにある。

参考文献
市川秀之・中野紀和・篠原徹・常光徹・福田アジオ（2015）『はじめて学ぶ民俗学』

ミネルヴァ書房

岩本通弥（2002）「世相」小松和彦・関一敏編『新しい民俗学へ──野の学問のためのレッスン 26』せりか書房

岩本通弥（2012）「民俗学と実践性をめぐる諸問題──「野の学問」とアカデミズム」岩本通弥・菅豊・中村淳編『民俗学の可能性を拓く──「野の学問」とアカデミズム』青弓社

野口憲一（2017）「「科学的農業」における人間性──コンピューター管理によるイチゴの高設養液栽培の事例から」『現代民俗学研究』9：1-17

バウジンガー，ヘルマン（2005）『科学技術世界のなかの民俗文化』（河野眞訳）、文楫堂

廣田龍平（2016）「俗信、科学知識、そして俗説──カマイタチ真空説にみる否定論の伝統」『日本民俗学』287：1-35

フェルトカンプ，エルメル（2011）「科学技術とフォークロア──『たまごっち』の生と死に対する文化的反応」『日本民俗学』265：30-56

ヘアリン，ゲリット（2010）「人生記録研究・日常文化研究のテーマとしての科学技術」（池松瑠美訳）『日本民俗学』263：57-74

Next Step

生活に入ってくる科学技術を「文化的」な現象として捉える研究は文化人類学で盛んだ。久保明教『ロボットの人類学──二〇世紀日本の機械と人間』（2015 年、世界思想社）は本章でも出てきた AIBO 等を例に、人と機械の関わりを描いた民族誌。久保には機械の側から人間を捉えた『機械カニバリズム──人間なきあとの人類学へ』（2018 年、講談社）もある。同様に人間中心主義からの脱却を目指す民俗学の研究としては、T. Thompson, *Posthuman Folklore*（2019 年、University Press of Mississippi）がある。AI やロボットなど最新の科学技術は民俗知識や民俗技術とどう違うのかという視点で、篠原徹編『現代民俗学の視点 1　民俗の技術』（1998 年、朝倉書店）や安室知『自然観の民俗学──生活世界の分類と命名』（2016 年、慶友社）を読み比べるのも面白いだろう。［門田］

➡第 II 部 ４, 17, 22

第 6 章
モノを使う、モノに使われる
——生活と生態——

田村和彦

モノが溢れる生活

　私たちの生活は、驚くほど多くのモノに囲まれている。メディアでは、現在の若者の「〜離れ」が指摘され、他方で「断捨離」が提唱されてはいるが、やはり私たちの身の回りには、モノが溢れている。この状況は、当たり前すぎて気づきにくいかもしれない。こうした当たり前を顕在化させる方法として時間や空間をずらすことが有効だが、ここでははじめに、空間をずらして、海外の家庭と所有物とを比べてみたい。

　写真家ピーター・メンツェルが代表を務めるマテリアルワールド・プロジェクトは、世界 30 ヶ国の中流家庭の所有物すべてを屋外に並べて写真に収める、という試みを行った（メンツェル 1994）。ここに見られる日本の家庭のモノの多さには驚くばかりである。私たちの現代の生活はすでに、エドワード・モース、ラフカディオ・ハーンやブルーノ・タウトらかつて来日した外国人の目に映ったような、簡素な美を尊ぶ日本の生活とは、大きく様相を異にしている。

身近な経験からモノを考える

　そうは言っても、私たちは、明治以来の変化をつぶさに観察しながら生きてきたわけではないので、上に挙げた差異を、まだ日本と「外国」との違いとして本質主義的に理解してしまう向きもあろう。そこで、次に、多くの人に滞在経験のあると思われるホテルの例を挙げて考えてみたい。住居学の渡辺光雄の指摘するように、私たちは、ホテルの個室に

第 6 章　モノを使う、モノに使われる　　　73

入ると、どこで靴を脱げばよいのかを迷うことがある（渡辺 2008）。その理由を考えてみると、部屋でくつろぐには靴を脱いでスリッパに履き替えたいし、何よりも外を歩いてきた土足でカーペットの上を歩くことに抵抗感がある。この何とも言えない抵抗感は、自宅では家に上がるときには靴を脱ぐ普段の習慣とのずれと関係しているのだろう。「土足」とは、現在の日本語では、靴を履いたままの状態を表すとともに、文字どおり泥のついた足を表すこともある。家屋に上がるときには土足ではいけないという感覚は、過去からの拘束を受けたものである一方、スリッパや靴下の登場といった新たな要素と組み合わさって、現在の私たちの当たり前を形成していることに気がつくことになる。

　同じく、ホテルの滞在で戸惑うのは、身体を洗う時にどこで服を脱げばよいのかという問題であろう。なぜなら、現在の日本の多くの家庭では、服を脱ぐ場所が決まっているからである。風呂場の入口に脱衣場があり、そこで脱いだ服は脱衣籠へ入れる。あるいは、この場所に据え置かれた洗濯機に直接入れてしまう家庭もあるかもしれない。アパートなどでは玄関の外に洗濯機を置くこともあるが、多くの家庭では風呂場前の脱衣場の場所こそが洗濯機の置き場所となっている。この位置は、脱いだ服を洗うという一連の動作と、洗面所や風呂場の水回りをまとめることで、合理的で当たり前と考えているのではないだろうか。

　しかし、この「合理性」は世界中で通用するような洗濯機をめぐる合理性ではなく、このような洗濯機の配置が当たり前になったのも決して古いことではない（岩本 2010）。たとえば、ドイツのノルダーシュテット市博物館（Norderstedt Stadtmuseum）の展示にあるように、ヨーロッパでは、湯を沸かすのに便利な台所周辺に洗濯機を配置することが多かった。これは、高温のお湯で洗濯をする煮洗いを踏まえて洗濯釜の延長で洗濯機を位置づけたため、火に近い場所を選んだ合理性の結果である（森 2003）。中国の集合住宅では、洗濯機は各家庭のベランダ（日本の集合住宅のベランダとは異なり、ガラスで覆われた部屋状になっている）に配置されることが多

い。その理由は、排水のしやすさとともに、洗濯後の措置、すなわち洗濯物を干す作業と結びつけた結果である。ここで採用された合理性とは、水を含んで重くなった洗濯後の衣服を運ぶ手間を減らすことであった。このように、一見、同じモノを使いながらも、そこで選択される合理性は、過去の慣習とのせめぎあいのなかで決定されており、一様ではない様相を呈することとなる。

ここまでは、場所を変える異化作用によって日常性をあぶり出してきたので、次の事例では時間をさかのぼることで当たり前の成立

図1　洗濯機を背負って。彼女はどんな気持ちで背負っていたのであろうか（窪木栄佑撮影、1958年頃、千葉県立中央博物館大利根分館所蔵）

過程に触れてみよう。日本の洗濯機は、1922年に三井物産が輸入したものがその嚆矢とされる。その後、女性の家事労働を大幅に軽減する洗濯機は三種の神器の一角を占める憧れの白物家電となった。千葉県立中央博物館大利根分館には、1958年頃の電気洗濯機の使用の様子を考えさせる貴重な写真が残されている（図1）。

これは当地の「生活改善クラブ」が16軒で2台の洗濯機を共同購入し、背負い紐をつけることによって順繰りに運搬し使用していた状況を記録した写真である。人びとのモノへのかかわり方がうかがえる記録は多くはない点でもこの写真は重要な資料だが、それ以上に興味深いのは、洗濯機と言えば、各戸で購入する、動かさない家電という観念を揺さぶり、モノの可能性についての思考に刺激を与えてくれることである。その後、新谷尚紀の指摘するように地域により時期の差異と異なる記憶と

を伴いつつ（新谷 2010）、1960 年には 20％強であった洗濯機の普及率は、1970 年には 90％を超えるようになる（大西 2008）。

　この新たな、そして急速な普及を見た高価な家電は、しばらくのあいだは共通する配置場所を得ることなく、その大きさを理由に屋外に置かれることもあった。洗濯機の配置が脱衣場にほぼ統一されてゆくのは、排水への考慮と防水パンが風呂の前室である脱衣場に設置されてゆくからであり、ダイニングキッチンやバランス釜の普及など現代の私たちの住まい方を大きく変化させてきた日本住宅公団も、徐々に洗面所付近への洗濯機防水パンを設置し始めた（都市再生機構編 2011）。ここに、洗濯機が脱衣場にあるという当たり前が完成することとなる。

「民具」研究の蓄積と限界

　日本民俗学では、さまざまなかたちでモノを考察の対象としてきた。たとえば、柳田國男は、『木綿以前の事』や『明治大正史 世相篇』のなかで、繰り返し、モノと人の感覚との変遷を説いている。しかし、民俗学とモノ研究の文脈で、最も頻繁に紹介されるのは渋沢敬三（1896-1963）とその周囲に集まった人びとによる物質文化研究であろう。彼らは「われわれの同胞が日常生活の必要から技術的に作り出した身辺卑近の道具」を、「民具」と命名してその収集にあたった、とされる（アチックミューゼアム 1936）。

　具体的には、衣食住、生業、通信・運搬、団体生活、儀礼、信仰・行事、娯楽遊戯、玩具・縁起物に関するモノがその対象として列挙された。この定義によって、好古の人びとにより美術的な価値や希少性から評価を受ける骨董品や、「民具」の概念より少し前に柳宗悦（1889-1961）によって提唱された、名もなき庶民の手による工芸品への審美的な評価である「民芸」とも異なる新たな地平が切り開かれた。また、宮本常一（1907-1981）による「民具学」の提唱も重要である。民具という言葉の創造とその後の発展は、今日でも博物館での展示や文化財という考え方

に大きな影響を及ぼし、日本におけるモノ研究における非常に大きな蓄積となっている。

　一方、民具の名のもとに収集、考察されたモノは、私たちの身の回りに溢れている、先述した洗濯機とは同じ範疇のように見えないのではないだろうか。日常的に使用するモノと言えば、私たちは『民具蒐集調査要目』にある火鉢やカンテラ、箱膳、脚絆ではなく、テレビやスマートフォン、自動車、パソコンを真っ先に思い浮かべるだろう。

　もちろん、先の民具の定義が1930年代のものであることもその理由ではあるが、その後の展開も含めて考えると、民具という言葉で説明されるモノへ距離感を感じるより大きな理由は、モノに伝承性を求めたことと、生産、生業に関するモノ研究への偏りと新たに生活に入り込んだ日用品や生活財といったモノへの目配り不足、そしてモノの側の属性から学問の対象を設定しようとした結果であろう。たしかに伝承されてきたモノは重要であるが何をもって伝承と呼ぶのか不明であり、そもそも、大量消費社会に生きる私たちにとって、伝承されたモノは生活のごく一部に過ぎず、モノを扱ううえではあまりに狭い定義となってしまう。

　また、過去から長い間使用してきたモノがあったとしても、製作者や過去の使用者の意図や意味と、現在におけるそのモノの持つ意味とが一致するとは限らないことを見逃しがちになる。どういったモノが研究対象とされるのかについて言えば、一度研究対象として定まった対象に拘泥し、方法論的な、あるいは視野の点から議論を発展させるのが困難になってはいないだろうか。

　モノの素材や制作技術など、モノの属性に即して定義を拡大してゆく方法だけでは、現在の私たちの身の回りにあるモノを考察できないという問題点は解決されそうにない。たとえ、素材を問わず、単純な構造で「ブラックボックスのないもの」として民具を定義しても（岩井1985）、やはり、スマートフォンなどの私たちの日々の生活にとって重要なモノは視野の外にこぼれ落ちてしまう。むしろ、バウジンガーの指摘するよ

うに、高度な技術に支えられつつも、私たちはその原理を理解することなしに日々の生活のなかで当然のようにそれらを再配置し、日々の生活を意識的、無意識的に構成している点が重要なのである（バウジンガー 2005［1961］）。

　以下では、発想を転換し、モノを取り込んで生活を構築する人の側に軸足を移すことで、人との関係性のなかで意味を与えられる、モノを使い、モノに拘束されるなかで編み出される生活世界を考察することができるような視野を確保するために、民俗学の慣れ親しんだ「民具」という言葉を離れてみたい。

　他国の民俗学に目を転じれば、たとえば「語り」研究のイメージの強いアメリカ合衆国でも、著名な民俗学者であるヘンリー・グラッシー（Henry Glassie）は、1960年代からいくつもの重要な物質文化研究を進め理論的な整理を行っている（グラッシー 2012［1999］）。グラッシーの議論には、創造性とカスタマイズの問題、手作業による産物も人工物も組み合わされて形成される集合体といった興味深い問題が示されている。文化人類学では、初期にはオーガスタス・ピット・リバース（Augustus Pitt Rivers）のようにモノの蒐集に勤しむ人類学者も多かったが、内堀基光の指摘するように、理論的関心の変化と深化、そしてモノの世界的な均一的展開によって、一時期主要な関心事ではなくなっていた（内堀 1997）。人類学の最初期にはモノがその社会の進化の程度を示す指標として、のちにはその社会の特徴を代表する存在としての関心を持たれた。だが、この問題意識を大きく転換し、1980年代以降、物質文化をめぐる新たな接近法が提示されてきた。

　その結果、技術論、交換論などに刺激を受けつつ、さまざまな学問分野と響きあいながら、現在ではモノそのものの研究だけではなく、モノと人間の関係性、モノを介した人間関係のあり方についての諸研究が増えている。

考現学と生活財生態学

　ここで日本の研究に戻ろう。先に触れた民具という考え方が発見されつつある少し前の時期に、日本では興味深い方向性が提示されていた。それは、今和次郎（1888-1973）、吉田謙吉（1897-1982）らを中心とする「考現学」という、非常に独創的な学問である。今らによる、眼前の生活を「採集」し、統計と図表を多用して描き出すこの試みは、モノと人の行動とを考えるうえで今日でも参考となる先駆的な研究群である。

　たとえば、『日本の民家増訂版』（1927）に記録された武蔵国秩父郡のある農家の内部のスケッチには、建築物としての家屋の構造や間取りのみならず、さまざまな生活にかかわるモノが記録されている。同じく、教育映画『農村住宅改善』（1939）のためのスケッチ「主婦の朝食時の行動図」を挙げれば、住居のなかで人がどのように移動し、行動をしているのかを明らかにし、モノとの関係を取り結んでいるのかを浮かび上がらせている（今 2013）。その結果、「主婦」という概念からそれを説明するのではなく、家庭での行動から「主婦」という人の側面を描き出すことの可能性を示している。建築学的「住居」研究というよりは、人の暮らしに軸足を置いた「住まい方」研究としてのモノ研究と言える。この、生活を観察、調査し、具体的な事例から人びとの生活を改善してゆく志向は、今和次郎の研究姿勢に一貫している（今 1971a、1971b）。

　この考現学に連なる流れは、1970 年代以降にいくつかの方向へ派生的発展を遂げている。そのうち、学会組織としては『今和次郎集』発刊を契機に、日本生活学会（1972 年～）が発足して今に至る。物質文化研究に関して言えば、CDI（Communication Design Institute）を中心とする生活財生態学がその徹底した手法と成果の点で重要である。

　生活財生態学では、しばしばモノの議論での重要な立脚点であった「商品」という視点を離れ、人の側に思考の軸足を移すことで「生活財」としてのモノという研究を展開する。ここでの「生活財」は、次のように考えるとわかりやすいだろう。一度購入された単体としての商品は、

家のなかに配置され、他の「生活財」と織り成されることで、景観を形成する。人との関係で言えば、モノ（「生活財」）には、人の目には見えない意味が与えられ、ときにこれらのモノは自己表現そのものとかかわる。こうしたモノによって形成されているのが生活であり、これら「一つひとつの生活財ではなくて、総体としての生活財が、家庭の営みを可能にし、家庭の景観を形づくり、その家庭の背後にある家庭についてのイメージを表現している」という着想に基づいている（商品科学研究所、CDI編 1980）。これを研究するにあたっての調査方法は、植物生態学の方形区調査法を参考に、各家庭を小調査区画として悉皆研究をしたことから生活財生態学と名づけられた。

　生活財生態学は今の問題意識を引き継ぎ発展させつつも、各家庭を訪問して徹底的にスケッチしてゆく手法ではなく、旧行政管理庁「日本標準商品分類」、旧総理府統計局「家計調査年報」などから家庭にあると思われるモノ 1957 項目を予備調査で選出して調査票を作成し、それらの保有、使用、入手の状況を調べる手法をとっている（同前 1980）。このアンケートの手法に各家庭の写真撮影を加えてそれぞれのケースの俯瞰図を作成するという大事業であった。この研究は、東京圏と大阪圏の 4 地区を対象とした生活財生態学 I（1975 年〜 1976 年）、16 家庭を連続的にビデオ撮影してモノと人の行為を記録分析した LDK 研究（1976 年〜 1977 年）、イギリス、フランス、ドイツ、東京の家庭の生活財を比べた生活財の国際比較研究（1977 年〜 1978 年）、ライフステージの異なる家庭の生活財調査と追跡調査とから成る生活財生態学 II（1982 年〜 1983 年）、家庭の 1 年間の廃棄物を調査した生活財の処分と再流通研究（1984 年〜 1987 年）、東京圏、大阪圏に加えて、山梨県、福井県の地方都市と村落を取り込んだ生活財生態学 III にわたっている（疋田 1999）。

　生活財生態学は、徹底してモノに人びとの生活を語らせる一連の研究により、地域差やライフステージの違い、ヨーロッパ諸国との比較を通じて、日本の平均的な生活の実像を明らかにしようとした。今の言う

「1人の人の所有に即する全品物を調べ上げる」調査を「各地方および各階級」で行い比較する、という試みの発展形と言える（今 1987［1926］）。

　同じく家庭の物品の悉皆調査で突出した成果を上げたのは、国立民族学博物館で行われた展示「2002年ソウルスタイル──李さん一家の素顔の暮らし」である。この研究は、韓国に住む1つの家庭にあるすべての生活財3200点余りを収集、調査、整理、展示するという膨大な作業に基づくものである。建築人類学者の佐藤浩司は、ある特定の家庭を焦点とすることで韓国の暮らしを紹介するのではなく、商品化された画一的な集合住宅の一室に暮らす具体的な人の生活と物語を描き出すことに成功した（朝倉・佐藤 2002）。おそらくは、これが、かつて内堀の指摘した「モノの世界的な均一的展開」という状況によるモノ研究離れを突破する答えの1つなのだろう（内堀 1997）。

　この研究には、モノの所有者との相互対話が組み込まれていることが重要である。しかし、堀田あゆみの優れた民族誌が示すように、個人レベルで生活財の悉皆調査を行うことは決して不可能ではないが非常に困難であることは間違いなく、自分1人で行うことは難しいと感じる向きもあろう（堀田 2018）。では、ほかにはどのようなアプローチがあるのだろう。かつて、上述の優れた研究群と同じく、量的調査のうえにインタビューを通じてその人にとって大切な物を明らかにしてゆくことで、人とモノとが醸し出す相互作用に注目した研究があった。シカゴ大学のチクセントミハイとロックバーグ＝ハルトンによる、シカゴの82家族を対象とした研究がそれであり、成果は『モノの意味』にまとめられている（チクセントミハイ＆ロックバーグ＝ハルトン 2009［1981］）。彼らの研究は「一切しらべ」ではないが、民俗学から見て重要な点は、その人にとって大切なモノとは何かを語ってもらう手法を通じて、人びとの「語り」によって現れる主観に意味を見出し、モノを介して現れるさまざまな物語を記録、考察してゆく手法にある。

現代民俗学的モノ研究とは

　以上、モノをめぐって繰り広げられてきた思考を概観した。私たちの「当たり前」を浮かび上がらせるために、身近な経験から説き起こし、時間・空間軸をずらし、いくつかの領域を横断しながら参考になりうる研究を紡ぎ合わせてきた。特に、モノそのものの研究から、人の側へと軸足を移し、モノを組み込んで成り立つ生活の研究へと射程を伸ばしてゆくあり方を中心にまとめてみた。

　最後に触れなければならないのは、モノの研究はしばしば記録へと集中しがちになる点についてである。モノを記録すること、保存することは間違いなく重要な作業過程である。だが、その営みが珍品や審美観を重んじるかつての好事家のそれと同じであってはならない。同時に、物質文化研究に関して多くの重要な問題を提示した論文のなかで小島摩文が、柳田國男、鶴見俊輔を引用しながら指摘するように、ここで述べたモノ研究は、専門家のみに託された仕事ではない（小島 2013）。私たちの生活を織りなすモノの持つ潜在的可能性を足掛かりに、この世界を生きてきた／生きている多様な人びとへ思いをはせ、それぞれに来歴を持つモノによって成立する世界のその可変性に注目することで、私たちの生活を内省、改善することに開かれていることが重要なのではなかろうか。

参考文献

朝倉敏夫・佐藤浩司（2002）『2002 年ソウルスタイル―李さん一家の素顔のくらし』財団法人千里文化財団

アチックミューゼアム（1936）『民具蒐集調査要目』アチックミューゼアム

岩井宏實（1985）「総論」岩井宏實・河岡武春・木下忠編『民具研究ハンドブック』雄山閣

岩本通弥（2010）「現代日常生活の誕生」国立歴史民俗博物館編『高度経済成長と生活革命』吉川弘文館

内堀基光（1997）「序論・ものと人から成る世界」『岩波講座文化人類学3 「もの」の人間世界』岩波書店

大西正幸（2008）『電気洗濯機 100 年の歴史』技術堂出版

小島摩文（2013）「民具学としての物質文化研究」神奈川大学国際常民文化研究機構編『国際常民文化研究叢書3　東アジアの民具・物質文化からみた比較文化史』国際常民文化研究機構

今和次郎（1971a）『今和次郎集5　生活学』ドメス出版

今和次郎（1971b）『今和次郎集6　家政論』ドメス出版

今和次郎（1987［1926］）「新家庭の品物調査」（初出『婦人之友』）藤森照信編『考現学入門』筑摩書房

今和次郎（2013）『今和次郎と考現学——暮らしの"今"をとらえた〈目〉と〈手〉』河出書房新社

商品科学研究所、CDI編（1980）『生活財生態学——現代家庭のモノとひと』リブロポート

新谷尚紀（2010）「電気洗濯機の記憶」国立歴史民俗博物館編『高度経済成長と生活革命』吉川弘文館

チクセントミハイ，ミハイ＆ユージン・ロックバーグ＝ハルトン（2009［1981］）『モノの意味——大切な物の心理学』（市川孝一・川浦康至訳）、誠信書房

都市再生機構編（2011）『'ING　REPORT機』（第4版）

バウジンガー，ヘルマン（2005［1961］）『科学技術世界のなかの民俗文化』（河野眞訳）、文楫堂

疋田正博（1999）「生活財生態学」川添登・一番ケ瀬康子監修、日本生活学会編『生活学事典』ティービーエス・ブリタニカ

グラッシー，ヘンリー（2012［1999］）「物質文化」（平山美雪訳）『アメリカ民俗学——歴史と方法の批判的考察』（小長谷英代・平山美雪編訳）、岩田書院

堀田あゆみ（2018）『交渉の民族誌——モンゴル遊牧民のモノをめぐる情報戦』勉誠出版

宮本常一（1979）『民具学の提唱』未来社

メンツェル，ピーター（1994）『地球家族——世界30か国のふつうの暮らし』（近藤真理・杉山良男訳）、TOTO出版

森明子（2003）「洗濯機以前と以後」近藤雅樹編『日用品の20世紀』ドメス出版

渡辺光雄（2008）『窓を開けなくなった日本人——住まい方の変化六〇年』農文協

Next Step

モノと人の豊かな関係は、多くの博物館の展示から学ぶことができる。優れた展示は、身近な公立の博物館はもちろん、今日の生活を形作ってきた製品とその変遷を展示する企業博物館でも触れることができる。皆さんの大学、生活圏に大学博物館があれば、こちらもお勧めである。生き方の多様さに思いを巡らしてもよいし、そこから新たな発想を得て何かのアクションを始めてもよい（吉田憲司『文化の「発見」——驚異の部屋からヴァーチャルミュージアムまで』、2014年、岩波書店）。モノを

使い、モノに使われることで、気づかぬうちに日々の「当たり前」を創り出す私たちの生活へと立ち返ってみることができれば、さらによい。本章の内容に関心を持った方であれば、柏木博・小林忠雄・鈴木一義編『日本人の暮らし──20 世紀生活博物館』（2000 年、講談社）や、川添登・佐藤健二編『講座生活学 2　生活学の方法』（1997 年、光生館）、『モノの意味事典』（2003 年、博報堂生活総合研究所）を手に取ってもらいたい。［田村］

➡第 II 部 ④,　⑱,　㉛,　㉜

第 7 章
何も信じられるものがない時代の宗教性
——信仰と実践——

門田岳久

宗教以降の「宗教性」

　近代は公共領域に対する宗教の影響力がなくなっていく世俗化の時代と呼ばれ、日本でも多くの人が無信仰や宗教嫌いを標榜するようになった。にもかかわらず、以前よりも多くの人が出雲大社や伊勢神宮に参拝したり、美しい海辺の景観から「パワー」をもらいに行ったりする。これらはパワースポットとも呼ばれ、「エネルギーを貰い幸せを呼び込む」場所だと宣伝される。各種の統計でも、現代日本ではほとんどの人が特に神も仏も信じていない。にもかかわらず、宗教的なものや、またかつてだったら宗教組織や宗教制度によってもたらされていた効用を、どこか別の文脈で経験しようとしている。

　宗教学者の岡本亮輔によると、パワースポットや「エネルギーを貰う」というニュートラルな響きは、功徳などの宗教用語を使わずに宗教的な効用を謳うことができ、かつ宗教組織をイメージさせないので、特定の信仰を持たない人にも受け入れやすいという（岡本 2015：168）。われわれの日常には必ずしも宗教や信仰という名を冠しない「宗教的」な物事が溢れており、私たちは「宗教」を別様に言い換えることで経験しているのかもしれない。

　民俗学はこれまで日常における宗教を考えようとしてきた。前近代ではたしかに宗教や信仰が人びとにとって身近な出来事であり、意識や判断を左右する重要な価値基準だったからである。土地の神に祈り、もののけのたたりに畏怖し、ツバメの飛ぶ高度によって天気を占い、体調が

図1　ネットなどでパワースポットと呼ばれることも多い箱根九頭龍神社

悪くなればムラの拝み屋に託宣を聞きに行っていたように、日常生活に多くの民間信仰が埋め込まれていた。だが現在ではそのような信仰はほとんど潰えている。地域や社会制度に埋め込まれた信仰が皆無になった時代、宗教なき後の「宗教性」を、現代民俗学はどう捉えるべきだろうか。

民俗学の信仰論

　キリスト教のように組織や教義のある成立宗教に対し、地域社会や日常生活で実践されてきた宗教は民間信仰や民俗宗教と呼ばれる。近年ではこれらの概念が「古く変わりにくい」というニュアンスを持っているため、個人による創造性や同時代社会との連動を強調するヴァナキュラー宗教という概念が使われつつある（プリミアノ 2007）。このなかで最も頻繁に使われてきたのは folk belief の訳語とされる民間信仰である。はじめに日本で用いたのは宗教学者の姉崎正治とされるが、この分野は宗教学よりも民俗学においてさかんに研究されてきた。

　1930 年代に学問としてのかたちが作られた民俗学では、柳田國男が民俗資料を 3 つに分ける「三部分類」を構想した。はじめに住居や衣服、年中行事など目に見える「有形文化」があり、次にことわざや昔話など「言語芸術」、そして最後に民間信仰や俗信など「心意現象」が位置づけられた。この心意現象を明らかにすることが民俗学の最重要の目的だとした（柳田 1998）。柳田が「群の心理」や「凡人の心持ち」とも言い換えているように、心意現象とは人びとの心理的内面や精神性を指す。形の

ない心意を掴むには、田の神や氏神の祭礼、虫送りや禁忌に関わる諺など、日常生活で見られる儀礼や俗信などの具体的な素材を集め、その分析を行うことで、日本人が「何のために生きているかという目標」を発見しようというのが柳田の構想であった。

　ずいぶん遠大な計画だが、柳田民俗学と言えば「経世済民」というスローガンに現れるように、社会構想に積極的に関わろうとする実践的学問である一方で、目に見える現実を超え、人びとの宗教的な想像力の精神世界にも同程度に関心を持っていた。経世済民と心意現象の探求、言い換えると貧困への問いと魂への問いは、いずれも人びとにとっての「幸せ」を考えようとした点で通じ合っていた（関 1993）。

民間信仰の歴史的アプローチ

　柳田の企図を受けて民俗学で信仰研究が花開いたのは、まだ日本の農村社会で近世から続く民間信仰が生きていた戦後直後である。桜井徳太郎によると、民間信仰とは地域社会で伝承されてきた常民の共同的な信仰であり、「原始素朴な民族信仰」に仏教や陰陽道など外来宗教がミックスしたものだという。この分野の古典である桜井の『民間信仰』には、1950 年代末の四国南西部・宇和地方におけるノツゴという妖怪のような存在の民俗誌がある（桜井 2020）。

　それによると、この地域では夜間山道などを歩いていると不意に足がもつれ歩けなくなったり、オギャオギャと赤子のような鳴き声が聞こえたりするという。これを地元の人は「ノツゴに憑かれた」と表現する。ノツゴは乳幼児の亡霊とされ、母親の乳首に見立てた草履の鼻緒をちぎって投げれば収まるのだという。

　この種の怪異譚は全国にあり、妖怪に化かされるというとどこか牧歌的な響きもある。宇和地方の人びとははたして本当にノツゴを信じていたのだろうか。

　しかし、桜井の関心は、地元の人の信仰にはなかったようである。む

しろ他地域での事例や史料と比較しながら、ノツゴが元はどのような存在だったのかを探していく。その結果、土地の守護にあたっていた野神（のがみ）と呼ばれる神が徐々に牛馬の守護神へと変化し、さらに牛馬の死霊と一体化して人に災厄を与える神へとさらに変化してきた過程が明らかとなる。それが落ち武者伝説や間引きなど、非業の死者の怨霊が現れると言われていた宇和地方の歴史環境と結びつき、人に悪さをするノツゴに「零落」したと結論づける。

　ノツゴのような、有名な寺社仏閣や神話とも関わらない現象を非合理な迷信として片付けるのではなく、祖型を辿ることで庶民の日常にも歴史的深みのある習俗があることを示していく民俗学の手法は、この新しい学問の特色を印象づけ、学界での地位向上にも繋がった（岩本 2020）。他方で桜井の研究にはその時々の人びとの儀礼や語りから、歴史を超越した真偽の不確かな「祖型」や日本人の「民族性」を追い求める、当時の民俗学が抱えた怪しさが拭えない。また研究対象自体も 1950, 60 年代だからこそ選択可能だったものである。ノツゴのような怪異譚を現在地域に探すのは宇和地方に限らず難しい。桜井が見たような民間信仰は、地域社会で生活が完結し、伝承的な秩序によって人びとの考えや意識が拘束されていることが前提条件であった。

　こうした地域に埋め込まれた民間信仰がなくなると、宗教に興味のある民俗学者は徐々にユタ・イタコなどの民間宗教者や新宗教など、宗教的実践に特化した職能者や集団の研究を行うようになった（桜井自身がその代表例である）。1980 年前後になると、民間信仰と成立宗教が入り交じるこれらの領域は「民俗宗教」と呼ばれるようになる（谷口 1996）。他方で歴史史料を読み解き、近世の氏神祭祀や宮座の研究を行う歴史民俗学的な民間信仰研究も進展した。つまりフィールドワークを行うならば宗教者や宗教集団の研究に向かい、従来どおりの民間信仰を主題とするなら歴史研究へ、というように分化していったのである。

　このように生活の状況が変われば、捉えるべき信仰のかたちも一定で

はないので、柳田國男が構想した心意現象という主題もまた捉え直す必要がある。柳田は心意現象の資料を基に、人びとが「何のために生きているか」を知りたいと考え、その仮説として「人は幸福とか家を絶やさぬといったようなことを、目当てに生活したのではなかろうか」（柳田 1998: 368）と述べている。私はこの一文を読んだ学生時代、幸福のために生きるというのはともかく、今どき誰が「家を絶やさぬ」ために生きているのだろうか、と疑問を抱かざるをえなかった。

　ただ 1935 年に柳田が出したその仮説も、イエ制度やムラ（共同体）に人びとが縛られた時代だからこそリアリティがあったはずである。実際柳田の信仰論は、霊魂が祖先と子孫とを繋ぐことを説くものだった。人が死ぬと魂はどうなるのだろうか、という人びとの疑問に対して柳田は、肉体がなくなっても魂は残り続け、33 年の年忌が終わると個性を失い、祖霊となるのだという（柳田 2013）。祖霊は里と山を往還し、田の神として作物の豊穣と子孫の繁栄を祈る存在であり、日本の人びとのこのような想像力が「家を絶やさぬ」という考えにつながっているものと考えた。

　だが戦後、多くの若者が古い共同体から解放され、自由な意志に基づく核家族を作っていくことになった。その時代を社会学者の見田宗介は、幸福感に包まれた「夢の時代」と表現している（見田 2006）。家を絶やさぬという幸せ、個人が愛を媒介に家族を作っていく幸せ。幸福も時代によってつねに変化していくのである。では私たちの「幸せ」を、現代の信仰論から導くことは可能だろうか？

主体の信仰

　そのためにはまず、信仰の主体の考えや経験に向き合う必要がある。人は宗教的な実践を通じて自分の生をプラスに転じるために何を行い、どういう経験をしているのだろうか？　これまでの民間信仰論はここでも反面教師である。先の桜井は、ノツゴは赤子の亡霊だという当事者の考えをカッコに括り、自身が他地域から集めてきた情報を総合して、ノ

ツゴが野神の零落した姿だという「正しい説明」を導き出した。当事者の経験に目を向けるのではなく史料や神観念の体系的理解を経て提示される結論は、そこに暮らす人びとの信仰や心意を知りたいという当初の目的からは離れている。

　たしかに、これまでの信仰論は、信仰という言葉を用いながらも実質は儀礼や組織、芸能、言い伝えといった「事実」の収集に終始し、信仰を支える主体や内面についてほとんど目を向けてこなかった（徳丸 2010）。日々の暮らしを送る主体（人間）についてはあまり関心が持たれず、もっぱら主体が生み出した客体（民俗）の歴史的な再構成が行われてきたのである。他方、現在の宗教や世界観に関する研究では当事者の考えを「真剣に受け止める」（ウィラースレフ 2018: 301）ことが重要な視点とされる。研究者の説明図式を当てはめるのではなく、世界の存在の仕方に対する当事者の見方を尊重しようという姿勢である。

　主体の視点に立って信仰を理解するという以上、あらためて信仰とは何かをよく考えておく必要がある。私たちは神社に初詣に行ったり、クリスマスを祝ったりするからと言って、必ずしも神道の教義やイエス・キリストの教えを信仰しているというわけではない。私は大学生の時に行ったフィールドワークで、屋敷内に小さな稲荷神社を祀っている家の人に、狐の神を信仰しているのかと問うたとき、その人が「特に信じているわけではない。昔から祀っているからそうしているだけ」と答えたことに驚いたことがある。民俗学では稲荷信仰と呼ぶが、実際は心のあり方よりも行為の継続の方が重視されている。だとすれば信仰という概念をキリスト教のように、教義に基づいた心のあり方（belief）として捉え、儀礼（practice）と対をなすことで宗教（religion）を構成するといったモデルで理解してはいけない（関 2018）。稲荷の祠に毎日供え物をすることは、行為を繰り返す実践自体に意味がある。民俗学が扱ってきたものは、このような「信仰なき習俗」（シュミット 1989）の集合体である。

経験に向き合う

だがそうだとしても、稲荷を祀っている人がまったくの感情抜きでそれを行っているわけではないし、ノツゴに憑かれたことを語った1950年代の四国の人びとも恐ろしい思い出なりノツゴをめぐる家族の記憶なり、桜井が向き合わなかった経験があったに違いない。2000年代以降の民俗学ではムラで集合的に形成された民俗ではなく、主体の経験に立脚した信仰研究が増加している。となると、一見伝統的に見える宗教的実践を行っている人であっても、そこで語られる経験は必ずしも宗教的なこととは限らないので、必然的に民俗学者が向き合うべき他者の経験はその人の日常生活や「生」そのものへと及ぶことになる。

そのような観点から私は現代日本の巡礼ツアーの調査を行い、巡礼者から巡礼中の出来事や記憶だけでなく、なぜ巡礼を行ったのか、また人生のなかで巡礼に出向いたことがどのような意味を持つのか、という語りを収集して分析した。すると巡礼経験者から語られることは、仏教とか弘法大師といったいかにも宗教的だと映る事柄よりも、介護をした亡き父の記憶であったり巡礼に行きたくても行けなかった知人への憐憫の感情であったり、旅の楽しさや仲間との土産購入の思い出であったりと、自己を取り巻くさまざまな事象を巡礼という主題に引きつける自己物語であった（門田 2007）。

こうした物語は巡礼という実践にさまざまな経験が結びつけられて語られているものなので、宗教的な部分とそうでない部分を分けることは不可能だ。生活史研究やナラティブアプローチの手法を援用しながら、従来の民俗学が「それは民俗ではない」と看過してきた人びとの経験を取捨選択せず捉えることは、当事者の主観的な世界や経験をまるごと捉え、個人の視点から信仰を描いていく1つのやり方である。

虚実を越えた他者理解

そうなると研究対象が必ずしも宗教でなくともよいのではないかとい

うことになる。たしかに主体の意識や記憶を生活に関連づけながら見ていくなら、事例は巡礼や憑依でなくとも野菜作りでも商いでも何でもよいかもしれない。しかし宗教的な実践が世俗的な実践に解消できない点があるなら、宗教は目に見える現実を超越した経験を人にもたらすことにあると言ってよいだろう。たとえば、ノツゴが憑いた、落人の亡霊の声を聞いた、巡礼中に亡き父の姿が現れた、急に足が軽くなったなどというように、信仰のフィールドワークを行っていると、さまざまな虚実入り交じった話を聞くことが多い。主体の経験に向き合いつつ、虚実が混淆する世界に入り込むのは信仰研究の特色である。

　ここで憑依なり巡礼中の不思議な出来事なりを「虚」と「実」で区別できるような書き方をあえてしたが、ここには信仰論の危うい点が含まれている。亡霊の声に聞こえたのは虚構で、実は風の音だった、といったように話を聞いた民俗学者の側が分けていくのは可能なのだろうか。こうした分け方は、観察する側に唯一の真実があり、インフォーマントである現地の人は非科学的で誤った認識をしている、という暗黙の了解を前提としている。信仰研究は往々にしてそのような科学と非科学とのあいだに線引きを行ってしまうリスクを抱えている。主体の経験を「真剣に受け止める」ならば、まずは一見非科学的に見える不可思議な出来事の語りも、その本人の認識においては「事実」として経験したのだと理解を示さなければならない。

　だが、他者の認識枠組みを尊重するという姿勢、文化人類学で言う文化相対主義的な考えもまた、一見憑依を経験をした人を理解しようとしながらも、「彼らのなかではノツゴに憑かれたのだろう（私自身はそうは思わないけど）」という、1つの真実に対する認識の多様性を認めるということだけに留まってしまう。それでは結局、他者を理解しているようで、自分のなかにある枠組みは微動だにしていない。

　柳田國男は心意現象の研究においては、都市からフィールドワークに出向くのではなく、調査地に生まれ育った「同郷人」による調査が望ま

しいと述べている。なぜなら都市人の近代的・科学的なまなざしでムラの信仰を収集し、自分たちの枠組みにあてはめて解釈してしまうのではなく、ムラの環境で育ち憑依や祈願といった現象を経験してきた人びとこそが、ムラの人と同じ視点で心意を捉えることができると考えたからである。たとえば、柳田の初期の著書『遠野物語』は、岩手県遠野出身の佐々木喜善から聞いた怪異譚を集めたもので、都市の人びとの常識や概念で安易に理解しようとせず、遠野の人びとの日常——人間だけでなく山男やザシキワラシなどさまざまな存在が生きる世界——を描いたものである。この書は決してフィクションではなく、遠野の人にとって世界がどのように存在しているかということ、つまり山男やザシキワラシが実在する世界そのものを彼らの現実として受け止めようとする。だからこそ柳田は、これを都市の人間が読めばあまりに異なる世界のあり方に「戦慄」させられるだろうと考えたのである（柳田 2004）。

　同郷人による心意現象の捉え方、また自分たちとは異なる世界を肯定するというスタンスは、近年の文化人類学における存在論的転回と呼ばれる議論に近い。だがその議論は、都市・近代・西洋の概念枠組みを人類学者のフィールドの社会に無批判に当てはめず、安易な理解よりも差異を差異として受け止めるラディカルな地平へと読者を導くが、他方で両者のあいだに理解しがたい懸隔を呼び起こし、共約不可能性があることを突きつける。これはこれで、私たちの日常を捉え直すという、自己省察的な視点を持った現代民俗学とは必ずしも相容れない部分がある。それに、遠野と都市とのあいだに大きな懸隔が事実としてあった柳田の時代と異なり、情報と消費のシステムで平準化された現代日本社会を考えるうえでは、むしろフィールドワークで出会う他者とのあいだを埋めていくような理解の仕方が求められる。では、どのような視点に立てばよいか。

「かもしれない」領域の民俗誌

　文化人類学者の石井美保によると、アフリカの妖術や精霊など、よそから来た人類学者から見て一見よくわからないものは、それらが存在するとされる社会の人びとにとってもまた（信じ込んでいるのではなく）よくわからないものであるという。現地の人もまた精霊が人に憑くなんて嘘だとわかっている。だが、もし本当に精霊の仕業だったとしたら……？という半信半疑の気持ちや、人間以外の存在を否定しながらもその存在がいるかもしれないという相矛盾する考えを持っている。両義的な「かもしれない」という領域は、私たち（人類学者）にとっても、またフィールド先の彼らにとっても、ふとしたきっかけで立ち現れてくる「別な世界との関係性」なのだと石井は述べる（石井 2019: 67）。

　世俗化した社会とされる現代日本では、『遠野物語』や『民間信仰』で描かれたような怪異譚を日常的に想定することは難しいし、私たちは非科学的な出来事を別に「信じて」いるわけでもない。だが石井の言うような「かもしれない」領域は、私たちが常日頃想定している「そんなはずはない」という合理的な考えを容易に突破することで、あたかも私たち人間のコントロールをすり抜けるかのように立ち現れる。たとえば、近藤祉秋は隠岐の島の動物信仰を論ずるなかで、工事中にたまたま蛇の死骸を見つけた男性がその死骸に引きつけられ、かつてこの男性の家で白蛇の物語が伝承されていた記憶が喚起されたことで、ふたたび動物と人との信仰的なつながりへと引き戻されていく事例を論じている（近藤2013）。比較的若いこの男性が日頃から蛇への篤い信仰を持っていたわけではない。過去の家族史にまつわる記憶と、蛇の死骸という物質のエイジェンシー（行為を喚起する能力）が男性をかき立てたのである。この事例は「かもしれない」領域が、現代に暮らす私たちにも突如起こりうることを示唆している。

　もちろん突如起こるかもしれない出来事は、蛇神や稲荷神といった、いかにも民間信仰的なものばかりとは限らない。冒頭で述べたように、

日常的に宗教を支えてきた地域社会や教団の影響力が低下し、多くの人が宗教と疎遠になっている現在でも、私たちは別の文脈で「宗教的」なものを欲し、経験している。近年の宗教社会学ではたとえば、自己啓発セミナーや片付け術、スピリチュアルなケアや健康食品など、思わぬところでかつて民間信仰や宗教教団が担ってきた人びとの現世利益と幸福祈願を込めた営みが見られることに着目している（平野 2012）。

　いかなる状況下でも、信仰論は人が不幸を乗り越え幸福に生きていくための、時に苦難や喜怒哀楽、恐怖をともなった経験に向き合うものである。日常に些細なことで立ち現れる、「かもしれない」領域は、幕末動乱期の江戸市民による流行神やユートピア思想を分析した宮田登が見たように（宮田 2006）、新型コロナウイルス感染症が拡大し、不確実性が高まる現代社会でこそ立ち現れる。実際疫病とともに出現するワクチン懐疑論や陰謀論が、昔の都市伝説と同じ話型を使って立ち現れたことに民俗学者は注目している（Lee 2021）。このように立ち現れるものは伝統的な神仏とは限らないし、宗教や信仰の名を冠しているとも限らない。これからの民俗学は、宗教社会学や人類学と協働しながら、不意に立ち現れる 21 世紀の心意現象を考察していくことが求められる。

参考文献

石井美保（2019）「現実と異世界――「かもしれない」領域のフィールドワーク」松村圭一郎・中川理・石井美保編『文化人類学の思考法』世界思想社

岩本通弥（2020）「解説　生きた怪異を活写する、それが可能だった時代」桜井徳太郎『民間信仰』筑摩書房

ウィラースレフ，レーン（2018）『ソウル・ハンターズ――シベリア・ユカギールのアニミズムの人類学』（奥野克巳・近藤祉秋・古川不可知訳）、亜紀書房

岡本亮輔（2015）『聖地巡礼』中央公論新社

門田岳久（2007）「対話と信心――巡礼経験者の語りにみる自己・他者・社会」『日本民俗学』251：55-87

近藤祉秋（2013）「「魅了される遭遇」から生まれる動物信仰――隠岐の島町某地区Ｏ家の事例から」『現代民俗学研究』5：71-86

桜井徳太郎（2020）『民間信仰』筑摩書房

シュミット，レオポールト（1989）「信仰なき習俗——公的シンボル動作をめぐる意味解釈の変遷」（河野眞訳）『一般教育論集』2：51-79

関一敏（1993）「しあわせの民俗誌・序説——地方学から内郷村調査まで」『国立歴史民俗博物館研究報告』51: 313-348

関一敏（2018）「プラクティス／ビリーフ」大谷栄一・菊地暁・永岡崇『日本宗教史のキーワード——近代主義を超えて』慶應義塾大学出版会

谷口貢（2016）「カミとホトケ　一民俗宗教論の展開」佐野賢治・谷口貢・中込睦子・古家信平編『現代民俗学入門』吉川弘文館

徳丸亞木（2010）「信仰　歴史、外部、個人そして内面」『日本民俗学』262：106-135

平野直子（2012）「拡散・遍在化する宗教——大衆社会のなかのスピリチュアル」高橋典史・岡本亮輔・塚田穂高編『宗教と社会のフロンティア——宗教社会学からみる現代日本』勁草書房

プリミアノ，レナード・ノーマン（2007）「宗教民俗における方法の探求とヴァナキュラー宗教（Vernacular Religion）」（小田島建己訳）『東北宗教学』3：129-157

見田宗介（2006）『社会学入門——人間と社会の未来』岩波書店

宮田登（2006）『宮田登 日本を語る 3　はやり神と民衆宗教』吉川弘文館

柳田國男（1998）「郷土生活の研究法」『柳田國男全集 8』筑摩書房

柳田國男（2004）『新版・遠野物語』角川書店

柳田國男（2013）『先祖の話』角川書店

Lee, Jon D. (2021) "The Utter Familiarity of Even the Strangest Vaccine Conspiracy Theories" (https://www.theatlantic.com/ideas/archive/2021/01/familiarity-strangest-vaccine-conspiracy-theories/617572/、2021/1/25 閲覧)

Next Step
世俗社会を扱った民俗学的宗教研究は多くないが、小松和彦『神なき時代の民俗学』（2002 年、せりか書房）は、かつて『異人論』（1995 年、筑摩書房）で一世を風靡した著者が転換期の民俗学を開拓しようとした書籍である。M. D. フォスター『日本妖怪考——百鬼夜行から水木しげるまで』（廣田龍平訳、2017 年、森話社）や大道晴香『「イタコ」の誕生——マスメディアと宗教文化』（2017 年、弘文堂）はメディア表象を重視した新たな宗教研究。野外博物館の遠野伝承園（岩手県遠野市）には、民家展示に並んで信仰空間を表現したオシラサマのお堂もあり、『遠野物語』の世界観を体験できる。映像民俗誌として著名なヴィジュアルフォークロア『映像人類学シリーズ』（DVD）には儀礼・呪術などに関する貴重なドキュメンタリーが多々収められている。［門田］

➡第 II 部 [17], [20], [23]

第8章
なぜ文化を遺しておかなくてはならないのか
——文化遺産と制度——

川松あかり

遠くて身近な文化遺産

世界遺産、文化遺産、国宝や文化財——これらの言葉を聞くと、平凡な日常からは遠く離れた壮大な景色や荘厳な建築、古い仏像などが思い浮かぶ。それなのに、いや、むしろそれだからこそ、今日文化遺産は私たちの日常にとってますます重要なものになっている。もし自分の地元に法隆寺や姫路城のような世界遺産があったら、どうだろう。きっと地域住民としての誇りやアイデンティティの象徴になるだろう。観光客を誘致できて経済も活性化するかもしれない。文化遺産は、政治、経済、そして心理的充足感のためにも、力になる。さまざまな地域や団体が世界遺産への登録を目指す運動をしており（試しに「世界遺産登録推進」「世界遺産にする会」などと検索してみてほしい）、民俗学者が調査地でこれらの運動に出会うことも珍しくない。

文化遺産は民俗学にとっても重要な対象であり続けてきた。日本の民俗学者は、現在の文化財保護法でいう民俗文化財の記録や選別、保護を担う専門職としても活躍している。ただし、こうした文化遺産としての「民俗」の評価や選別に終始する傾向は、民俗学が現在を捉える可能性を狭めてきたとして、20年以上前から批判もされてきた（岩本1998）。ところが、民俗学者が文化遺産としての民俗から当たり前の日常へと視点を移そうとすればするほど、日常生活に文化遺産が及ぼす影響力は増してきた。そこで本章では、あらためて世界的な文化遺産制度の広がりが私たちの日常や人生に与える影響を考えていく。なお、本章では固有

名を除き、日本で「文化財」と呼ばれてきたものも「文化遺産（heritage）」という概念に含めて考えたい。

文化遺産制度の拡大と氾濫

　文化遺産は、20世紀後半以降の国際社会において最も成功を収めた概念の1つであるとされる（Hafstein 2012：501）。今日の国際的な文化遺産制度の中核をなすのが、ユネスコ（国際連合教育科学文化機関、1946年〜）が1972年に採択した「世界の文化遺産及び自然遺産の保護に関する条約」（通称「世界遺産条約」）だ。

　国際制度として世界遺産が成功した1つの鍵は、自身の既存の基準から漏れ落ちてきた文化遺産へとその保護対象を拡大していくことで、文化の多様性を1つの体制のなかに実現した点にある。1990年代には、「普遍性」を強調する世界遺産の評価基準は実のところ西洋中心主義的で、ヨーロッパの遺産に偏って掲載されてきたことが反省された。そして、従来の評価基準では漏れ落ちる、「文化的景観」など人びとがそこで生きている遺産（living heritage）や、「産業遺産」、「20世紀の建築」という新しい時代の遺産が、積極的にリストに加えられるようになる（UNESCO Headquarters 1994）。さらに、2003年には「無形文化遺産の保護に関する条約」（通称「無形文化遺産保護条約」）が採択される。この条約で、形あるモノのみを対象とする世界遺産条約から漏れ落ちる、口承の伝統、芸能、社会的慣習や祭礼など、無形の文化が世界遺産制度に組み込まれ、コミュニティがそれらを継承するプロセスが保護・保全の対象とされた（俵木 2018：227-230）。こうして、ユネスコの世界遺産制度は多様な文化をそのリストに加えるごとに、グローバル・スタンダードとしての普遍性を増してきたのである（田中 2012：210-211）。

　しかし、以上のような過程に伴って世界各国で文化遺産制度が整うほどに、その中心をなす世界遺産の権威性は一層強化され、文化遺産内部にふたたび文化の序列ができてきたように思われる。対象のカテゴリー

の拡充とともによりローカルなものを取り込むうちに、文化遺産に階層が形成されてきた過程は、日本の文化財保護法でも同様だという（中村2013：80-83、日本の文化財保護制度については石垣 2020 を参照）。国から世界遺産に推薦されるためには、原則として国の文化財に指定される必要がある。結果として、私たちは一般に、地方自治体指定から都道府県指定、国指定の文化遺産になるにつれ価値が上がり、世界遺産が頂点だと認識している。

　これに対して、手の届かない権威的な他者ではなく、自分たちで独自に文化遺産を認定しようという新しい制度も創設されてきた（山川 2016）。一口に「自分たち」と言っても、そのレベルはさまざまである。文化庁という国の一機関が、「保護」を目的とする世界遺産条約や文化財保護法に対して「活用」を掲げて認定する「日本遺産」（2015 年〜）や（日本遺産ポータルサイト）、地域住民が推薦・応募する文化遺産を地方自治体が認定する「地域遺産制度」（山川 2016）、日本機械学会による機械遺産など学会が認定する遺産、朝日新聞社が識者を案内役に推薦・紹介する「勝手に関西世界遺産」（2004 年〜、現「勝手に関西遺産」）など、調べてみると、興味深い「〜遺産」が次々に見つかる。

　これらのオルタナティヴな文化遺産制度によって、私たちの日常生活により身近なものも文化遺産として対象化されるようになった。2000年代中頃には、各地で「世界遺産」ならぬ「世間遺産」を掲げる活動が広がった。世界遺産を有する地域での活動も目立ち、ユネスコという国際的な権威が文化遺産を選別するのではなく、そこに暮らす人びと自身が、自分たちの身の回りにあるもの（世間）のなかから文化遺産を発見し価値づけることが重視される。「世間遺産」は、企画者／団体が市民に対し、普段意識することのない地域の価値を新しい視点から「再発見」することを意図的に仕掛けるプロジェクトでもあり、写真を用いて自分なりの「世間遺産」を切り取るワークショップや、まち歩きなどが実施されてきた。

そして、「世間」よりもさらに身近な「わたしだけの心にのこる「人・モノ・コト」を遺産として対象化したのが、三井住友信託銀行の「わたし遺産」コンテストだ。応募者は、家族からかけられた言葉や思い出の品など未来へのこしたいきわめて個人的な物事を、広く共感され価値を共有できる遺産として 400 文字にまとめる（三井住友信託銀行）。HP 上に掲載された受賞作品を見ると、まったく知らない人の物語なのにしんみりと共感させられ、読者は自分自身の身近な人や物事の大切さにも気づかせられる。

こうした身近な物事の価値を掬い上げるオルタナティヴな文化遺産制度は、私たち自身の身の回りの物事への見方を変え、生活を豊かにしてくれる。それでもやはり、他方でそれは、同時にユネスコを中心とする文化遺産制度の価値も再確認し、強化するように思われる。自分自身が身の周りの日常から発見したのだとしても、それは平凡な日常から切り取られ選別された、特別なものだ。特別だからこそ文化遺産は魅力的なのだ。

既存の価値基準ではそうとは見なされなかったものが文化遺産として発見される動きは、止まることを知らない。一度文化遺産への欲望に火がつくと、その対象は私たちの生きる領域のいたるところに生み出され始めるのだ（荻野編 2002：14）。

世相としての「遺産レジーム」

以上のようなバラエティに富んだ文化遺産の出現から見えてくるのは、文化遺産には価値があるということが、私たちには当たり前なこととして内面化されているということだ。だが、これまで見てきたように、実は「文化」を遺産として価値づける制度と、その制度に人びとが積極的消極的に巻き込まれていく状況は、ユネスコの世界遺産制度の形成とともにここ数十年で加速度的に成立してきたものにすぎない。文化遺産をめぐる過熱的な現象は、まさに現代の「世相」（岩本編 2013：3）なのだ。

このように、私たちが当然貴重なものとみなしている文化遺産が、グローバルな政治・経済・科学・法律や、人びとの感覚・感情・倫理観にまで絶大な影響力を及ぼす現代の国際的な秩序体制は、「遺産レジーム」と呼ばれる（Hafstein 2012：502）。

　遺産レジームを根底で支えているのは「今まさに破壊の脅威に直面している文化遺産を保護しなければならない」という道徳的な前提だという。既存の文化遺産概念を批判することは、文化の保護を放棄し、さらにはその破壊をももたらしうる非道徳的なこととみなされるため、難しい。そこで、既存の文化遺産を批判する際も、ちょうど世界遺産に対するオルタナティヴとして世間遺産が生み出されたように、文化遺産概念を批判する代わりに文化遺産概念によって批判がなされ、次々と具体的な新しい保護制度が整備されていく（Hafstein 2012：502）。だから、「なぜ文化を遺しておかなくてはならないのか」という本章の問いには、こう答えることさえできる。「文化」を遺さなければならないのではなく、遺産レジーム下で誰かに遺すべきものとして発見されたものが「文化」と名づけられるのだ。

　しかし、現実には文化遺産は「保護」というより「変化」をもたらす（Hafstein 2012：502）。あなたの家の床板が、実は戦前に失われた地域の伝統的な木材加工技法によるものだったとわかり、文化遺産にされたと仮定しよう。踏み破っては大変だから、何気なく踏んできた自宅の床板の上をあなたはもう歩けなくなる。専門家が訪れて記録を取り、家から床板を引きはがして博物館に展示してしまうかもしれない。もしくは、賢いあなたは自宅をギャラリーにして、観光客からの観覧料で暮らすようになるかもしれない。いずれにせよ、床板もあなたの生活も以前と同じではありえない。文化遺産は、ローカルな文化を過去と関連づけながら外向きの「文化」に仕立て上げる特殊な文化生産のモードである。無意識の生活文化の一部だった床板は、文化遺産として第二の人生を歩み始めるのだ（Kirshenblatt-Gimblett 1995：369）。

文化遺産と民俗学の不可分な関係

　重要なのは、民俗学は遺産レジームに巻き込まれた学問の 1 つである
だけではなく、むしろ民俗学こそが文化遺産的な文化生産のモードを創
り出してきたということだ。民俗学者は、自身にとって古風な生活文化
としての「民俗（folklore）」を発見し、同時に創造してきた（カーシェンブ
ラット＝ギンブレット 2012）。「民俗」は自然に存在するものではなく、そ
の生活の外部からまなざされることによって初めて遺すべき「民俗」と
して輪郭を与えられるからである。そしていま民俗学者は、文化遺産に
対しても同様のまなざしを向け、文化遺産を発見し、評価する立場にあ
る（菊地 2001、俵木 2018）。

　とはいえ、現在では「民俗」も「文化遺産」も、たんなる学術用語で
はなく社会的現実として人びとに受けとめられている。現在文化遺産と
なった「民俗」を担う人びとは、自身が「民俗」や「文化遺産」の担い
手であることを自覚し、生活の糧として利用したり、よりよく継承しよ
うと工夫したりして、生活と社会的環境を再編しながら生きている（才
津 2020、俵木 2018 等）。このような人びとの実践と文化遺産制度、それに
関わる行政・国際機関などさまざまなアクターの関係性や、そこに働く
力学を観察することも重要である。

　さらに、民俗学が持つ遺産発見／創造的な性質を自覚しながら、社会
的なアクターとして積極的に現実に関与しようとする研究もある。災害
後の文化財レスキューはその好例だ。東日本大震災の津波被災地で文化
財レスキューを行ってきた加藤幸治は、学生とともに救済資料の展覧会
を開き、その会場で地域住民から聞き書きしたくらしのエピソードをふ
たたび地域住民に共有することで、津波から復興していく地域社会のこ
れからを構想する材料を提供しようとする（加藤 2017）。また、文化遺産
が文化をその外側から再帰的にまなざすことを可能にする性質を活かし、
マイノリティの生活文化を創造的な文化遺産として表象したり、アイス
ランド人の民族衣装をあえてアフリカ系住民に着せたりして既存の文化

的境界を攪乱させたりすることで、現実の社会問題に切り込むこともできる（政岡 2007、Hafstein 2012）。

　文化遺産を考えることは、民俗学が生産してきた「文化」の様式について考え直すことでもある。文化遺産制度に積極的に関わってきた歴史から、民俗学はその制度自体を反省的に捉える視点を鍛えてきた。日常の隅々に文化遺産が及びうる現代社会で、民俗学には文化遺産をよりよく活かしていく方法と視点、実践を編み出すことが求められている。

「人びとの全人生」は文化遺産になりうるのか？

　今日、本章で確認してきたような、従来は文化遺産とみなされなかったものがその対象になっていく文化遺産化のプロセスは圧縮され、現在にますます近いものが文化遺産になりつつある（タウシェク 2018：108）。文化遺産を破壊するものとされてきた近代も、今日では文化遺産として対象化されるようになった。産業遺産はその代表例だ。産業遺産として文化遺産のリストに掲載されるのは、遺跡と見なされた産業施設である。しかし、日本の産業遺産をめぐる運動を牽引してきた加藤康子は、産業遺産を「歴史をつくってきた産業文明の仕事、それにかかわる人々の全人生」と定義する（加藤 1999：10）。ここへきて、「人々の全人生」までもが文化遺産の対象となるのだ。そこで最後に、産業遺産の事例から「人々の全人生」を文化遺産の対象にしようとすることについて考えてみたい。

　世界遺産をはじめとする最近の文化遺産制度では、複数の遺跡をまとめ上げる歴史のストーリーも重視される。たとえば、世界遺産「明治日本の産業革命遺産──製鉄・製鋼、造船、石炭産業」の場合、大雑把にまとめると 1850 年代〜 1910 年の「非西洋国における産業化の成功」という物語を世界遺産としている。しかし、その物語を証明する遺跡としてリストに加えられた炭鉱施設や造船所、製鉄所といった産業施設は1910 年に稼働を停止したわけではなく、現在も稼働を続ける施設さえ

図1　筆者による元炭鉱労働者とその家族への聞き書きの様子（長野聡史氏撮影）

ある。

　したがって、この世界遺産に関連して、明治時代から現在まで、これらの産業施設に関わってきた膨大な数の人びとの人生が産業遺産の対象になりうるということになる。実際、マスコミや地元の人、学者たちもしばしば、世界遺産のストーリーだけでなく、そこに生きた人びとの記憶と語りがあってこその文化遺産なのだと主張してきた。そして、たとえば端島炭鉱（軍艦島）・三池炭鉱が「明治日本の産業革命遺産」の構成資産に含まれる炭鉱の場合、これまでも地域住民や民俗学者を含む研究者たちが協力し合い、人びとのくらしのエピソードや生活史などが数多く集められてきた。特に典型的な記憶としては、坑内でのつねに危険と隣り合わせの労働や、命を懸けた仕事ゆえの炭鉱社宅での親密な近所付き合いへの郷愁が、さまざまなメディアを通して繰り返し伝えられてきた。

　しかし、当然ながら人びとが語る炭鉱での人生経験はそれだけではない。商店街の賑わいや行商人、演劇・映画等の娯楽文化の発展、リンチ

された朝鮮人坑夫、戦時中の連合軍捕虜、労働運動や坑内事故、炭鉱閉山後の移住など、炭鉱に関わる人びとの人生を聞き取る試みが進展すればするほど、ますます多様な人びとの姿が浮かび上がる。「明治日本の産業革命遺産」の構成資産からは除外されている旧筑豊炭田地域で聞き書きをしてきた筆者は、複数の元炭鉱労働者に「炭鉱を語り継ぐのは無理だろう」と言われてしまった（図1）。

　彼らは、たんに対象となる人数や聞き取るべき項目の多さを問題にしているのではない。どんなに実際に生きた人びとの人生に真摯に耳を傾けたとしても、文化遺産が混沌とした全体性のなかから何かを「文化」として選別し、価値づける仕組み・制度であることに変わりない。ある元坑内労働者は筆者に「話したってわからん」と語った。それは、個別の人生のいずれかの部分が抜け落ちていることを指摘しているというより、他者が自分の全人生を自分の元から引き離して、誰かの文化遺産の一部として価値づけようとすることそのものへの、拒否を示すものであったようにも思われる。「わたし」が選んで共有する「わたし遺産」があっても、「わたしの全人生」はみんなの文化遺産にはなりえない。この元坑内労働者は、炭鉱について知りたいなら「生の話」こそ大切だが、それは外部に向けて発信できるようなものではないとも語った。文化遺産的価値観に従い、「遺産レジーム」のなかにただとどまり続けるかぎり、人生のなかに当然ありうる他者とは共有できない経験や記憶、整序されたストーリーに落とし込むことのできない人生の全体性に対しては、不安定な関係しか築けないのだ。

過去との向き合い方の再考へ

　もちろん、遺産レジームが支配する現代社会のなかで、モノだけでなくそこに生きた人びとの人生を価値づけることは、重要だ。それに、自分の人生や身近な物事を価値あるものとして評価されたいという気持ちは、誰でも持っているだろう。世界遺産であるピラミッドや日本の大仙

古墳は、古来人間が同じ欲望を持ち、自身の生きた証を後世に遺そうとしてきたことを教えてくれる。まして、汗水垂らして働いてきた自分の経験が地域や国や世界の遺産になるとしたら、どんなに誇らしいだろうか。

　それでも、文化遺産が私たちの日常や人生のあらゆる領域に及び始めると、必ずしも選別して価値づけきれない日常や人生全体とのあいだに、深刻な懸隔が生まれうる。この問題は、デジタル技術を駆使した文化や生活史のアーカイヴによって、むしろ深刻さを増すとも考えられる。デジタル技術によって記録の方法が進化するのに伴い、博物館・アーカイヴといった記憶機関の現場では、何らかの資料を捨ててもよいのか、それをどう決めればよいのかが問題になっているという（コッホ 2019：40）。記憶すること、また想起することは、必ず忘れることとセットなのである（アスマン 2007：37）。私たちも SNS 等で自分の日常を気軽に遺せるようになっているが、遺せるものが増えるほど、遺せない／遺さないものが問題になるのだ。

　だから、今こそ遺産レジームを抜け出して、過去と向き合う別の方法を模索してみることも大切なのではないだろうか。自分の生きた証や懐かしい物事を何でも遺しておきたいという欲望が仮に普遍的なものだとしても、私たちの人生のなかには、誰にも共有せずに心の内に秘めておきたかったり、どうしてもうまく伝えられなかったり、特定の人との深い共感においてのみ共有されえたりするものが、依然として残されている。戦争被害者や災害被災者などに限らず、トラウマや忘れたくても忘れられない体験を抱える人は少なからずいるだろう。社会学者の荻野昌弘は、かつての死者に対する信仰を伴った「追憶の秩序」が、その場所が文化遺産になることで無臭で透明なものになっていくという。他方で、いくら世界遺産になっても原爆ドームの前で手を合わせる訪問者が絶えないように、遺産レジームのなかにも人びとの記憶と想起、追憶の別の秩序は脈動し続けている（荻野編 2002）。民俗学では、慰霊や供養、祟り、

偉人顕彰など、死者を記憶・想起する文化の研究が多数蓄積されており、「うしろめたさ」のような人間の感情にも注目してきた。遺産レジームを超え出て、生きるうえで人びとが何を忘れ何を手放しながら、どのように過去と向き合おうとしてきた／いるのか、その様式と感性に向き合うことこそが、今民俗学に求められているのかもしれない。

参考文献

アスマン，アライダ（2007）『想起の空間——文化的記憶の形態と変遷』（安川晴基訳）、水声社

石垣悟（2020）「文化財保護と民俗学」小川直之・新谷尚紀編『講座日本民俗学1 方法と課題』朝倉書店

岩本通弥（1998）「「民俗」を対象とするから民俗学なのか——なぜ民俗学は「近代」を扱えなくなってしまったのか」『日本民俗学』215：17-33

岩本通弥編（2013）『世界遺産時代の民俗学——グローバル・スタンダードの受容をめぐる日韓比較』風響社

荻野昌弘編（2002）『文化遺産の社会学——ルーヴル美術館から原爆ドームまで』新曜社

Kirshenblatt-Gimblett, Barbara (1995) "Theorizing Heritage", *Ethnomusicology* 39 (3) : 367-380

カーシェンブラット＝ギンブレット，バーバラ（2012）「民俗学の危機」（小長谷英代訳）小長谷英代・平山美雪編訳『アメリカ民俗学——歴史と方法の批判的考察』、岩田書院

加藤康子（1999）『産業遺産——「地域と市民の歴史」への旅』日本経済新聞社

加藤幸治（2017）『復興キュレーション——語りのオーナーシップで作り伝える"くじらまち"』社会評論社

菊地暁（2001）『柳田国男と民俗学の近代——奥能登のアエノコトの二十世紀』吉川弘文館

コッホ，ゲルトラウト（2019）「文化遺産、記憶と想起の文化——ドイツにおける研究の展開と現状」（法橋量訳）『日本民俗学』299：37-47

才津祐美子（2020）『世界遺産「白川郷」を生きる——リビングヘリテージと文化の資源化』新曜社

タウシェク，マルクス（2018）「文化遺産——過去というものの現在化に対する文化人類学的視点」（櫻木さつき訳）『日本民俗学』295：108-132

田中英資（2012）「文化遺産概念と前提としての保護」『福岡女学院大学紀要』22：205-227

中村淳（2013）「日本における文化財保護法の展開」岩本通弥編『世界遺産時代の民

俗学——グローバル・スタンダードの受容をめぐる日韓比較』風響社

Hafstein, Valdimar Tr. (2012) "Cultural Heritage", in Regina F. Bendix & Galit Hasan-Rokem eds., *A Companion to Folklore*, Wiley-Blackwell

俵木悟（2018）『文化財／文化遺産としての民俗芸能——無形文化遺産時代の研究と保護』勉誠出版

政岡伸洋（2007）「被差別部落における文化資源の活用と「民俗」」岩本通弥編『ふるさと資源化と民俗学』古川弘文館

山川志典（2016）「「世間遺産」と「地域遺産」——なんでもないようなものを遺産にする動きに着目して」『世間話研究』（24）：79–95

UNESCO Headquarters (1994) "Report of the Expert Meeting on the "Global Strategy" and thematic studies for a representative World Heritage List" (https://whc.unesco.org/archive/global94.htm#debut、2020/09/28 閲覧)

日本遺産ポータルサイト「日本遺産とは」（https://japan-heritage.bunka.go.jp/ja/about/index.html、2020/10/16 閲覧）

三井住友信託銀行『わたし遺産——私が綴る、未来に伝える物語』（https://www.smtb.jp/personal/watashi-isan/、2020/10/16 閲覧）

Next Step

多くの民俗学的研究は否が応でも文化遺産に関わるとも言えるが、文化遺産を主題とする具体的な人類学・民俗学的研究がまとまったものとして、**飯田卓編『文明史のなかの文化遺産』／『文化遺産と生きる』**（2017年、臨川書店）がある。文化遺産を通して現実に新しい視角からアプローチする手がかりとしては、本章でも紹介した**加藤幸治『文化遺産シェア時代——価値を深掘る"ずらし"の視角』**（2018年、社会評論社）が読みやすい。また、ユネスコ世界無形文化遺産 HP の、Dive into intangible cultural heritage!（https://ich.unesco.org/en/dive&display=constellation）は、世界の無形文化遺産の多様性を視聴覚的に楽しめると同時に、これらを世界遺産制度が統合していることも実感できる。文化遺産を展示する場は、各行政府や企業による博物館・美術館等の他にも、多様な個人によるユニークな博物館・資料館が各地にある。たとえば、福岡県小竹町の「兵士・庶民の戦争資料館」は、館長が収集した戦時下の物や、戦争体験者とその遺族等から託された品を展示し、戦時の日常を伝える（武富慈海『ふれてください戦争に——遺品が語る戦争の実相』2019年、燦葉出版社）。［川松］

➡第 II 部 5, 11, 16, 21, 26, 29, 33

第 9 章

災害多発時代に命と暮らしを守る
——防災・減災と復興——

山 泰幸

環境民俗学の視点

　地球規模の気候変動にともなって、現代社会は災害多発時代を迎えている。東日本大震災、西日本豪雨災害など甚大な被害をもたらした災害が次々に発生し、さらに首都直下型地震や南海トラフ地震など、壊滅的な被害が想定される巨大地震が近い将来発生することが予想されている。このような状況に、民俗学はどのように向き合っていけばよいだろうか。

　災害を考える場合、前提となるのは、災害は自然と人間との関係性のなかで生じるとする捉え方である。人里離れた山奥で発生した土砂崩れは、たんなる自然現象であって、災害ではない。人間の命や生活に被害を及ぼして、はじめて災害として認識される。地震学者の寺田寅彦が言うように、「地震の現象」と「地震による災害」は区別して考えなければならない。地震の方は人間の力でどうにもならなくても、「災害」の方は、注意次第で、いくらでも軽減される可能性があるからである（寺田 2011［1935］）。自然現象が災害となるかどうか、被害がどの程度になるかどうかは、「人と自然の付き合い方」によって大きく左右されるのである。

　民俗学では、「人と自然の付き合い方」について、環境民俗学と呼ばれる分野が主に扱ってきた。鳥越皓之は、「民俗学が対象とする「自然環境」はつねに、"人間の手が加わった自然環境"である」とし、「このような意味での「自然環境」（加工された自然）と人間とのかかわりのカラクリを民俗学的視点から研究する分野」と定義している。そのうえ

で、環境民俗学の研究テーマを、①自然の「利用」、②自然と人間の「共生」、③環境を媒介した「人間相互の関係」、以上の大きく3つに分けている（鳥越 1994）。

環境民俗学の基本的な関心は、伝統的な暮らしのなかで、生活者である住民が、自然からの恵みをどのような伝統技術を用いて享受してきたのか（利用）。また自然を乱獲して使い尽くすことなく、その恵みを享受しながらどのように持続的に暮らしを維持しつづけてきたのか（共生）。さらにそのためにどのような社会組織を構成し運営してきたのか（人間相互の関係）にある。これは、人と自然の付き合い方のうち、自然が人に与える恵みの側面に焦点をあてた関心と言える。一方で、自然は恵みばかりでなく、災害をもたらす。この側面に焦点をあてれば、自然がもたらす災害をどのような伝統技術を用いて防いできたのか。また、自然がもたらす災害を完全に防ぐことはできなくとも、うまく対処しながら被害を軽減し、どのように持続的に暮らしを維持しつづけてきたのか。さらに、そのためにどのような社会組織を構成し運営してきたのか、と言い換えることができる。「人と自然の付き合い方」は、本来、以上の両面を備えていると考えることができる。そのうえで、特に、後者の側面に焦点を当てた場合、「人と自然の付き合い方」を「災害文化」と呼ぶことができるだろう。

災害文化

自然災害の内容は多様である。台風、豪雨、豪雪などの季節に応じて周期的に発生するものと、地震、津波、火山噴火などの突発性が高く、低頻度ではあるが甚大な被害を及ぼすものがある。それに応じて、「災害文化」も多様な発達を遂げてきた。

防災心理学者の矢守克也によれば、災害文化には、たとえば、稲作を支えるための仕組みや知恵の集積、つまり気象や農作に関する生活習慣、言い伝え、暦など、ほぼ全国的に広がりを持つと考えられるものに加え

て、東日本大震災で重要性が再認識された「津波てんでんこ」（津波の危険があるときには、家族と言えども気にかけず、「てんでばらばら」になってでも高所へ避難を急ぐこと）などの言い伝えを含む津波災害文化、助命壇や水屋など水害から生命や家財を守るための著名なハードウェアを有する輪中文化（木曽川、長良川、揖斐川の木曽川流域）など、特定の地域に固有でユニークなものがある。矢守によれば、災害文化とは、災害とともに生きていく工夫の集積のことであり、自然の脅威をやり過ごし、逆に、その恵みは享受しながら、災害と共生するすべのことであり、別の言葉で言えば、自然と真っ向から立ち向かい、それを制圧しようとする「防災」の論理よりも、むしろ自然と折り合いつつ、それがもたらす災いだけを可能なかぎり減らそうとする「減災」の発想に近いという（矢守2011）。

　たしかに、巨大堤防の建設に見られるように、「防災」の発想は、科学技術に対する絶対的な信頼に基づく近代社会に特徴的な考え方ということができる。一方、伝統的には、人間を超えた力を持つ自然を畏怖し、自然と折り合いをつけながら、できるだけ被害を軽減することで対処してきた。阪神・淡路大震災や東日本大震災など大規模災害を経験して以降、普及するようになった「減災」の発想と、人と自然の付き合い方としての災害文化とは、大変近いものになっている。

　しかし、現在の減災対策に通じる災害文化についても、その基盤であった地域コミュニティが、一方では都市化が進み帰属意識が希薄となり、他方では人口減少が進み、その基盤が足元から崩壊の危機に瀕している。これに加えて、災害に対する科学的知識や情報も増加し、災害を取り巻く環境は大きく変化している。その意味で、従来の災害文化がそのまま通用するわけではなく、現代社会に応じた新しい災害文化の育成が求められる。

災害研究と民俗学

　東日本大震災以降、人文社会科学の多様な分野の研究者が災害研究に

積極的に取り組むようになっている。民俗学における災害研究は、野本寛一が、「自然災害に対する即物的対応や伝承」だけでなく、自然災害にかかわる「信仰心意・呪術対応・伝説」そして「予兆伝承」などに特に注意を払ってきたことが、民俗学の1つの特色であると述べるように（野本 2013）、どちらかと言えば、現在の減災対策に通じる「合理的」な対応よりは、原因と結果、手段と目的の関係が現在の観点からは証明が難しい伝統的な対応や不可思議な現象に関心を寄せてきたと言ってよい。

　一方で、被災地の「復興」を支援する実践的な研究が多く現れていることも注目に値する。民俗芸能の復活とその支援活動や被災地の文化財レスキュー活動を取り上げた研究などが挙げられる（橋本 2015、橋本・林 2016 など）。こうした研究に連動して、災害死者の慰霊や追悼に関する研究（鈴木他 2018 など）や、伝統的な災害対応の知恵や工夫が見直されるようになった（川島 2012、東北文化研究センター 2014 など）。さらに、研究の進展にともなって、民俗学における災害研究の動向も紹介され、災害対応の実践を目指す民俗学の試みも現れている（谷口 2012、鈴木 2014、及川 2019 など）。

　特に、民俗芸能の復活とその支援活動や文化財レスキューの活動が興味深いのは、民俗芸能や文化財の平常時の役割とは別に、被災した地域の誇りやアイデンティティを回復させ、復興を推し進める象徴的な手段としての役割が付与されているからである。

象徴的復興

　従来、被災コミュニティの復旧・復興は、自然科学系の分野、とりわけ土木工学的な知識と技術が動員されることによって、都市計画の抜本的な見直しや再開発という方向で進められてきた。このように、復興概念が土木工学的な知識と技術に依拠しているかぎり、復興の中味も、土木工学的によりよいものを作ることに帰着する。しかし、被災コミュニティの復興には、ハードだけではなく、ソフトな面への配慮・工夫が必

要だという認識が経験的には気づかれている。人びとが「これで復興したな」という実感が得られなければ、土木工学をはじめとする客観的な基準では復興しているとみなされたとしても、復興は達成できない。復興は人びとの象徴的な意味体系のレベルで実現されるものなのである。

「復興」が儀礼的に演出され、象徴的な意味体系のレベルで実現されることで、人びとに実感されるものであるとすれば、地域コミュニティの象徴である文化遺産や祭りを復活させることが、非常に効果的ということになる。被災コミュニティは、「集団的なトラウマ記憶（traumatic memories）」を抱えている。コミュニティの象徴の復活は、コミュニティの心の復興を象徴的に表現するのである。興味深いのは、象徴の復興を契機として、これが呼び水となって、物理的な面での復興も進む場合があることである。

筆者は、従来の土木工学的な「復興」概念と区別して、このような考えに基づく復興概念を、「象徴的復興」と名づけて提唱している（山2006）。「象徴的復興」という考え方の重要な点は、人びとが復興感を獲得するために、象徴的なレベルで復興を創出する儀礼を、「制作する」という視点である。復興を成し遂げる責任ある立場の者が、復興が儀礼的に作り出されるものであるという認識をもって、土木工学的な基準のみならず、人びとのあいだで醸成されつつある復興感に形を与えて、これを表現すること、つまり復興を演出するための儀礼としての「復興儀礼」を計画的にデザインし、適切に実施することが重要なのである。

複合災害

2019年末、中国の武漢で多くの感染者を出した新型コロナウイルス（COVID-19）の世界的な大流行にともなって、「複合災害（Compound disaster）」という言葉がよく聞かれるようになっている。新型コロナウイルスが猛威を振るっている状況において、ひとたび自然災害が発生すれば、多くの人びとが長期間、限られた空間で一緒に過ごす避難所生活を

強いられることになるが、これは心身に大きな負担を与えるだけでなく、トイレやシャワー、炊事場などが共用となるため、感染症が蔓延する危険性が高く、すべての自然災害が、「複合災害」となる恐れがあるからである。

　複合災害という言葉が広く認識されるようになったのは、東日本大震災の津波災害および、これによって引き起こされた福島第一原子力発電所の爆発事故を大きな契機としている。自然災害を起因とする産業事故は Natech（natural-hazard triggered technological accidents）と呼ばれ、福島第一原子力発電所の爆発事故と放射能汚染に見られるように、複合的・連鎖的に甚大な被害をもたらすことから、近年、世界的に注目され、そのリスクマネジメントの研究が進められている。Natech は、皮肉なことに、科学技術の進歩が結果的にもたらした災害であり、地球規模の気候変動にともなって、Natech が発生する可能性もその被害規模も、ますます大きくなることが予想されている。

　総合防災学研究者の岡田憲夫によれば、以上に加えて、自然災害が起こる以前から潜在的に進行している日常性に隠れた「もう1つの災害」があるという。それは「地域の過疎化」である（岡田 2015）。大規模な自然災害による被災地の多くは、従前からの地域の過疎化に悩まされていた地域であり、地域の過疎化を「もう1つの災害」と見立てることができるならば、津波災害の被害を受けた沿岸地域、豪雨災害の被害を受けた中山間地域など、これまでの多くの自然災害は、すでに複合災害であったということになる。多くの地域では、自然災害を過疎化を伴う複合災害として捉えて、備えなければならないのである。

事前復興

　ここで事前復興という考え方を紹介したい。事前復興には、大きく2つの考え方がある。1つは、災害が発生した際のことを想定し、被害をできるだけ少なくするために、あらかじめ都市計画やまちづくりを進め

るものである。これはハード系の防災・減災の発想の延長から出てきた考え方である。津波浸水想定区域から公共施設を事前に高台に移転するなど、事前復興まちづくりと呼ばれる取り組みがこれに相当する。もう1つは、災害発生後、できるだけ迅速に復興を進めるために必要な手順や段取り、知識や情報、人材などを確認し、さらに未来の復興のヴィジョンを地域で共有しておくなどの準備を事前に進めるものである。

　これらに加えて、被災を想定し、地域住民が自然災害の対応に限定せずに、地域全体の弱点を自ら発見し認識したうえで、その克服策を自ら考えて被災前から実行することも、事前復興と捉えられると考えられる。特に、過疎化が深刻化する地域は、過疎化を「もう1つの災害」と捉えて認識し、これに対応しながら地域の復興を進めていくとともに、同時に、被災後の復興を視野に入れながら事前に備えていくことが求められる。自然災害と過疎化という複合災害に対して、事前からの複合的な復興の取り組みが必要なのである。

　ここで1つの取り組みを紹介しよう。筆者が長年フィールドワークを行っている徳島県西部の山間部の集落では、注目すべき活動が行われている。この集落は平地と道一本でつながっているため、豪雨や豪雪などの災害によって、道路が寸断され、孤立集落化する可能性が高い。そのため、集落の自治会長が、非常時の飲用水の確保のために、貯水タンクを設置した。さらに、自力で自分の土地を切り開いて、最終的には町役場や県庁、さらに自衛隊の協力まで引き出して、救助用・緊急医療用のヘリポートを造成していた（図1）。もう1つの活動は、80年以上も使われていなかった、人形芝居用の農村舞台を改修し、2003年に人形芝居の復活公演を実現したことである。その後、人形芝居だけでなく、近隣住民の趣味の音楽グループや阿波踊りのグループも出演する地域芸術祭として、毎年、集落の住民によって開催されている（図2）。

　芸術祭の開催と防災活動は、担当する役所の部署も違えば、これを扱う学問分野もそれぞれ異なっている。しかし、住民にとっては、どちら

図1　2015年に完成した救助用・緊急医療用ヘリポート

図2　毎年10月第1日曜日に開かれる法市農村舞台公演

も集落を守るという点では同じ目的をもった活動である。というのも芸
術祭の表面的な目的は、交流人口を増やし、過疎化が進む集落を盛り上
げることにあるが、一方で、自治会長の狙いは、集落の近隣地域からや

って来る出演者や観光客と縁を作り、事前から災害に備えて、過疎化による集落の脆弱性をカバーするために、外部に支援者をつくることにあるからである。つまり、住民の視点に立って、まちづくりの活動を総合的に捉える必要があるのである。

これらの活動を企画し実行している自治会長は、地域の内部と外部を媒介し、有益な情報や資金、人材を外部から調達できる、ある種の知識や技術を持った人物であり、筆者は「媒介的知識人」と名づけている。まちづくりが活発な地域には、「媒介的知識人」が必ず存在しており、役場や商工会などの組織のなかにも、少なからず「媒介的知識人」は存在していると筆者は考えている。逆に、まちづくりが活発に行われない地域は、「媒介的知識人」が存在しないか、存在していても、彼らに活躍の場がないのではないかと思われる。なぜなら、彼らは地域では、「風変わりな人物」と考えられており、しばしば敬遠される傾向にあるからである。

研究者のような外部支援者は、「媒介的知識人」を発見し、彼らの知識や技術を引き出し、活躍の場を設けて、彼らを理解する協力者を見つけ出すなどの活動を通じて、彼らをサポートすることが重要な役割であり、これが同時に、外部支援者と地域住民との「協働」を可能にする有効な方法と考えられる（山 2020）。

「協働」のエスノグラフィーに向けて

近年、長期密着型のフィールドワークと詳細なエスノグラフィーを得意とする人類学や民俗学の領域においても、頻発する大規模災害の被災地を対象とした研究が蓄積されてきている。特に、人類学や民俗学による社会貢献の1つのかたちとして、被災者や被災地を支援し、エンパワメントする有効な手法との認識のもとに、被災者や関係者との「協働」をともなったエスノグラフィックな調査研究の挑戦的試みが行われるようになっている（清水 2003、菅 2013、関谷・高倉 2019）。

復興支援に関わる研究者が、地域の媒介的知識人と協働し、彼らをサポートしながら、コミュニティの復興のプロセスに積極的に関与することも、その重要な役割と考えられる。なぜなら、コミュニティの復興に向けて、復興のヴィジョンを共有し実現するまでの一連のプロセスをデザインする知は、被災者や住民、関係者だけでなく、研究者も含む、さまざまな外部支援者との協働を通じて、その知を結集することで、生み出されると考えられるからである。さらに、災害や過疎からの地域コミュニティの復興が、とてつもなく長い道のりを必要とする取り組みであり、被災者や住民、関係者と協働しながら、そのプロセスに関与し続けて見届けること、少なくとも見届けることを目指して長期的に関わり続けなければ、復興とは何であるかを明らかにすることはできないからである。

　その意味で、長期密着型のフィールドワークによる、被災者や住民、関係者との協働をともなうエスノグラフィックな研究手法が、いま、まさに求められているのである。

参考文献

及川祥平（2019）「「東日本大震災」と民俗学——日本語版のための序論」及川祥平・加藤秀雄・金子祥之・クリスチャン・ゲーラット編『東日本大震災と民俗学』成城大学グローカル研究センター

岡田憲夫（2015）『ひとりから始める事起こしのすすめ——地域（マチ）復興のためのゼロからの挑戦と実践システム理論 鳥取県智頭町30年の地域経営モデル』関西学院大学出版会

川島秀一（2012）『津波のまちを生きて』冨山房インターナショナル

清水展（2003）『噴火のこだま——ピナトゥボ・アエタの被災と新生をめぐる文化・開発・NPO』九州大学出版会

菅豊（2013）『「新しい野の学問」の時代へ——知識生産と社会実践をつなぐために』岩波書店

鈴木岩弓（2014）「災害」『日本民俗学』277：113-128

鈴木岩弓・磯前順一・佐藤弘夫編（2018）『〈死者／生者〉論——傾聴・鎮魂・翻訳』ぺりかん社

関谷雄一・高倉浩樹編（2019）『震災復興の公共人類学——福島原発事故被災者と津波被災者との協働』東京大学出版会

谷口陽子（2012）「災害民俗学——危機管理と災害対応の実践の民俗学に向けて」『東洋文化』93：161-176

寺田寅彦（2011［1935］）「災難雑考」『天災と日本人——寺田寅彦随筆集』角川書店

鳥越皓之編（1994）『試みとしての環境民俗学——琵琶湖のフィールドから』雄山閣出版

東北文化研究センター（2014）『東北学 03 特集災害の民俗知』

橋本裕之（2015）『震災と芸能——地域再生の原動力』追手門学院大学出版会

橋本裕之・林勲男編（2016）『災害文化の継承と創造』臨川書店

山泰幸（2006）「「象徴的復興」とは何か」『先端社会研究』5：153-175

山泰幸（2020）「「媒介的知識人」とは何か」『災害復興研究』11：83-91

矢守克也（2011）『増補版〈生活防災〉のすすめ——東日本大震災と日本社会』ナカニシヤ出版

Next Step

日本社会が度重なる災害に見舞われる昨今、民俗学および隣接分野における災害研究の蓄積も相当な数量に達しているが、古典的名著である山口弥一郎『津浪と村』（2011 年再刊、三弥井書店）は一読を薦めたい。東日本大震災については、金菱清『震災学入門——死生観からの社会構想』（2016 年、筑摩書房）が手に取りやすい。我妻和樹『波伝谷に生きる人びと』（2014 年、ピーストゥリー・プロダクツ）は民俗学を学んだ監督によるドキュメンタリー映画である。各地に整備されている震災遺構や伝承館を訪れ、また、語り部の語りに耳を傾けることは書籍を読む以上に重要。宮城県気仙沼市のリアスアーク美術館の被災物展示もまた災害によって何が失われたのかを教えてくれる。災害調査においては研究者という立場性や研究倫理への自省も求められる。菅豊『「新しい野の学問」の時代へ——知識生産と社会実践をつなぐために』（2013 年、岩波書店）を一読してほしい。［及川］

➡第Ⅱ部 [10], [21], [25], [26], [30]

第10章

超高齢時代のまちづくり
──地域コミュニティと場づくり──

山　泰幸

地域デビューと戸惑い

「地域デビュー」という言葉がある。自分の暮らす地域と関わりがな
かった住民が、あらためて地域の活動に参加すること、また地域の活動
に参加することを通して、地域コミュニティに受け入れられ、そのメン
バーとして承認されること、もしくは承認されることを目指した行動を
意味している。「団塊の世代」（1947年〜49年生まれ）と呼ばれる、人口が
圧倒的に多い世代が60歳を迎える2007年頃から使われ出した言葉であ
り、そこからもわかるように、都市に暮らすサラリーマンとして、人生
の大半の時間を職場に捧げて生活をしてきた、いわゆる「会社人間」で、
その多くが男性であるが、定年退職後に、それまでほとんど関わりのな
かった自分の暮らす地域の活動に参加することを主に指している。

　年金の全額が給付される65歳まで、定年延長が定着してきたとはい
え、平均寿命が延び、定年後に過ごす時間は、相当な長さとなってきて
いる。定年後の人生をいかに過ごすかは、多くの人びとにとって、切実
な課題となっているのである。

　しかし、人生の大半を会社人間として過ごしてきて、地域との関わり
がほとんどなかった者が、60歳を過ぎて、あらためて地域と関わり、
地域の人びとと新たに人間関係を構築することは容易なことではない。
会社でそれなりの仕事をしてきた自負もあり、また多くの部下を統率す
る管理職まで上り詰めた者や、社会的にも一目置かれるような地位や立
場にあったと自認している者であれば、なおさら60歳を過ぎて、まる

で新入社員のように、地域に入っていくことは、かなり勇気がいることが想像される。また、入社年次や役職によって上下関係がはっきりしている会社の人間関係と異なり、地域社会では、住民同士の立場は基本的には対等であり、上司が部下に指示するようには、相手を動かすことはできない。まして、自分の現役時代の地位や立場を示して、その経験をもとに、専門的知識を持ち出して、周囲を説得しようものなら、かえって逆効果である。本人としては、職場で身につけた常識を話しただけであり、あるいは、たんなる自己紹介のつもりであったとしても、偉そうに自慢をする鼻持ちならない人物として、周囲から敬遠されることになる。こうしたことが、会社人間が地域に馴染めない理由となっている。

　一方で、子育てを通じて、いわゆる「ママ友」ができたり、夫は仕事のため参加が叶わないことが多いため、PTAの活動や自治会・町内会の活動に参加してきた女性の場合には、その多くは主婦であるが、地域に知り合いも多く、長年のあいだに、強い絆の人間関係を地域のなかで築き上げている場合も多い。各種の市民講座や公民館活動、趣味のサークル活動や地域のボランティア活動など、友人を誘ったり、誘われたりして参加したり、そこで新たに人間関係を広げながら、それまでの地域生活の延長上で、老後の生活を楽しんでいる場合が多い。しかし、仕事を持ち、職場中心の生活を送ってきた女性では、定年後の地域活動への参加は、程度の差はあれ、男性と同様の困難があると思われる。

　「地域デビュー」という言葉には、定年退職後に地域との関わりを始める際の「戸惑い」や、それまでの職場生活とは異なる人間関係のあり方や自分自身の新たな立ち位置を受け入れる際の「葛藤」の存在が暗に示されている。定年後に過ごす時間の長さを考えれば、地域デビューの成否は、残された人生の充実度をかなり左右すると言っても過言ではないだろう。

コミュニティを生きる作法

　柳田國男によれば、かつては、地域で生活をしていくための知恵を伝授する教育が重視されてきたという。地域コミュニティを生きるための作法を学ぶための教育と言ってもよい。柳田はこれを「平凡教育」と呼んでいる（柳田 1990b［1938］）。地域で生きていく以上、どのような家の子であれ、そのための作法を必ず身につけることが求められたのである。

　ところが、明治以降、学校教育が導入され、高い成績を修め立身出世を目指すエリート教育が国をあげて奨励されることになる。非凡になるための手段としての教育という意味で、柳田はこれを「非凡教育」と呼んでいる。以前は、医者の倅（せがれ）とか神主の息子とか、ごく一部の者が学校に通い、平凡教育から漏れる例外もあったが、それを除けば、ほとんどの子どもが平凡教育を受けなければならなかったのである。しかし、次第に非凡教育が平凡教育を圧倒するようになったという。

　非凡教育によって、時代の要請であった近代化を支える多くの有能な人材が輩出されたことは確かである。しかし、競争原理に基づき、他と異なることを是とする非凡教育の隆盛は、周囲と協調しながら地域コミュニティをうまく運営し、維持していくための知恵や作法を学ぶ平凡教育を見下すようになる。その結果、非凡教育に順応した多くの人材は、立身出世の物語を信じて、生まれ故郷の村を捨てて、都市に暮らすサラリーマンとなったのである。

　地域デビューの難しさは、非凡教育を受けて、その価値観を信じて人生の大半を過ごしてきた者が、高齢になって、あらためて平凡教育を学び始める困難と言ってよい。特に、都市に暮らす会社人間にとっての地域デビューは、多くの場合が、生まれ故郷の地域ではなく、仕事の関係でたまたま移り住むことになった地域にデビューするのであり、長年、暮らしてきたとはいえ、はじめて自分が移住民であることを強烈に意識する契機となる。いわば、「よそ者」という意識を抱えながら、かつ長年の職場生活で刷り込まれた態度や考え方に縛られながら、あらためて

地域コミュニティを生きるための知恵や作法を学ばなければならないという、二重、三重の葛藤があるのである。定年後に故郷にUターンする者がいるのも、こうした葛藤が背景にあると考えられる。もちろん、この場合でも、一度、外に出た者が故郷に戻ってきてデビューすることは容易なことではない。

　鳥越皓之は、柳田の議論を手掛かりにしながら、平凡教育とは、「自分たちのコミュニティをうまく回転させていくための知恵の伝授」であり、「コミュニティは平凡教育を担ってきた長い伝統がある」と指摘し、伝統あるコミュニティに、地域で暮らす子どもたちの平凡教育をお願いするアイデアとそのユニークな取り組みを紹介している（鳥越 2008）。

　地域コミュニティを生きるための知恵と作法があり、それは長い間、地域コミュニティによって提供され、学ばれてきたのである。現在、こうした知恵や作法が、地域に暮らす子どもたちだけではなく、定年退職を迎えた多くの高齢者にも切実に求められているのである。

挨拶の難しさ

　地域コミュニティで生きるための作法として、最も基本となるのが、挨拶である。柳田國男によれば、「挨拶」とは、禅僧が中国から輸入した漢語であり、挨は押す、拶は押しかえす、という意味で、たんに受け答えをあらわす言葉であったという。挨拶という漢語を使う以前は、「言葉をかける」または「声を掛けた」という表現が使われたとされる（柳田 1990a〔1946〕）。

　福田アジオによれば、かつては、生産と生活の互助組織としてのムラの構成員として家がとるべき行動・態度として超世代的に継承され、1つの秩序として存在してきたものには、大きく2つに区分できるという（福田 1976）。1つは、ムラそのものに対する態度・行動であり、具体的にはムラの決定事項を守ること、村仕事に出ることなどであるが、これらを無視したり反したりした場合には、悪口だけではすまされず、直接

制裁につながったという。これを福田は「村づとめ」と呼んでいる。村づとめはムラの構成員にとっては「義務」である。もう1つは、家と家との交際・協力のことであり、これを福田は「村づきあい」と呼んでいる。村づきあいにも、望ましい行動・態度や非難されるべき行動・態度があるが、非難されるべき行動・態度をとっても、よほどのことがないかぎり制裁につながることはない。その意味で、「村づきあい」は義務ではなく「義理」であるという。

　ムラが生産互助組織として機能していた時代には、「村づとめ」の義務は相当な強制力があったことが想像されるが、現在の地域コミュニティの活動は、このような強制力を持った義務を期待することはできない。むしろ、義理に依存する「村づきあい」よりも、はるかに拘束力が弱いだろう。

　興味深いのは、村づきあいの内容として、「道や田畑でムラの人に会ったら声をかけ、挨拶をして、日常的な面接関係を平和的に保つこと」として、挨拶が第一に挙げられていることである。これに関連して、「正月・盆などの年中行事のときに年始・盆礼などの訪問挨拶をすること」、「婚礼・葬儀・年忌・病気等の吉凶にさいして訪問挨拶し、決められている贈答をすること」など、日常的および非日常的なレベルを含む、広い意味での「挨拶」が村づきあいの主な内容とされているのである。

　時と場合に応じて、適当なタイミングで、適切な挨拶ができるかどうかが、一人前であることの証とされ、逆にこれがうまくできなければ、「挨拶もできない」と陰口を叩かれるだけでなく、実際に、さまざまなトラブルを生む原因となり、地域生活は困難をきわめることになる。このようなことは、程度の差こそあれ、現在の地域コミュニティでも見られることだろう。特に、日常的な場面での挨拶は、地域コミュニティで生きていくうえでの基本的な作法と言ってよいだろう。

　では、なぜ挨拶が求められるのか。鳥越は、「私たちが生活をしていくためには、人間相互の協力的な関係のネットワークをいつもはりめぐ

らせておかなければならない。しかしながら、人間というものはしばしば反目しがちであり、それを乗り越えるためには、儀礼のかたちをとりつつでも強制的にコミュニケーションをする必要がある」とし、「挨拶とは、なんというか、人間関係を安定させるための1つの型であるといえよう」と、実に明快に述べている（鳥越 2003）。

　問題なのは、しばしば人間が反目しがちであり、それを乗り越えさせて、人間関係を安定させるための挨拶が、そもそもうまくできないことである。面子が邪魔して、躊躇してしまい、自分から挨拶ができなかったり、向こうから、挨拶をされても、うまく応じられなかったり、ということが、地域デビューの際の障壁になっているのである。また、デビューをしても、地域活動にうまく馴染めずに、脱落してしまう原因にもなっているのである。

　長い間の職場生活で、会社人間としてのそれこそ「型」にはまったコミュニケーションが身に染み付いている者が、地域デビューするということは、異なるスポーツの試合に、練習もせずにいきなり本番に臨むようなものであり、うまくいかない方がむしろ当たり前とも言える。それが「型」である以上、身につけなければ使えないということである。

　それぞれのコミュニティでは、新入りが、見よう見まねでコミュニティの活動に参加しているうちに、いつのまにか一人前になるような学びの仕掛けを持っている。レイヴとウェンガーは、こうした学びのあり方を「正統的周辺参加」と呼び、こうしたコミュニティのあり方を「実践コミュニティ」と呼んでいる（レイヴ＆ウェンガー 1993）。

　このような学びのあり方についての捉え方は、徒弟制をモデルしており、新入りが新入りとして受け入れられたうえで、まずは「周辺」の位置から、かつ「真っ白な状態」から「型」を身につけていくプロセスをうまく説明してくれる。一方、ここでの関心は、すでに異なる型を身につけた者が、新たな型を身につけるために、新入りとして受け入れられる手前のところにある。というのも、地域デビューの場合には、「周辺」

に位置づけられる手前のところで、躓（つまず）いてしまうことが多いからである。

　この問題を解決するためには、型を学ぶための場を意識的に確保することが必要となる。地域コミュニティで生きるための知恵や作法を学ぶための「場づくり」が求められるのである。このような「場づくり」が、一定の仕組みとして、地域コミュニティに定着すれば、それは実践コミュニティで言うところの「周辺」の役割をうまく果たすことになるだろう。

　哲学カフェ

　筆者は、戦後に大規模開発された都市郊外のニュータウンにて、現地の老人福祉センターと協力して、「場づくり」の取り組みを行っている。この老人福祉センターでは、年間を通して、芸術や健康、趣味などの各種の講座やイベントを開催し、また高齢者のサークル活動をサポートしている。しかし、担当者によれば、参加者のほとんどは女性であり、男性の参加者が少ないことが悩みであるという。また、同じような状況は、全国的に見られるという。

　フランスのパリでは、毎週日曜日の朝に、カフェに人びとが集まって、コーヒーを飲みながら、いろんなテーマについて議論をする、「哲学カフェ（Café Philosophique）」と呼ばれる集まりがある。コーヒー代さえ払えば、誰でも参加可能であり、どこの誰であるか名乗る必要もない。しかし、哲学カフェにも、一定のルールがある。話したい人は、どんな意見を言ってもかまわないし、話したくない人は話さなくてもよく、聞くだけでもかまわない。また、他の人の意見を批判してもいいが、否定してはならない。また、何か１つの結論を出す必要もないし、合意を形成して運動をするということもない。いろんな意見があることを参加者が共有するだけである。

　筆者は、フランス留学中に、「哲学カフェ」に出会い、これがまちづくりに役立つと直感し、帰国後、いくつかのまちづくりの現場で開催し

てきた。そこで気づいたことは、哲学カフェは、他の地域活動に比べて、定年後の男性の参加者が多いということであった。そこで、男性高齢者の地域デビューの問題を解決するための手掛かりとして、老人福祉センターと協力して、哲学カフェを定期的に開催することになったのである。

コミュニケーションとコンテクスト

　イギリスの教育社会学者 B. バーンスティンは、学校での子どもたちの話し方が、階層に応じて、2 通りのコードに規定されていることを指摘している（バーンスティン 1981）。労働者階層の子どもは、語彙や文法が限定されている話し方、言い換えれば、コンテクストに強く依存した話し方をしており、これを「限定コード」に規制された話し方という。一方、中産階層の子どもは、「限定コード」に加えて、語彙が豊かで表現に幅があり、言葉を選んで明確な話し方ができるという。これは、コンテクストから相対的に自立した話し方であり、「精密コード」に規制された話し方と呼ばれる。学校での話し方が、「精密コード」に親和的なのは明らかであろう。家庭において「精密コード」の話し方を身につけた子どもが、学校の成績がよくなるというわけである。これは、フランスの社会学者 P. ブルデューの「文化資本」の考え方にも通じている（ブルデュー＆パスロン 1991）。子どもは親の文化資本を受け継ぐことで、社会階層は再生産されるのである。

　地域コミュニティを生きる作法の難しさは、それがコンテクストに強く依存したコミュニケーションだからである。特に、短い言葉や動作で行われる「挨拶」のような「儀礼的コミュニケーション」は、コンテクストが共有されていなければ、まったく成立しない。地域コミュニティが「挨拶」を重視してきたのも、それが適切に行われるかどうかによって、コンテクストを共有しているかどうかを、つまり、コミュニティのメンバーとして一人前であるかどうかを、はっきりと確認することができるからである。

ここでの関心に重ねてみると、「精密コード」に規制された話し方が身に染み付いている会社人間が、あらためて「限定コード」に規制された地域コミュニティの作法を習得しなければならないという、学校の教育とは逆向きの作業に直面していることが見えてくる。ブルデューの言葉を使えば、長年のあいだに身につけた文化資本がかえって地域デビューの邪魔をしているのである。

　哲学カフェの特徴は、「哲学」という難解な学問をイメージさせる言葉を冠しているように、「精密コード」に規制された話し方に慣れた層が、興味を抱き、アクセスしやすい雰囲気を持っている。実際、そこで話し合われる話題も、抽象度の高いテーマを扱い、日常会話ではあまり用いられない概念語も駆使され、論理的で明解な表現が評価される。その意味で、地域コミュニティのなかでは例外的な場であることは間違いないだろう。

　しかし、実際には、幅広い層の人たちが参加しており、なかには話の流れで思いついた出来事やエピソードを紹介するだけの人も多く、なぜこのような話をするのか、何が言いたいのか、よくわからないことも多い。しかし、回数を重ねるごとに、次第に、コンテクストを示しつつ、話題を位置づけながら、話をするようになっていく。一方、概念語を駆使して理屈だけで議論していた人も、次第に、身近な具体的な例を挙げて、説明を加えながら話をするようになっていく。概念語が通用するサークルの外部の者に対しては、それが指し示す具体的な状況、コンテクストが明示されなければ、やはり、よく伝わらないからである。

　1つの発言が、参加者たちに連想を促し、批判や反論、誤解も含めて、実に多様な反応を呼び起すが、これらの多様な反応が「注釈」の役割を果たし、発言のコンテクストを浮かび上がらせるのである。これによって、自分の発言の真意が伝わったり、相手の発言の意味が理解できたり、といった心地よい感覚をともなう手応えによって、次第にコンテクストを示す話し方が身についていくのである。

哲学カフェで行われているのは、より一般化して言えば、異なるコミュニケーション作法のすり合わせの作業であり、相互反照的に行う特異なコミュニケーション作法の習得なのである。一種の異文化間コミュニケーションの作法の習得と言ってもよいだろう。

場づくりと民俗学

　哲学カフェを開催した当初は、自分の意見を頑なに主張し、相手の意見を頭ごなしに否定する人や、結論を出さずにはいられない人、教養や知識をひけらかして借り物の専門用語を振りかざす人、その場のテーマとは関係なく、長々と現役時代の肩書きや武勇伝を吹聴する人なども多く、ときおり緊迫した空気になることもあり、担当者を心配させながらの運営であったが、回数を重ねるごとに、1つのテーマをめぐって、自分の意見を述べたり、他の人の意見を聞いたりしながら、参加者が一緒に協力しながら、気持ちよく充実した時間になるように、その場を築いていくようになっていった。さらには、先輩の参加者たちが新入りをうまく導いて、その場のコミュニケーションの作法を学ぶ手助けをさりげなくするようにもなっていったのである。

　それが可能になっているのは、この一種の異文化間コミュニケーションの作法が、互いに相手の理解を助けようとする「気遣い」に基づいているからである。つまり、互いに相手の人格を認め合い、「敬意」を払っていることが実感できるからである。それによって、コンテクストが見えない不安から、面子を過剰に守ろうとする必要がなくなり、安心して落ち着いたコミュニケーションが取れるようになるのである。E. ゴッフマンの言葉で言えば、互いに面子を保ち、場の秩序を維持するための、儀礼としての相互行為がうまく機能しているのである（ゴッフマン 2012）。

　現在、「ふれあいサロン」や「コミュニティ・カフェ」などの名称で、地域のなかの「居場所」や「たまり場」を確保する取り組みが、行政や

自治会・町内会、社会福祉協議会などの主導で行われるようになっている。しかし、これらの場に、すぐに馴染める者もいれば、うまく馴染めない者もいる。また、顔馴染みの常連ばかりで、新入りが近づきにくい雰囲気になっていることも多い。なぜなら、コンテクストを共有している人たちだけが集まり、それよって、ますますコンテクストの共有度が高まってしまい、そうでない人に対して壁をつくってしまうからである。このような状態に陥ってしまう危険性は、哲学カフェも例外ではない。

図1　老人福祉センターでの哲学カフェの様子

　多様な背景を持った住民が、地域の活動にスムーズに参加できるようにするためには、場づくりの試みが、居心地の良さとともに、一方では近寄りがたさをも生み出してしてしまう、本質的に矛盾を抱えた試みであることを認識し、特異なコミュニケーション作法の習得のための場づくりを意識的に行っていく必要があるのである。

　民俗学は、井戸端会議、床屋や銭湯、喫茶店など、地域のなかの社交や情報交換の場について関心を寄せてきた蓄積がある。こうした場が地域生活において果たしてきた役割とその仕掛けを明らかにして、現代的な課題に応じて手を加えて、地域にふたたび埋め込む工夫が必要なのである。筆者による哲学カフェの運営も、そうした試みの1つなのである。

　以上のような現代的な課題に、民俗学は独自の貢献ができる可能性がある。そのためには、誠意を持って地域に関わり、信頼関係を築き、長期にわたる住民との地道な協働が必要であり、そのことによってはじめて可能になることを忘れてはならないだろう。

参考文献

ゴッフマン，アーヴィング（2012）『儀礼としての相互行為──対面行動の社会学』
　　（浅野敏夫訳）、法政大学出版局

バーンスティン，バジル B.（1981）『言語社会化論』（萩原元昭訳）、明治図書出版

ブルデュー，ピエール & ジャン = クロード・パスロン（1991）『再生産──教育・社
　　会・文化』（宮島喬訳）、藤原書店

レイヴ，ジーン & エティエンヌ・ウェンガー（1993）『状況に埋め込まれた学習──
　　正統的周辺参加』（佐伯胖訳）、産業図書

鳥越皓之（2003）「あいさつ」新谷尚紀・波平恵美子・湯川洋司編『暮らしの中の民
　　俗学 1　一日』吉川弘文館

鳥越皓之（2008）『「サザエさん」的コミュニティの法則』日本放送出版協会

福田アジオ（1976）「村落生活の伝統」竹田旦編『日本民俗学講座 2　社会伝承』朝
　　倉書店

柳田國男（1990a［1946］）「毎日の言葉」『柳田國男全集 19』筑摩書房

柳田國男（1990b［1938］）「平凡と非凡」『柳田國男全集 27』筑摩書房

Next Step

本章で学んだ知見をもとに、自らの居場所と言いうるようなコミュニティについて
考えてみてほしい。または、あるコミュニティに新規参入者として身を置く経験を
してみてもよいだろう。そのうえで、地域に活力をもたらすようなコミュニティと
は何かを再考してみてほしい。身近な町づくりの取り組みについて情報を集めてみ
ることも薦めたい。地域の結節点となりうるような自由で開放的な居場所について
考えるうえでは、R. オルデンバーグ『**サード・プレイス──コミュニティの核にな
る「とびきり居心地よい場所」**』（忠平美幸訳、2013 年、みすず書房）は手がかりの
1 つとなる。また、住民による自発的な町づくりについては**矢野敬一『まちづくり**
からの小さな公共性──城下町村上の挑戦』（2017 年、ナカニシヤ出版）も参考になる
だろう。コミュニティの力を考えるならば**日本民俗学会監修『老熟の力──豊かな**
「**老い」を求めて**』（2000 年、早稲田大学出版部）収録の森栗茂一による論文も示唆
に富む。［及川］

→第 II 部 10, 15, 19, 25, 32

第11章
変わりゆく家族のかたち
──親族とつながり──

岩本通弥

5％にも満たない「標準世帯」

かつて標準世帯と呼ばれる指標があった。夫が働いて収入を得て、妻は専業主婦、子どもが2人の4人世帯の構成を「標準世帯」と呼び、何らかの制度改革がなされる際、税や社会保障の与える影響は、これをモデルケースに試算された。水道や電気料金の値上げや配偶者控除などでは今でも使われるが、家計に対する給付や負担割合を、これによって代表させた。高度経済成長期の1969（昭和44）年に、旧総理府（現内閣府）が家計調査に導入した用語であり、1974年時点では就労者数1人で人員4人の世帯が最も多く、総世帯数の14.6％を占めた。第2位の子ども1人の3人世帯の11.0％を含めると、その数は4分の1を超えた。結婚して子どもを1人以上、2人持つことが、当然のこととされ、「標準家族」と呼ばれることさえあった。

言うまでもなく、サラリーマン家庭がモデルに想定され、妻を専業主婦に限定した規定であり、家計調査では「勤労者世帯」とも呼ばれた。図1で見るように、専業主婦世帯と共働き（共稼ぎ）世帯は1990年代にその比率を逆転し、今では結婚後も女性が職を持つのが当たり前となった。以前は結婚あるいは子育てを機に、女性は「家庭に入る」（退職し専業主婦になること）ことの方が当然だったのだ。家族のあり様は、時代によって、そして文化によっても、その姿を大きく変貌させる。

世帯構成も、昭和の終わりの1988年の時点では、第1位は「有業の1人世帯」の15.8％に代わり、「有業者数1人の4人世帯」は9.7％とな

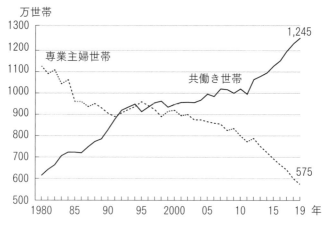

図1 専業主婦世帯と共働き世帯数の推移（1980〜2019年）
独立行政法人労働政策研究・研修機構編『早わかりグラフでみる長期労働統計』
https://www.jil.go.jp/kokunai/statistics/timeseries/html/g0212.html 資料出所：厚生労働省「厚生労働白書」、内閣府「男女共同参画白書」、総務省「労働力調査特別調査」、総務省「労働力調査」

って順位を1つ下げた。平成の終わりになると、2017年時点で、世帯構成で最も多いのは「無業の1人世帯」の17.0％で、いわゆる独居老人が首位になっている。「有業者数1人の4人世帯」はわずか4.6％にすぎず、4人世帯のなかでは、有業者1人よりも、有業2人の世帯＝共働き夫婦の方が6.8％と高い（是枝2018）。もはや日本の「標準世帯」＝典型とは言えない。単身世帯や高齢者のみの世帯、夫婦共働き世帯などが上位を占めるが、その多様性から、どれを標準と言うこともうできない。

核家族・直系家族・傍系家族

家計調査で「勤労者世帯」でない世帯は「勤労者以外の世帯」と称され、「無職世帯」と「個人営業世帯」に区分される。後者は自営業者（商家や職人の家庭）や農家、漁師の家庭などが含まれるが、家業を継いで家族経営されることから、家族形態で言えば、直系家族が多かった。直系

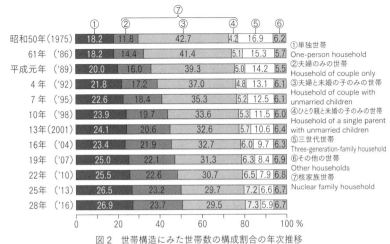

図2 世帯構造にみた世帯数の構成割合の年次推移

厚生労働省大臣官房統計情報部編『グラフでみる世帯の状況 平成26年 国民生活基礎調査
（平成25年）の結果から』2014年、厚生労働省政策統括官（統計・情報政策担当）編『グラ
フでみる世帯の状況 平成30年 国民生活基礎調査（平成28年）の結果から』2018年より、
作成

家族とは2組の夫婦が異世代に含まれる家族構成で、いわゆる3世代家
族である。図2を見てもその割合は年を追って減少している。

　核家族・直系家族・傍系家族という家族形態の3類型は、1920（大正
9）年の第1回国勢調査から、その分析に使用された用語で、現在、日
本のみに流通する特有の家族類型として、統計のみならず、学術用語と
してもよく利用されている。このうち核家族とは、夫婦と未婚の子女で
構成される家族のことを指す。夫婦のみやひとり親と子女の組み合わせ
も含むが、図2でその割合がほぼ一定であることに注意が必要である。
近世にもその割合（学術的な核家族率）は変わらず、直系家族に移行する
ライフサイクルとして、核家族は一時的にも出現するが、メディアがよ
く使う核家族化とは、単独家族の増加や世帯人員の縮小を指している。

　一方、傍系家族とは、同世代に二夫婦を含んだ家族構成で、たとえば

『サザエさん』で将来カツオが結婚してもサザエさん夫婦が同居する場合、こういう構成となる。第1回国勢調査の時には、傍系家族が少なからず存在し、商家や職人、農家や漁師の家業経営では、多人数の労働力を必要とした。傍系成員のほか、住込み奉公人＝徒弟や下女（さらには食客や書生）など、他人が同居することもままあって（有賀1965）、第1回の国勢調査で非血縁者が同居する世帯は総世帯の約3分の1を占めた。

一子残留とオジ・オバ暮らし

　世界遺産で有名な飛騨（岐阜県）の白川郷の合掌造りは、家屋の造りが大きい。家族員の人数が多かったからで、学術用語でも大家族と呼ぶが、かつては農林業や養蚕に多くの人手が必要とされた。以前の白川郷の場合、結婚できるのは長男と、それに嫁ぐ娘だけで、次男以下と他家に嫁ぐ娘以外は、成人に達しても結婚が許されない習わしだった。ただし、彼ら／彼女らの性的な関係は、いわゆる夜這いによって満たされ、娘が子を産むと、兄に当たる跡取り夫婦の子として育てられた。多くの子どもが生家に残るシステムで、これを「多子残留」という。

　それ以外の日本の伝統的な家族は、長男だけが跡を継ぎ、その他の子どもは婚出や養出、奉公や分家するなどして、生家を離れる、「一子残留」が多かった。移動の自由がない近世には、次男以下が生家に留まり、その働き手になる、オジ暮らし（娘の場合はオバ暮らし）が強いられる地方もあった。夫婦は一世代に一夫婦に限るのであり、家や田畑などの財産は、家督相続と称し、長子単独相続となった。1898年の明治民法で長男子の家督相続が法的にも裏づけられ、1947年の新民法まで、日本の伝統的な家族の範として、直系家族が「家」制度を担保した。

　新田開発の余地を減じた近世中期以降、分地制限令や戸数制限（カマド制限）により、分家が自由でなくなると、そのなかで分家をすることは、戯れてタワケ（田分け）と言われた。生まれたときから長男のみ敬称を使い、次男以下をオジ・オッサンと呼び分けた地域は広く、死後も

オジ・オバは先祖代々之墓（世代仏）に入れず（柳田 1998［1946］）、脇に建立された無縁之墓に収める地方もあり（岩本 2004）、一世代一夫婦の直系家族が日本の家族の伝統を体現していた（清水 1987）。

中国の大家族との違い

これらに対し、たとえば中国の漢民族の場合、その大家族は、続柄の別なく、男子はいずれも父系始祖から同じ血（骨や気）を受け継いだ存在として、財産は「均分相続」される。女子にはその権利はなく、男子は多子残留が基本で、家屋も家産も等分に分割される。婚姻の制限もなく、田畑も面積を均等に配分され、祖先祭祀におけるその祭祀権も共有であって、費用も平等に拠出される。

一人っ子政策を採った大陸では隠れているが、台湾や香港では現代のマンション暮らしでも、年老いた親がたとえば 1 ヶ月単位で、息子のあいだをめぐり歩いて食事など生活を営む風が普通である。親の扶養も均等なのであって、「輪流管飯」と呼ばれる。伝統的に漢民族では「孝」を倫理道徳の絶対的な美徳とし、「親不孝」呼ばわりされることを最大の侮辱とする。理想の家族は、結婚後も息子たちが親と同居し、兄弟仲良く、ともに孝行を尽くす大家族であって、現代では困難になりつつあるものの、大所帯を維持する経済力と結合力のあることが、至って評価される（笠原・植野編 1995）。

日本でも漁師の場合、舟を成人した上の子から順次造り与える慣行から、分割相続となり、かつ結果的に末子が親と同居する、末子相続となる地方もあった。ただし、日本ではその場合でも、一世代に一夫婦が原則で、家系を継いでいく「家」意識が伴った。イエと称するが、一世代一夫婦の直系家族が、かつての日本の「標準家族」だったと言ってよい。

父系出自と家系の継続

「血縁」という言葉は、当該社会の民俗生殖観を反映した「生まれ」

に関する親族関係を示す隠喩として用いられる。日本人にとっての「血縁」は父母双系に拡がるが、中国や韓国の人びとにとっては「父系血縁」のみが重要だと認識されている。父系始祖を同じくする血を分けた男系子孫の集まりを、中韓では宗族や門中・宗中などと呼ぶが、人類学の概念でいう父系出自集団（Patrilineal descent group）に相当する。

　始祖との関係性を示す姓は結婚しても生涯不変であり、宗族や門中は同姓集団でもあったが、旧中国や2008年までの韓国では、法的にも同姓同士の婚姻が禁じられていた。これを同姓不婚という。韓国の場合、同姓同本と称し、同姓でも本貫が違えば結婚可能だったが、本貫とは系譜的始祖に所縁のある地名（発祥地や所領）を姓に冠して、たとえば金海金氏や慶州金氏などと表現される。同本（同じ本貫）なら、何十親等離れていようと婚姻できなかった。結果的に夫婦別姓になるが（現在では夫婦の姓を合わせたダブルネームもある）、イトコ婚などの多かった日本とは大きく違う。

　「血食思想」と称し、中韓では血の繋がった男系子孫が代々続いて、祭祀の絶えないことが重んじられた。祀る子孫がいないと、祖霊は怨霊化するので、養子を迎えて対処するが、養子は同じ父系血縁の、始祖から同世代に当たる男子がその要件となった。異姓不祀と称し、血縁のない者が祭祀することを禁忌するが、日本でも女系天皇の是非（天皇位の継承問題）で争点になるところの父系出自原理とは、これに該当する。

　それらに比べて、日本の民間における養子慣行は、伝統的に血縁をさほど重視していない。婿養子であったり、非血縁者を迎えることも許容され、両養子と称して夫婦を養子に取ることもあるほか、遺産相続の取り分を増やすための、世代を超えた孫養子も許された。すなわち日本では、中韓のような血縁の連続性が絶対視されるのではなく、イエとしての継続性が重んじられているのだ。家系を一系的に繋げていく、ラインの継承が、後述するように、今も日本の家族意識の基調となっている。

多様化するなかでの文化的拘束

　現代家族の変化は、核家族化や世帯規模の縮小化、家族形態の変化だけに留まらない。シングルマザーや独居老人、ステップファミリー（子連れの再婚者家族）の増加をはじめ、生殖医療や特別養子縁組、同性婚など、新たな技術や制度によって家族の多様化は著しく進んでいる。どこの国でもその趨勢は共通するものの、そこに顕われる現象には、日本的としか言えないものがあるのも確かであり、以下では事例に即しながら、その特徴を掘り下げてみたい。

　2019 年 6 月に元農水次官が引き起こした長男殺害事件は、多くの点で日本的な「家族」の特性が発現した事件であった。直前に発生した引きこもり男性によるスクールバス襲撃事件に刺激され、44 歳になる引きこもり中の長男も事件を起こすかもしれないと、不安に駆られた父親は「周囲に迷惑をかけてはならない」と犯行に至ったとされる。長期にわたる母親への家庭内暴力や、激しい父親への暴力も明らかになったが、その蛮行を非難するよりも、同情する世論が広く巻き起こった（岩本 2021）。

　第 1 に指摘しておくべきは、「引きこもり」である。『オックスフォード英語辞典』（第 2 版電子版、2010 年から）の英語表記でも hikikomori と記されるほど、その現象は先進諸国を中心に世界化しているが、日本で問題視され出すのは 1990 年代に入ってからだった。厚生労働省の定義では、家族以外の人との交流をせずに、6 ヶ月以上、就労や就学が長期にわたって失われている状態を指示している。

　不登校問題と同一視されてきた経緯から、若者を想定してきたものの、その長期化が懸念されたことから、内閣府が実態把捉のため、2018 年中高年層（40 歳〜64 歳）を対象に初の調査を行ったところ、その数は推計で 61 万 3000 人に上った。若年層（15 歳〜39 歳）の推計 54 万 1000 人より多いことが明らかとなり、老親の年金などに依存する、8050 問題も前景化していった。図 2 の夫婦と未婚の子という類型には、当初想定もしなかった、独立しない／できない年長の子女も相当数含んでいる。

家庭内暴力と日本的特性

次に問題となるのは、「家庭内暴力」が潜在していることである。海外では家庭内暴力が問題になるのは、親の子どもに対する暴力＝虐待と、妻に対する夫の暴力＝夫婦間暴力であるのに対し、日本では1970年代後半から「子どもによる親への暴力」に限ってこの語を用い、夫婦間暴力はDVと呼ばれ、区別されている。

青年期の暴力は、非行少年の暴力をはじめ、1960年代後半の大学闘争や、1970年代から1980年代前半に吹き荒れた校内暴力に見られるように普遍的に存在する。家庭内暴力が着目されたのは、1977年、ある名門進学校に通う高校生が父親に絞首された事件によって、少年の日常的暴力が発覚したのを契機とする。それまでの青年期の暴力とは違い、幼児よりつねに良い子だという評価を得てきた子が、ある日突然、母親の一言などを機に暴れ始める。暴力の対象はもっぱら母親であり、行為が拡大すると家具什器や父親にも向かうが、母親に激しい暴力を加える反面、母親に強い甘えや依存的態度を示すこと、父親の無関心や権威性の希薄化や、発達心理学的に反抗期のないこと、家庭外では従前どおりの良い子として外面を維持することなど、諸特徴が析出されている。

以後、類似の事例が多数見出され、1980年代には「社会現象としての家庭内暴力」として、日本の「家庭における問題のあり方が鋭く象徴する」現象として、精神医学の分野で盛んに研究された（稲村1980、清水1983）。家庭内暴力は家庭という密室で発生し、秘匿されるため実態の把握は困難を伴う。件数は横ばいで推移していると推定されてきたが、図3で見るように、警察庁が把握する認知件数は、2010年頃から明らかに急増し始めている。日本の家族に何が起こっているのか？

自己責任という家族規範

発見の契機となった1977年の事件の裁判では、殺害された少年の家庭内暴力などの異常行為により、これ以上事態が進むと、息子が将来犯

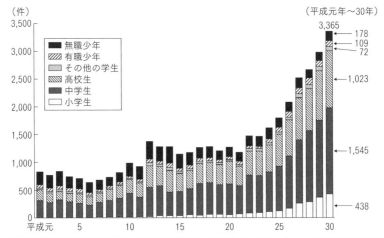

（件）　　　　　　　　　　　　　　　　　（平成元年〜30年）

凡例：
- 無職少年
- 有職少年
- その他の学生
- 高校生
- 中学生
- 小学生

3,365 → 178
→ 109
→ 72
→ 1,023
→ 1,545
→ 438

平成元　　5　　　10　　　15　　　20　　　25　　　30

註①警察庁生活安全局の資料。②犯行時の就学・就労状況による。③一つの事件に複数の者
　が関与した場合は、主たる関与者の就学・就労状況を計上。④「その他の学生」は浪人生等。

図3　少年による家庭内暴力認知件数の推移（就学・就労状況別）

法務総合研究所編『令和元年版 犯罪白書──平成の刑事政策』2019 年
http://hakusyo1.moj.go.jp/jp/66/nfm/n66_2_2_2_5_1.html

罪者になると危惧した父親が、それを回避するために実行したと認定された。情状酌量の余地が多いとして、執行猶予つきの懲役3年が言い渡された。異例の温情判決であったが、元エリート官僚の長男殺害事件と相通じる面が多々見えるだろう。

　第1に、家族内で起こった問題は、家族のなかで解決しなければならないといった規範であり、父親らは自らの責任として規範的にこれらの行動を無意識に選んでいる。たんに子息を殺害したというよりも、家庭崩壊させた自身を責め、口外もできず、妻を伴って自殺する覚悟で子息殺害という究極の犯行に及んだものであり、社会もそれを善しとする風潮が根強い。2000年に佐賀バスジャック事件直後に成田で起きた長男殺害事件でも、父親は高2の息子が将来、社会に迷惑を及ぼすのを恐れたと自供したが、類例を挙げれば切りがない。

儒教的な「孝」を重んじる中国や韓国では、子が親に手を出すこと自体、倫理（天倫）に悖る行為として指弾される。そうした「悖倫児」＝不孝な輩は古くから一定程度あったとして、家庭内暴力のような新たな発見として問題視されていない。父親の権威性は高く、後述するように、それらは父系出自の秩序のなかで維持されており、自己責任として内罰化するのではなく、親族に助けを求め、依存する回路が開かれている。

介護心中と墓じまい

日本において 2000 年代に入って格段に増えたのが、老々介護の末の介護殺人や介護心中である。介護疲れによる高齢者が加害者となる事件が、2 週間に約一度の頻度で発生している。加害者の 6 割強が男性だというのも特徴的で、他人の介入を拒み、わが家で起った問題はわが家の責任で、世間に迷惑を掛けずに処理するといった、自己責任の非寛容的な深まりを見せている。男たちは親族はじめ他者に頼ることを負担に感じやすく、そうした風潮がより強まったのだ。

韓国でも同種の事件は皆無ではないが圧倒的に少ない。2000 年から 2011 年までの 12 年間の、新聞記事にみる高齢者の心中事件に関して日韓の比較研究をした金東善（2013）によれば、年平均で日本が 35 件、韓国が 5 件、発生している。人口規模を勘案すると、発生頻度は日本の約 3 分の 1 となるが、さらに中国においてはどうやらほぼ皆無に近いようだ。

2010 年を過ぎた頃から、日本の広告に「家族に迷惑を掛けたくない」をコピーとする健康食品や生命保険が目立つようになった。それと並行し、墓じまいと称し、先祖代々守り続けてきた墓石を片づけて更地にし、遺骨を寺院や公営墓地の合同墓へ移転する現象が流行化し始めた。墓を守ってくれる人が将来いないというが、承継者がいても、親は「子どもたちに迷惑をかけたくない」として、自分の代で、墓碑による祭祀を絶とうとする流行が一向に収まらない。他者に対して使われてきた迷惑規

範は、家族内部の他者にまで、その範囲が狭まっている。

　親族のなかでの家族

　旧中国や台湾、韓国、さらには門中の発達した沖縄では、祖先祭祀が今でも丁重に執り行われている。たとえば、韓国では「同高祖八寸」と呼ぶが、4代前の高祖（祖父の祖父）までの祭祀（命日）を毎年行うのが習わしである。『朱子家礼』という儒教の聖典により規範化され、近年は2〜3代で祭祀を止める者も増えているが、高祖父と高祖母の祭祀には、その男系子孫が一堂に会する決まりとなっている。

　韓国ではイトコのイトコを八寸と呼ぶが（日本語には6親等までしか呼称はない）、そこまでの男系親族が少なくとも年に2回は顔を合わせる。曾祖父を同じくするマタイトコ（ハトコ）なら年4回、祖父を同じくするイトコならば、年6回集うこととなるが、親族は祭祀を行うだけでなく、相互に助け合う関係なのであり、日常的交流も密である。家族は父系出自集団の一分節であって、親族との連続性のなかに存在している。

　一方、日本にはもともと兄弟は他人のはじまりという諺もあった。戦後、「家」制度が法的に消滅すると、遺伝子に関する知識や生殖医療などによって、血に拘わる意識がもたげ出し、姿を変えた一系的な連続意識が親族から家族を分断し、その意識も内向化させ、親子をより濃密な関係に仕立て上げてゆく。強まった「血縁」を重視する意識への転換によって、「血縁」は本来、中韓の親族で見るように、人間関係を拡張する隠喩だったにもかかわらず、日本では親族の方には伸張せずに、親子関係のみを結びつける狭まった範囲で、認識されるようになっている。

　ここには中韓のような血縁の連続性ではなく、イエというスジを一系的に繋いできた民俗観念が深く影響をしていると考えられる。相互に助けを求め合うための隠喩が「血縁」なのであって、いま一度、それを再考し、振作させていく必要があるだろう。血は水より濃いのである。

参考文献

有賀喜左衞門（1971［1965］）「日本の家族」『有賀喜左衞門著作集XI』未來社

稲村博（1980）『家庭内暴力——日本型親子関係の病理』新曜社

岩本通弥（2004）「忘却から記憶へ——死者の名を記念すること」『歴博』125：6-9

岩本通弥（2021）「血縁という考え方」中込睦子・中野紀和・中野泰編『現代家族の
　　リアル——モデルなき時代の選択肢』ミネルヴァ書房

笠原政治・植野弘子編（1995）『暮らしがわかるアジア読本 台湾』河出書房新社

金東善（2013）「新聞記事にみる高齢者の心中事件——日本と韓国の比較」『高齢者
　　虐待防止研究』9（1）：106-113

是枝俊悟（2018）「総世帯数の5％にも満たない「標準世帯」」『大和総研グループ・
　　コラム』2018年7月10日付（https://www.dir.co.jp/report/column/20180710_010074.
　　html、2021/1/25閲覧）

清水昭俊（1987）『家・身体・社会——家族の社会人類学』弘文堂

清水將之（1983）「家庭内暴力——青年期の攻撃性と家族の病理」笠原嘉他編『岩波
　　講座精神の科学7 家族』岩波書店

柳田國男（1998［1946］）「先祖の話」『柳田國男全集15』筑摩書房

Next Step

ますます多様化する家族を総覧するには**比較家族史学会編『現代家族ペディア』**
（2015年、弘文堂）が役立つ。また家族の形は人生のさまざまな局面に現れる。**安井
眞奈美編『出産の民俗学・文化人類学』**（2014年、勉誠出版）は誕生や子育てから、
越智郁乃『動く墓——沖縄の都市移住者と祖先祭祀』（2018年、森話社）は墓からア
プローチする。他方、家族を持つことが当たり前ではなくなりつつある現代は、**椎
野若菜編『シングルの人類学』**1、2巻（2014年、人文書院）のようにシングル（独
身、1人）から家族を考えることもできるだろう。日本の博物館には産育や葬送の儀
礼展示が豊富にある。**国立歴史民俗博物館**（千葉県佐倉市）第4展示（民俗）では、
水子地蔵や仏壇などの展示によって、死者への家族の思念を表現する。［門田］

➡第Ⅱ部 ⑧, ⑨, ⑬, ⑲, ㉔, ㉜

第 12 章

グローバリゼーションとモビリティ

——移動と越境——

島村恭則

研究方法の国際性と地域限定性

　第 1 章で述べたように、民俗学は、18 世紀末から 19 世紀にフランスを中心とする啓蒙主義、覇権主義、普遍主義に対抗するかたちでドイツにおいて本格的な形成を見た学問である。そしてドイツと同様に、対啓蒙主義、対覇権主義、対普遍主義的な志向を強く持った国や地域において特に盛んに受け入れられ、研究されてきた。このような形成過程を持つ各国・各地域の民俗学には、それぞれの土地に根差したローカルな経験・知識・表現を第一義的な研究対象とする傾向が見出せる。

　もっとも、だからと言って民俗学研究の視野がローカルなものに限定されていたわけではない。たとえば、民俗学の主要な研究対象の 1 つである民間説話については、早い時期から、その国際性が着目されていた。ヨーロッパの説話と中東やインドの説話との共通点が指摘され、インド・中東からヨーロッパへの伝播を跡づける研究も多く蓄積されている（トンプソン 2013）。こうした民俗学の国際性は、日本の民俗学史の初期においても見られた。たとえば、南方熊楠が行った民俗学研究は、民間説話や俗信を全世界的視野で比較研究したスケールの大きなものだった。

　一方、柳田國男は、実証的研究の精度を上げるための研究遂行上の戦略の 1 つとして、あえて研究範囲を国内に限定した「一国民俗学」を提唱した（柳田 1934）。そして 1970 年代以降は、特定地域のモノグラフをもとに社会構造とその構成要素間の機能的連関を分析する機能主義人類学の影響もあって、限定された一地域における民間伝承の有機的機能連

関を緻密に分析する個別分析法（地域民俗学）が広まった。

　研究方法は、各時代の研究戦略上の必要に応じて開発されるものである。1970年代以降の特定地域密着型の研究方法もそうしたものの1つとして登場した。この方法は、地域単位での精密な分析がそれまで手薄だったことへの反省から生まれた。一方、現代には現代の課題がある。20世紀後半以降、世界的規模で進行する情報技術の急速な発達、新自由主義的な価値観に基づく経済体制の再編成、それらを背景とする人、モノ、情報の地球規模での移動の日常化、すなわちグローバリゼーションによって社会のあり方や人びとの生活のあり方は大きく変化している。こうした状況下では、グローバル化とモビリティ（移動性）に対応した民俗学を構想する必要がある。

グローバルとグローカル

　上杉富之は、イギリスの社会学者ローランド・ロバートソンによる「グローカリゼーション」の考え方をもとに、グローバル化した現代社会を把握するための民俗学として「グローカル民俗学」を提唱している。上杉は、グローカリゼーションを「グローバリゼーション（globalization）とローカリゼーション（localization）が同時に、しかも相互に影響を及ぼしながら進行する現象ないし過程」のこととし、「グローカル民俗学」とはグローカリゼーションを焦点とする民俗学のことだとしている（上杉2018）。

　グローカリゼーションが進行する現象として、アメリカの民俗学者、マイケル・ディラン・フォスターが報告する次の事例を挙げることができる。鹿児島県の下甑島には、トシドンと呼ばれる来訪神行事が伝承されている。大晦日にトシドンと呼ばれる仮面仮装の神が各家を訪問し、子どもたちを戒める行事である。この行事は、2009年にユネスコ（国連教育科学文化機関）の無形文化遺産保護条約に基づく「人類の無形文化遺産の代表一覧表」に記載された。

これは、鹿児島の離島で行われてきたトシドンというローカルな行事が「ユネスコ無形文化遺産」というグローバルな制度的枠組みのなかに位置づけられたことを意味する。トシドンがユネスコの無形文化遺産として登録されたことで、下甑島で暮らす人びとは島の外からのまなざしの対象となった。またトシドンを見学するためにツーリストが島にやってくるようにもなった。

　この場合は、注目すべきは、ユネスコというグローバルなインパクトに対して、下甑島の人びとはそれにさらされるだけに甘んじているわけではないという点である。下甑島の人びとは、グローバルなインパクトに対して能動的に対処した。島民たちは、島を訪れるツーリストたちとトシドンについての対話を行いながらトシドンの存在意義について内省したり、部外者に対して「何を、いつ、どこで、どのように見ればよいのか」を明確に示すことで自分たちのトシドンを主体的に表象したりしている。ここにはローカルがグローバルを受けとめて、グローカルな主体性を発揮している状態を見て取ることができる（フォスター 2013）。

　こうした事例は、まさに「グローカル」として捉えるのがふさわしいが、本章ではこの語に加えて、グローバリゼーションに対応した民俗学研究のキーワードをもう1つ提案しておきたい。それは「ヴァナキュラー」である。

　グローバル・ヴァナキュラー

　グローカルは、「ローカル」という概念の存在を前提として成り立つ概念である。この場合、上杉の論文で「ローカル（地域や地方）」という表現が用いられていることからもわかるように、「ローカル」は一般的に「地域・地方」をイメージさせる言葉である。

　だが、グローバリゼーション下の人びとの生活は、必ずしも「地域・地方」といった特定の地理的空間に密着して展開されているわけではない。日常的な移動のなかで生活するビジネスパーソン、移動空間を職場

とするさまざまなサービス職、数年単位で移住する海外駐在員とその家族、留学生や海外出稼ぎ労働者、難民、そしてインターネット上でさまざまなコミュニケーションを行う人びと。こうした人びとの生は、グローカルというよりは、グローバル・ヴァナキュラーという概念で捉える方がふさわしい。

ヴァナキュラーとは、辞典の説明では、「風土」とか「土着的」とも書かれていることから、ローカルと同じような意味の言葉と思われるかもしれないが、実は、この語は長らく「権威ある正統的なラテン語に対する俗語」を意味する言葉として用いられてきた。この語が持つ意味の焦点は、「風土」「土着」といった「ローカル」性にあるのではなく、「権力・権威・正統・普遍に対立する〈俗〉」というところにある。アメリカの民俗学者ロバート・グレン・ハワードがヴァナキュラーを「顕在的もしくは潜在的に、制度の外側で発生し、認められ、力づけられる文化的表現」（Howard 2015）と定義しているのも、ヴァナキュラーという語の持つこうしたニュアンスを前提としているからである（ヴァナキュラーについては、第Ⅰ部第1章、および第Ⅱ部「⑥　ヴァナキュラー」を参照）。

「非‐場所」のヴァナキュラー

ヴァナキュラーという概念は、「非‐場所（ノン・リュー）」的空間に対する民俗学的洞察も可能にさせる。「非‐場所」とは、フランスの人類学者であるマルク・オジェ（2017）が提唱した概念で、「アイデンティティを構築し、関係を結び、歴史をそなえるもの」としての「場所」に対する、「アイデンティティを構築するとも、関係を結ぶとも、歴史をそなえるとも定義することのできない」空間のことである。

「非‐場所」は、たとえば「贅沢な、あるいは非人間的な環境の中継地点や一時的な居住場所（ホテルチェーンと不法占拠された建物、リゾートクラブ、難民キャンプ、あるいはいまにも壊れそうで、朽ちながらも永続する運命にあるスラム街）が増える世界。居住スペースでもある交通手段の密なネッ

トワークが発達する世界。大型スーパー、自動販売機、クレジットカードの常連が、無言の身振り手振りの商行為と通じ合う世界。こうした孤独な個人主義や、通りすがりの一時的なものや、はかないものを約束された世界」などのことである（オジェ 2017）。

「非－場所」は、かつての民俗学や人類学では研究対象とされてこなかった。なぜなら、そこに研究対象とすべき人間の営みがまとまったかたちでは存在しないと考えられていたからである。しかし、「非－場所」が本当に人間的な空間ではないのかと言えば、そのようなことはない。

かつて民俗学者の宮田登は「マンションや団地などの高層建築のなかで生活する都会人たちが、毎日の営みのなかにはたしてやすらぎの空間を発見できるのだろうかという不安が誰にもある」と述べた（宮田 1982）。この文章の初出は 1978 年であるが、それから半世紀近く経過した現在にあって、「マンションや団地」に「やすらぎ」が発見できないという不安を感じる人はいないのではないだろうか。むしろ、現在では、かつての「団地」の暮らしは「なつかしさ」さえ感じさせるものともなっている。1936 年生まれの宮田のように、「マンションや団地」が登場してまもない時期を経験した人びとにとって、そこは特殊な空間だったのかもしれない。しかし、住民たちは「マンションや団地」を住みこなし、「当たり前」のものへ転換させてきた。そしてそこにはさまざまなヴァナキュラーも生みだされてきたと言える。

同様のことは、オジェが例示している「非－場所」のいずれについても指摘可能だろう。長距離トラックのドライバーたちは運転席を居室空間にカスタマイズし、独特の語彙を多用するトラック無線での会話によって仲間のドライバーと常時コミュニケーションをとってきた（島村 2020b）。下関と釜山（韓国）のあいだや、仁川（韓国）と青島（中国）のあいだを結ぶフェリーには、ポッタリチャンサ（風呂敷商売）と呼ばれる男女が乗り込み、船を半ば生活の場としながら日用品や食品の私貿易を行っている（島村 2020a）。上海に駐在するビジネスパーソンとその家族は、

「駐在先」という一時的な居住空間において、駐在生活を生き抜くためのさまざまな知恵や方法を編み出し伝承している（中村 2019）。「世界中どこに行っても同じ」ように見える空港やホテルであっても、そこを訪れる人びとやそこで働く人たちにはそれぞれ個別の物語が無数にあるだろう。こうした「非－場所」における経験・知識・表現を民俗学的視点で捉えようとする際の分析概念がヴァナキュラーなのである。

グローバル・ヴァナキュラーとしての INARI 信仰

インターネットは、典型的な「非－場所」と言えるが、岡本真生（2018）は、日本の稲荷信仰が、ネット上で、またネットを媒介にグローバル・ヴァナキュラーとして展開している事例を報告している。それによると、Inari Faith（以下、イナリ信仰と表記）に関する Facebook の公開グループの 1 つに "Inari Faith International"（イナリ信仰国際協会）がある（図1）。グループのメンバーは 1000 名ほどいて、欧米を中心に、数々の投稿がなされている（2021 年 1 月 25 日現在）。グループの「説明」には次のように記されている。

　イナリ信仰国際協会（IFI: Inari Faith International）は、世界中のイナリ信者のための団体です。私たちの目的は、教育や信者間のコミュニティ、イナリ神社の国際的な支援を通じて、イナリの伝統により身近に触れられるようにすることです。
　イナリの信者は、それぞれ多様な信仰のかたちを持っています。これはイナリの伝統の特質であり、貴重な多様性です。IFI は信仰面・個人面の両方で成長するための強力なコミュニティと、イナリに関連するリソースを個々の信者に提供することを目指します。

この公開ページを作成したのは、カリフォルニア州に住み、放送メディアのエンジニアとして働くゲイリー・コックス（Gary Cox）氏である。

Inari Faith International・稲荷信仰国際協会 ＞

公開グループ・メンバー974人

 ＋招待

図1　Inari Faith International（イナリ信仰国際協会）Facebook

彼がフランスのスピリチュアル系ウェブ・サイトによるインタビューに
答えた記事をまとめると次のようになる。

　私はキリスト教メソジスト派の家庭に育ったが、幼少期からキリス
ト教以外の秘教的な神やスピリチュアルなものに対する関心が高かっ
た。10代のとき教会にイスラム教の人たちがやって来て宗教対話が
行われたが、これをきっかけに非キリスト教の宗教、特に自然と信仰
とが一体化した宗教について独自に探究するようになった。その過程
でアニメの「犬夜叉」を見て日本の神道と出会った。以後、神道につ
いて深く学ぶうち、神道の神々のなかでもイナリに強く惹かれるよう
になった。というのも、大学時代、ペイガニズム（古代ヨーロッパの自
然崇拝・多神教を現代に再生させた宗教）や秘教的宗教についての信仰を
実践する学生グループを運営し、自身をウィッカン（魔術宗教の信者）
だと考えていたこともある自分にとって、イナリはペイガニズムに通

じる秘教的要素を多く持った民俗神道（Folk Shinto）だったからである。ただし、イナリ信仰はまた伏見稲荷大社が管掌する公式宗教でもあることから、このことについてはあまり公言しないようにしている（Equi-nox 2015）。

コックス氏は2013年に伏見稲荷大社を参拝して稲荷大神の神璽を授かり、カリフォルニアの自宅に祭壇を作って祀った。この稲荷勧請（分霊を授かって祀ること）は伏見稲荷大社の公式のやり方に従って行われたものであるが、コックス氏と伏見稲荷大社とのあいだにそれ以上の公式的な関係はない。

フェイスブック上の公開グループIFIは、2014年に立ち上げられた。立ち上げと同時に、全世界のイナリ信奉者が参加するようになった。アメリカ西海岸在住者を中心にオフラインでのミーティングも実施している。

IFIのフェイスブック参加者たちによる投稿内容を見てみると、投稿者が作成した祭壇についてのコメントの交換、イナリや神道についての知識の交換、イナリについての投稿者それぞれによる独自の解釈の開陳と意見交換、イナリをめぐる不思議な体験についての告白、インターネット・ショッピングで購入したお札を祀ってもよいのかといった相談などが頻繁に行われていることがわかるが、それらの多くは、伏見稲荷大社が公式に表明している稲荷信仰についての見解をはるかに超えた内容である。

この点について、コックス氏は、「IFIのメンバーたちは、このグループが単一の神社、単一の役割、単一の解釈のもとに置かれるよりも、オープンな状態で維持されるのが最もよいと感じている」と述べている（Green Shinto 2014）。

以上の事例から、海外においてインターネットを媒介に、日本国内で用意されている公式的な宗教体系とは異質な「グローバル・ヴァナキュ

ラー」としての宗教的世界が展開していることが理解できるだろう。

南方熊楠に学ぶ

　グローバル時代の民俗学では、研究対象や研究拠点を特定の地域に限定する必要はない。全世界を舞台に自由な発想で創造的な研究を進めるべきだ。民俗学には、こうした研究の手本となる優れた先達がいる。本章の冒頭で言及した南方熊楠（1867-1941）である。柳田國男よりも 8 歳年上の南方は和歌山市に生まれ、16 歳で上京の後、大学予備門（東京帝国大学の予備課程）に進学するが途中で退学し、20 歳でアメリカに渡る。独力で植物学の調査・研究を進め、5 年後に渡英。大英博物館を学びの場として植物学と民俗学の研究を進める。『ネイチャー』などに多くの論考が掲載され、東洋出身の少壮学者として高い評価を受けた。33 歳で日本に戻り、以後、37 歳からは生涯を紀州田辺で送ったが、イギリスの民俗学系雑誌『ノーツ・アンド・クエリーズ』などを舞台に多くの英文論考を発表し、国際的学者として活躍した。その著作は、『南方熊楠全集』全 10 巻・別巻 2 巻にまとめられているほか、『十二支考』をはじめ代表的な論著は文庫本でも手に入る。

　南方の民俗学には、①東洋と西洋の境界を超えた汎世界的規模での文献渉猟に基づく比較研究、②自然科学と融合した文理学際的研究、③世界へ向けた研究成果の発信、④自らの学問的見識に基づく社会問題の発見とその解決に向けた行動の実践、といった特色がある。

　もとより、南方の生きた時代と現代とでは、社会的・学術的なコンテクストが大きく異なっている。南方の方法がそのままのかたちで現代の学問に取り入れられるわけではない。しかし、上に示した 4 つの特色そのものは、いずれも今日の学問に求められているものである。南方はこれらを 1 世紀も前に実現していた。われわれは多くのヒントをこの大学者から学べるだろう。

世界民俗学へ

　南方熊楠の壮大なスケールによる比較民俗学や柳田國男の〈生きるための民俗学〉（第Ⅰ部第1章参照）のように、日本の民俗学には世界へ向けて発信すべき特色がある。同じように、世界各地の民俗学においても、それぞれに個性ある優れた民俗学研究が開発されてきた。民俗学は対覇権主義や対普遍主義の性格が強いことから、他の多くの学問とは異なり、欧米を頂点とする学問的ヒエラルヒーの構造が弱い。そのため世界各地で独自の民俗学が発達しやすかった。

　たとえば、ブラジルの民俗学は、フォーク・コミュニカシオン（フォーク・コミュニケーション）という理論的枠組みのもと、民俗をコミュニケーションとして捉えることで多くの成果を生み出している。またインドでは、フォーク・メディアという理論的枠組みが開発され、民俗を「民衆的なメディア」として捉えることで優れた研究成果が生み出されている。そして2011年には民俗学を主軸に公共政策や文化遺産学、観光学などを学ぶことのできる州立の民俗学大学（州立カルナータカ民俗学大学）も開校している。

　このような興味深い展開が世界各地であるものの、これまでこうした状況は現地以外では知られることがなかった。各国の民俗学は、それぞれの国の内側だけで展開されてきたからである。このため、国境を超えてお互いの民俗学を学びあう機会はほとんど持たれずに現在に至っている。これは非常にもったいないことである。グローバル状況にある現在、この環境を積極的に活用し、各国・各地域の民俗学が、これまでそれぞれ生み出してきた理論や方法、研究成果を相互に交換してゆくこと＝世界民俗学の実現が期待されている。

参考文献
上杉富之（2018）「「グローカル研究」の課題と展望についての覚え書き──ローカルの人やものとその働きかけに焦点を当てる」『日本常民文化紀要』33：1-28

岡本真生（2018）「創造されつづける宗教的ヴァナキュラー──稲荷信仰を事例として」『関西学院大学先端社会研究所紀要』15：151-158

オジェ，マルク（2017）『非 – 場所──スーパーモダニティの人類学に向けて』（中川真知子訳）、水声社

島村恭則（2020a）『民俗学を生きる──ヴァナキュラー研究への道』晃洋書房

島村恭則（2020b）『みんなの民俗学──ヴァナキュラーって何だ？』平凡社

トンプソン，スティス（2013）『民間説話──世界の昔話とその分類』（荒木博之・石原綏代訳）、八坂書房

中村貴（2019）「日中両国の“はざま”に生きる──現代上海在住日本人とその境界性について」『歴博』216：12-15

フォスター，マイケル・ディラン（2013）「視覚的想像──「甑島のトシドン」における見る／見られる関係の一考察」（塚原伸治訳）『日本民俗学』273：55-95

宮田登（1982）『都市民俗論の課題』未來社

柳田國男（1934）『民間伝承論』共立社書店

Howard, Robert G. (2015) "Introduction: Why Digital Network Hybridity Is the New Normal (Hey! Check This Stuff Out)", *The Journal of American Folklore* 128: 247-259

Shimamura, Takanori (2018) "Folklore in the Midst of Social Change: The Perspectives and Methods of Japanese Folkloristics", *Japanese Review of Cultural Anthropology* 18: 191-220

Equi-nox (2015) "Interview with Gary Cox" (https://equinox.superforum.fr/t10647-interview-with-gary-cox-inari-faith-international-vo、2021/1/25 閲覧)

Green Shinto (2014) "International Inari" (https://www.greenshinto.com/wp/2014/05/27/international-inari/、2020/7/1 閲覧)

Next Step
移動する人びとについて、民俗学では、「漂泊」、交通と文化輸送といった問題から考察を重ねてきた。近年の民俗学では、人の移動は生業との関係で考察されることが多い（松田睦彦『人の移動の民俗学──タビ〈旅〉から見る生業と故郷』、2010 年、慶友社など）。しかし、民俗学の視野からは観光や巡礼もまた人びとのモビリティ経験であり、この意味では十分にその射程に入る（門田岳久『巡礼ツーリズムの民族誌──消費される宗教経験』、2013 年、森話社）。場所にとらわれずに、どこであれ発生するヴァナキュラーについては、本章の執筆者島村恭則による『民俗学を生きる──ヴァナキュラー研究への道』（2020 年、晃洋書房）第 9 章に詳しい。付け加えたいのは、モビリティを持つのは、対象だけではない。自らも外へ繰り出し、異なる場所のなかで内省するような経験を積み重ねて、問いを見出してほしい（佐藤郁哉『フィールドワーク──書を持って街に出よう 増訂版』、2006 年、新曜社）。［田村］

➡第 II 部 ②，③，㉕，㉗，㉞

第13章
着て、食べて、住まい続ける
——生活と衣食住——

及川祥平

日々の選択

衣食住こそは私たちの生活の基礎である。現代の世相は、そのような生活基盤の外部化を促し、あらゆる面で生活者を消費者に変えていった。では、そうした変化は、私たちの日々のどのような「選択」の帰結であり、また、その原因となっているだろうか。民俗学は、人びとの「今日の生活に対する反省と、未来への判断のよりどころ」として研究成果を発信し（民俗学研究所 1947：35）、生活者が「真に自由なる選択」を為すことを理想として掲げてきた（柳田 1998a：363）。本章では「何を／どこに」「どのように」という点に注目しながら、世相変化と私たちの衣食住をめぐる選択について考えてみる。

私たちは何をどのように着るのか

私たちが日常的に着用するのは洋服である。浴衣や儀礼服は別として、日常のルーティンに和服が含まれている人は稀であろう。そして、私たちは衣服を購入する。どこで買うかは好み次第だが、今日の「当たり前」は既製服（アパレル）であり、衣服の自作は一般性の高いことではない。では、このような衣生活はいつから私たちの日常になったのだろうか。

洋装化は幕末の軍服にはじまり、明治期以降に生活に浸透していく。しかし、だからといって、明治・大正・昭和に生きた人びとが、今日の私たちのような衣生活を送っていたわけではない。性差、地域差、階層

差をはらみながらも、第2次世界大戦後まで、庶民の普段着は和服の一般性が高かった。1946年連載開始の『サザエさん』に登場する磯野波平やフネの装いを想い起こしてほしい。一方、サザエとマスオは普段から洋服である。欧米のライフスタイルへの憧憬も相俟って、日常着としての洋装は戦後に一般化していったのである。

　こうした流れを牽引していった場の1つが洋裁学校であった。日本の洋裁教育も明治期にはじまるが、洋裁学校の学校数・生徒数が急増するのは1940年代から60年代にかけてである。このような状況が家庭にミシンが普及していく背景ともなる。そこで習得された洋裁技術は昭和30年代までは内職仕事として各家庭の収入源ともなっていた。多くの人は、既成服を購入するのではなく、仕立屋や洋裁内職にオーダーするか、それでなければ自分で家族の衣服を製作していたわけである。そして、1960年代に既製服の産業化が進み、1970年代に至って洋服は基本的に「買うもの」へと変化していった。和服が敷居の高いものに変化していく流れも、こうした世相の影響である。

　さて、私たちはさまざまな衣服を所有し、それらを着分けている。仕事着や部屋着、寝間着、外出着や普段着、晴れ着などである。仕事着は平服が認められている場合もあるが、制服や作業着、スーツの場合もあり、それらにも私服と同様、季節に応じた着分けがある。私たちは、年齢や性別、季節やシチュエーションにあわせて、目的にかなった衣服を着用している。以上のことは、衣服が特定の社会的状態や属性を表すものであることも意味している（浅野1999）。そのような衣服のコードは時として窮屈なものとなる。没個性的なものと認識され、統制しようとする圧力を感じることもある。衣服は自己の表現手段としても認識されているからである。もっとも、制服やスーツを着崩すこと、コードの範囲内で遊ぶことも、唯一無二の個性を表象しはしない。むしろ、何らかの価値観やライフスタイルへの同調・帰属によって、既成の類型的な個性がまとわれているに過ぎない。衣服の「おしゃれ」な着方には範型があ

る。範型は、集団内のファッションリーダーが牽引する場合もありうるが、むしろ、テレビタレントや服飾の専門家集団、商業資本によって仕掛けられ、メディアを通して「流行」していく（横田 2006）。

　私たちが、何をどのように着ることを選択してきたのかという問題は、私たちの感性や感覚のあり方を問うことにつながる。そのような論点は、すでに柳田國男の著作でも示されていた。『木綿以前の事』は、麻から木綿へという素材の変化に伴って、私たちの感性や感覚が変化したことを明らかにしている（柳田 1998b）。通気性がよく高温多湿の日本に適してはいるが、ゴワゴワとした着心地で、自由な染色には適さない麻の着物は、木綿に取って代わられた。木綿は染色が容易でなめらかな肌触りだが、日本の気候に適するかは疑問が残る。それにもかかわらず、かつての日本人は木綿を「選んだ」のである。『明治大正史 世相篇』では、染色が容易であることは、人間が自由にできる「色」の増加であり、「天然の禁色」からの解放であったと柳田は述べる（柳田 1998a）。このような美しく肌触りの良い衣服の選択は、一面においては 1 つの合理性の放棄でもあった。そうした選択を、私たちはなぜ行ったのだろうか。

　靴をめぐる選択についても、柳田はその合理性を疑問視する。『木綿以前の事』収録の「國民服の問題」において、「寒くて乾燥した大陸でも無いのに、あんな窮屈な靴を穿かせたり脱がせたり、泥ぼつかいの中をあるかせたり」することになったのは、「都市の格別働かない人たちのいゝ加減な嗜好を、消費の標準にさせて気づかずに置」いた結果であるというのである。そして、「はき物被り物を自然の変化に放任して置いたら、頭は埃を怖れ足は泥を怖れて、働こうといふ男女の職業は茶屋か店屋か、行く先は大よそきまつて居る」と述べている（柳田 1998b）。ここでいう自然の変化とは、自他の生活への省察を欠いたまま、流行に方向づけられるがままに都市住民の嗜好によって衣服の標準が形成されていくことである。この当時、日本人の大多数は非都市部に居住する第 1 次産業従事者であったことも念頭に置いて、柳田の文章を読む必要が

ある。

　ところで、柳田とは異なる立場から暮らしの合理化を追究する動きも近代には出現する。生活改善運動等の名目で行われた、生活の質的向上を目指す活動である。衣服についても、和服の仕事着としての非合理性を指摘する衣服改良運動（明治期）や服装改善運動（大正期）が発生し、さまざまな改良服が考案された。残念ながら、それらもまた庶民の生活実態への理解を欠いた、知識人や中・上層の人びとの発想に終始するものであり、一般の衣生活の変化には貢献しえなかった。柳田は同時代のこうした生活改善に対し、距離をおいた見方をしている。これもまた柳田の言う「真に自由なる選択」の理想からは離れた動きだったのである。

　「おしゃれは我慢だ」との言説をしばしば耳にする。私たちの選択をひどく簡単で窮屈なものにしようとする点で、黙過できない言葉である。着飾ることに専門家の意見を仰ぎ、人の目に映る姿を気にかけ、流行りの美しさを体現することを何よりも優先させるかのような世相は、民俗学にとって相応に歴史的テーマであった。しかし、民俗学における既製服時代の衣生活研究は豊かな成果を産んでいるとは言えない。流行による方向づけのもとで、私たちの暮らしはどのような選択の堆積のうえに存在しているのか、引き続き検討されねばならないだろう。

　私たちは何をどのように食べるのか

　私たちの食生活の選択肢は豊かなものである。旬や産地を気にかけつつも、季節にも地域特性にも拘束されずに、さまざまな料理を選択している。朝にはパンを、昼には蕎麦を、夜には中華料理を食べることもできる。また、選択できるがゆえに、旬や産地などということを考慮できるとも言える。選択が安価で手軽な美味しさに集中することは、健康問題を生み出してもいる。豊かな選択肢をつねに示してくれるコンビニに依存した食生活は健全ではないと考えられている。一方で、健康を意識しつつ事の選択を行う風潮もある。戦後日本の健康志向（または健康幻

想）は、各種の食品にカロリーや成分表示を行わせ、口に入れるものは何でも栄養で説明しようとする。テレビなどで栄養価の高さが指摘された食品は、一時的なブームにより品薄状況が生まれることもある。気にかけることに実際的な意味があるかは別として、気にかけるべきものの無際限の増加は今日の食をめぐる1つの世相であろう。

　同様の価値づけは日本の食文化全体にも及んでいる。「日本食はヘルシーである」というのである。2013年にユネスコの無形文化遺産に登録された際の「和食」の特徴も、「多様で新鮮な食材とその持ち味の尊重」「健康的な食生活を支える栄養バランス」「自然の美しさや季節の移ろいの表現」「正月などの年中行事との密接な関わり」であるとされた。このような日本食像は、多分に都合のよい部分を切りとった、理想像でしかない。

　かつての一般の食生活は、選択肢という点では今日よりも制約が多かった。試みに、身近な高齢者の「食の履歴書」を聞き書きしてみるとよい（湯澤 2019）。また、先述の生活改善の取り組みのなかには、食生活に関わる項目も含まれている場合があった。では、かつての食生活はなぜ改善すべきものだったのだろうか。輸送や保存技術の未発達な段階では、日々の食材はその地域でその季節に得られるもの、また限られた流通網のなかで入手できるもの、そして発酵保存食品が中心となる。当然、食材の地域的多様性は豊かになるが、地域内の多様性は乏しいことになる。

　その土地でその季節に採れるもののみで構成される食事は、人びとが健康を害す一因ともみなされた。多様な料理の選択と栄養バランスを意識した食生活が可能になるのは、生活改善運動のなかで行われた栄養学的な啓蒙に加え、輸送網の発達、とりわけモータリゼーションと冷凍保存技術の向上によって、どこにいても何でも食べることのできる暮らしが一般化してからである。食の豊かさとは、日々の暮らしで、私たちが何をどのように口にできるかという問題でもあるだろう。余暇的に選択される高級和食のイメージでは、日本の食の現実は捉えることができな

いのである。

　さて、日本食の重要な構成要素は白米とみられている。ところが、儀礼食として特別な機会に白米を食す習慣、米を特別視する発想は古くからあるものの、私たちが米を日常的に食べるようになったのは高度経済成長期のことであった。事実、各地で食文化に関する調査を行うと、地域性はあるものの、戦後の日常生活においても雑穀の占める割合が高い。大半を山地が占める日本の国土は、稲作よりも畑作に適する場合が多いということも忘れてはならない。私たちは稲－米をベースに日本文化を語る稲作文化一元論に陥りがちであるが、実態としては、畑作に支えられて日々の食を組み立ててきたのである（坪井 1979）。以上のように比較的最近になって一般化した白米は、1962 年をピークに消費量が落ちていく。この時期、パン食が奨励され、普及していく。当時はまだ国内の隅々にまで白米食が浸透していたわけではない。日本人が米ばかり食べていた時代があるわけではなく、戦後の食文化史も米からパンへといった単純な変遷では捉えきれないことに気づかれるのである。

　では、私たちの食事の摂り方、食卓の風景はどのように変化してきただろうか。ここでのキーワードは「個人化」である。個食／孤食はしばしば現代社会の問題性と関連づけて語られるが、はたしてそうした見方は妥当であろうか。たしかに、ともに食卓や酒席を囲むこと、すなわち共食は親交を深めるうえで有効な手段である。祭の「直会」は人と神との共同飲食（神人共食）の機会であった。世俗の催しにおいても、飲食を共にすることは重要な親睦の形式である。2020 年のコロナ禍に際しては、オンライン飲み会という共食形式が関心を集めた。一方、「飲みニケーション」は、アルコールを摂らねば心を開けないかのような発想を揶揄する文脈でも使用される。社交の必要が飲酒の機会を増大させたという柳田國男の議論が想起されるが（柳田 1998a）、酒の有無は別として、共食を通した情緒的連帯への志向が圧力たりうる状況があることも近年は意識されつつある。便所飯／ぼっち飯、ランチミーティングをめぐる

図1　箱膳（荒川ふるさと文化館提供）。中に食器が入っており、蓋がお膳になる。

議論がこの問題に関わっている。

　食事を共にし、和気あいあいと語らう情景は、よき家庭のイメージとしても想い描かれがちである。個食／孤食を問題視する言説は、「家族団欒」の食事風景を現代社会が失いつつある良きものとして語る。しかし、民俗学の調査成果からは、ひと昔前の家庭での食事風景は「和気あいあい」とは程遠かったことが知れる。「食事中は会話をしてはならなかった」というのである。さらにいえば、家族のメンバーが時と場を同じくして食事を摂るということも、必ずしも一般的ではなかった。

　この点は日本の食卓の歴史とも関わる。現在、食卓は椅子式のダイニングテーブルやちゃぶ台（ないしローテーブル）を用いる家庭が大半であろう。ダイニングテーブルは高度経済成長期に、ちゃぶ台は大正から昭和初期にかけて生活に浸透した。それ以前は、多くの家庭では銘々が箱膳（図1）を有していた。箱膳の時代は、家族の成員が同じ空間に揃って食事を摂るべきという規範はなかったのである。ちゃぶ台時代から食事を共にするスタイルがあらわれ、戦後のダイニングテーブル時代にな

って家族団欒が実現する（石毛 1991）。ただし、家族団欒の「イメージ」は明治期から存在していた。国家の家族政策を支えるものとして、すなわち、国家経営の基本ユニットとしての「家族」のあるべき姿として、教科書を通して発信されていたのである（表 2010）。個食／孤食がなぜ問題となるのかは、以上の事実を踏まえて考えてみる必要がある。個食／孤食が問題であるというよりは、家族に共食が求められている点にこそ注意が払われるべきなのかもしれない。

私たちはどこにどのように住まうのか

今日の私たちの住まいは、戸建てか集合住宅に大別される。居住地は、世帯主の職種によっては職場ないしその近隣である場合もあるが、首都圏などは片道 1 時間以上を通勤・通学に費やすことも珍しくない。第 1 次産業を含めた自営業率の減少と近・現代の都市構造は、職住近接ではなく職住分離という暮らし方を人びとに選択させてきた。都市部の人口過密と地価高騰は、仕事に都合のよい場所に、暮らしに都合のよい住まいを構えることを困難にしている。

集合住宅の増加、団地と呼ばれる住宅地の形成は、戦前の財団法人同潤会から説き起こさねばならないが、こうした集住形態の一般化は、戦後復興期から高度経済成長期にかけて労働力として都市部に流入した人びとの住宅問題の解消と関わっていた。各地に共同住宅を建設した日本住宅公団（現・独立行政法人都市再生機構）は 1955 年に設立される。団地を包摂する新しい街（ニュータウン）の建設が都市郊外に計画されていくのもこの時期以降である。

現在、住民の高齢化や施設老朽化等の問題に直面している団地は、憧れの先端的な住居であった。最終的には庭付き一戸建を所有することを理想とする価値観のもとで、これらの集合住宅は特定のライフステージにある人びとの一時的な住まいとして構想されたが、ほどなく永住の対象として購入するものに変化した。国土交通省の「平成 30 年度マンシ

ョン総合調査結果」でも、マンション住民の永住意識の高まりが確認されている。いわゆるマンションへの関心は職住近接への希望の表出とも言える（昭和44年版『建設白書』）。こうした都心回帰傾向は超高層集合住宅（タワーマンション）の建設を導く一方、若者などを中心とする共住住居（シェアハウス）のような住まい方も、一時的にでも住みよい場所に暮らすための選択として支持されている。日本人の住居感覚は、理想と現実のあいだを揺れながら、今日も変遷し続けていると言えるだろう。

　家庭内の住まい方に話題を移したい。現在、戸建てにせよ、集合住宅にせよ、その内部の間取りはnLDKの規格で設計されている。それぞれの部屋の性格はもちろん、家具の配置箇所もおおよそ定められている。テレビを接続するアンテナ端子の位置、冷暖房や洗濯機、冷蔵庫の設置位置は、工事で変えることはできるにせよ、あらかじめ決まっている場合が多い。こうした規格化は、上記の集合住宅のDKスタイルの普及によって実現していった。伝統的な日本の民家の間取りは、四間取り（田の字型）や広間型に代表され、各部屋の仕切りは取り払うこともでき、冠婚葬祭等の人寄せにも対応できるものだった。ザシキやナンドなど各部屋の名称や性格は決定されてはいたが、柔軟なものだったと言える。以上は第1次産業従事者の住まいの典型であったが、DKスタイルの間取りは、食寝分離を理想としつつ、空間の転用可能性を否定するかたちで、都市部の単身世帯ないし核家族世帯の住まいの標準として構想され、非都市部にも拡大していく。

　一方、個々の戸建て住宅のリフォームや建て替えのプロセスこそ、日本の住生活史を考えるうえで貴重な事例を提供してくれる。四間取りの民家は電化製品をどのように受容したのか。以後のリフォームによってそれらの設置位置はどのように変化していったのか。戦後の内風呂の普及はどのように進んだのか。現代の家庭から顕著に消失しているのは縁側や勝手口などの内と外の中間領域であり、家は外部に対して閉ざされていったと言えよう。かつての囲炉裏が掘り炬燵へと改修され、土間が

板の間に改修されてキッチン兼ダイニングとしてテーブルの設置場所になるなど、リフォームのあり方は家庭によりさまざまである。以上のような個々の家の増改築、建て替えの履歴には、現代の当たり前な住まいのあり方が成立していく流れが凝縮されている。

　家屋の現代化の具体的契機は複数挙げることができるが、ここではアルミサッシを取り上げてみたい。アルミ製のサッシが一般家庭に普及したのは1960年代のことであった。日本サッシ協会の調査によると、1974年に建築された建物は9割近くがアルミサッシを組み込んでいる。築年数の浅い建造物ほど導入率が高いことは当然であるが、この時点で、戦前の建造物が18.9％、戦後から昭和30年代の建造物では22.4％がこれを導入している。古い家にもアルミサッシが導入されていくのである。アルミサッシは家屋の気密性を著しく高めた。外気や匂いの侵入を減少させたのみならず、冷暖房効果を高め、炬燵などの部分暖房にかわり、ストーブ1つで部屋全体を温かくできるようになる。「新三種の神器」にクーラーが入りえたのも、アルミサッシの普及が背景にある。そして、アルミサッシは網戸と換気扇の普及を導いた。

　窓を開放することなく外気を取り込むことが可能になると、蠅・蚊の侵入が減少し、一般家庭では蚊帳や蠅帳の必要性が薄れていく。一方、気密性が高く、室温が一定に保たれた住宅の増加は、新たな家庭害虫の台頭にもつながっていく。生息に適した空間が確保されたことで、ゴキブリが各家庭の悩みの対象として出現してきたのである。各家庭の害虫対策は多様である。部屋を清潔に保つ、防虫・殺虫剤を常備するといった対処のほか、換気扇や排水溝、クーラーの排水ホースといった侵入経路に気を付けるという対策がある。外部から高度に遮断されたことにより、かえって外からの「侵入」は意識すべきものにかわった。中間領域の消失を考えあわせると、構造的にも住まい方としても、家が閉鎖性を高めていくプロセスを見出すことができよう。

〈いま・ここ〉の生活へ

　私たちは衣食住の各側面において消費者として振る舞うことが自明化している。選んでいるようでいて選ばされ、選びもできないものを選びたくなるように仕向けられている今日のライフスタイルについて、私たちが主体的な生活者として振る舞うにはどうすべきなのか。私たちが自らの「選択」について自省する力を養うことが1つの行き方である。自文化研究の学問として人びとの「生活疑問」を重視してきた民俗学が貢献しうるのは、まさにこのような〈いま・ここ〉の生活を正視しようとする瞬間においてであると言えよう。

参考文献
浅野久枝（1999）「衣服と感覚」松崎憲三編『民俗学の冒険2　人生の装飾法』筑摩書房
石毛直道（1991）「食卓文化論」『国立民族学博物館研究報告別冊』16：3-51
表真美（2010）『食卓と家族——食卓での家族団らんの歴史的変遷』世界思想社
坪井洋文（1979）『イモと日本人——民俗文化論の課題』未來社
民俗学研究所（1947）「民俗學研究發足のことば」『民間伝承』11巻4・5号合併号
柳田國男（1998a）「明治大正史 世相篇」『柳田國男全集5』筑摩書房
柳田國男（1998b）「木綿以前の事」『柳田國男全集9』筑摩書房
湯澤規子（2019）『七袋のポテトチップス——食べるを語る、胃袋の戦後史』晶文社
横田尚美（2006）「流行と盛り場」新谷尚紀・岩本通弥編『都市の暮らしの民俗学2　都市の光と闇』吉川弘文館
渡辺光雄（2008）『窓を開けなくなった日本人——住まい方の変化六〇年』農文協

Next Step
衣食住の変化を直接的に知るには異世代間の対話が最も効果的。身近な年上の人の話に耳を傾けてみてほしい。赤嶺淳『**バナナが高かったころ——聞き書き高度経済成長期の食と暮らし**』（2013年、新泉社）は学生たちがそうした聞き書きを行った成果である。また、日本生活学会の『**生活学**』シリーズはより専門的な知識への扉になる。たとえば『**台所の100年**』（1999年、ドメス出版）、『**食の100年**』（2001年、同社）、『**住まいの100年**』（2002年、同社）、『**衣と風俗の100年**』（2003年、同社）は具体的かつ刺激的な論文に溢れている。衣食住の変化については『**サザエさん**』『**ドラえもん**』『**クレヨンしんちゃん**』等の日常シーンを対照させてみるだけで、さ

まざまな発見が得られる。また、昭和の暮らし博物館（東京都大田区）や千葉県の松戸市立博物館、UR都市機構の集合住宅歴史館（東京都八王子市）、長谷工マンションミュージアム（同多摩市）等の生活展示からも直近の過去の情景を確認できる。
［及川］

➡第II部 7, 8, 12, 32

第14章
新しい生き方と死に方
――人生と儀礼――

及川祥平

現代人の人生へ

　民俗学のライフサイクル、ライフコースの研究は儀礼（ritual および ceremony）を論点とする成果の蓄積が厚く、坪井洋文や宮家準による生命の循環を前提とした円環的把握がよく知られている（坪井1984、宮家1989）。しかし、こうしたモデルは農山漁村の生活に依拠し、都市民の生活を想定したものではないとの批判があり（鈴木1998）、近年は生命の循環を前提としないモデル構築の必要が指摘されている（板橋2007）。総じて、現代的な人生像への対応に課題があると言えよう。

　本章では以上を念頭に、現代のライフコースと儀礼がどのような変遷の過程にあるのかを考えてみたい。なお、人生過程の儀礼は、通過儀礼および人生儀礼の語が混用される傾向にある。本章では何らかの属性移行（通過）に焦点を置く際にかぎり、通過儀礼の語を用いておく。

どのように生まれるか

　読者の多くは病院で誕生したことと思う。そこには産科医や助産師がいたはずである。このような「生まれ方」は、西洋医学の知識を持ち、試験を経て免状を取得した産婆（1942年の国民医療法以降は助産婦）の明治期における制度化、1950年代から60年代にかけて進んだ医療施設での出産の定着、医師の分娩立ち会いの一般化という経過を経て実現している（安井2014）。現在もフィールドワークを行うと、自身は自宅で生まれたという高齢者に話を聞くことができる。これらの方々は、自身の子の

出産は病院で行ったという過渡期の世代でもある。制度的には助産師へと改称されたはずの「産婆」という言葉もこれらの方々の語りのなかには登場する。なお、明治期に資格化された「近代産婆」以前には、地域の一般の女性が、トリアゲバーサンなどと呼ばれながら、産婆として出産に立ち会っていた。

　以上のプロセスは、安全で衛生的かつ科学的な出産環境の成立として好意的にばかりは描きえない。それは一面では外部化の進行であり、出産という経験が専門家によって管理・統制される過程として理解できる。今日も妊婦に発行される母子健康手帳の導入も、医学による出産管理の一環であった。ただし、民俗学としては、母子健康手帳が医学的管理のツールであると同時に、母親たちの子育ての記録、家族の記憶のメディアとして受容されていることにも注意せねばならない。また、以上のような出産の医療化の帰結が、産後の母親へのケアの不足などの今日的問題でもある。安井眞奈美の言う第三次お産革命は、こうした問題への民俗学の立場からの提言である（安井 2014）。

どのように育つか

　民俗学の諸成果からは、かつての社会における子どもへの儀礼の多さが確認できる。これらは通過儀礼研究の観点のもと、霊魂の安定化や人間社会への包摂の儀礼として捉えられてきた。一方、現代の若い夫婦を対象とする調査において気づかれるのは、これらの儀礼が消え去るのではなく、現代風に変容しながら実施され続けている点である。

　都市部で核家族を形成する現代の夫婦は、出身地域から離れ、また先行世代とも別居している場合が少なくない。そのような両親が執行する儀礼は、文化の地域性とは没交渉なものになる。佐々木美智子は地域社会の文化伝統や親族関係から切断されていない家族を旧家族型、それらから距離のある家庭を新家族型に分類し、旧家族型の産育儀礼は「親戚や近隣への配慮や付き合い」、「親への遠慮や伝承の受容」、「氏神氏子と

いった土地の関係を重視する」点に特徴があり、総じて子どもの披露と承認が重視されるとし、伝統的村落社会の儀礼にも通ずるという。一方、新家族型においては、承認への志向は見受けられず、「子どもの無事な成長を願う」意識が強いとする（佐々木 2016：234-237）。また、佐々木は新家族型の家庭の話者は他家の状況を知りたがる傾向にあったという。各種の情報を自分で入手・選択しながら、手探りで、子どものために為すべきことを為そうという現代の親の姿が垣間見える（佐々木 2016：235-236）。

　こうした現代の親たちが情報源としているのが、育児サークルやママ友との人間関係、育児雑誌やウェブサイトである。育児産業は戦後に急成長した業種であり、育児支援、育児情報の発信や育児関係商品の開発・販売業が包括される。ここにも生活の外部化を見出すことができる。松岡悦子は、「女性たちは、様々な出産・育児グッズを買うことで、あるいは儀礼にお金をかけることで、よい子が健康に生まれ育つかのようなイメージを与えられて」おり、「現実の出産・育児につきものの困難さと雑誌の記事や広告が醸し出す幸せのイメージとの落差は、消費社会の大きな問題」と指摘している（松岡 2003：34）。

　過剰に欲望をあおり、人を駆り立てることで運行していく社会の様態は憂慮すべきものではあるが、子育て世代の夫婦への調査からは、彼らが巷に氾濫する育児情報との「うまい付き合い方」をそれぞれに模索している様も確認できる。人びとは必ずしもメディアに煽られるままに育児をしているわけではない。それぞれに願いを託しつつ、各家庭で工夫や取捨選択をしながら現代風の儀礼を行っている。もちろん、かつての儀礼が果たしていた役割は、現代風に変容した儀礼には必ずしも見出せない。ハーフバースデイ等の新たに創出された催しも同様である。これらは写真や動画の撮影と結びつき、子どもの成長の記録、または家族という集団の思い出の集積の機会として受容されている。こうした側面は、以降の人生過程における儀礼にも顕著に見出すことができる。

ところで、かつての人の成長には地域の社会集団が大きく関わっていた。年齢集団間の移行が、人の社会的成熟を表していたのである。近代化に伴うそれらの集団の減少は、人間の社会化の場の変容として理解することもできる。家庭における社会化、地域社会における社会化、学校における社会化という分節を試みたとき（汐見 1996）、近代から戦後にかけて生じた社会変化は子どもの成育過程における地域社会の教育機能が後退していくプロセスであったといえ、これにより教育問題を家庭か学校の責任に帰す、二元論的発想が出現する。

　『民俗学辞典』（1951）で言及されるなど、民俗学の通過儀礼研究は、早くから学校を視野に置いていたが、「学校と儀礼」をめぐる議論の進展は捗々しくない。学校という場を含め、近代以降の社会が自明化させていった国民としてのライフコースについては、なお議論を蓄積していく余地がある。次節の成人論についても同様のことが言える。

どのように成熟するか

　私たちは身体的成熟と社会的成熟を必ずしも重ね合わせてはいない。社会的一人前と法的一人前をも重ね合わせていない。毎年、成人式の時期には、街頭でマイクを向けられた「社会人」たちが、自身はまだ「大人」ではないと回答する姿がテレビに映しだされる。経済的一人前と精神的一人前が必ずしも一致していないことを意味しているだろう。

　成人式は1948年の「国民の祝日に関する法律」に基づき、新たな祝日として「成人の日」が設けられ、各自治体に祝日行事の挙行が要請されることで始まった。「成人の日」の制定にかかわった政治家・受田新吉はその狙いについて、「戦争放棄により徴兵検査というものもなくなったので、若人に年齢を画して成長に区切りをつけるはっきりとしたけじめを今日の青年は持たないわけである。青年が一人前の成人として日本を背負って立ち、国家の再建に重責を果たす自覚を新たにし、国民もまた挙つてこれに期待し、その生成発展を祝福する」という趣旨を述べ

ている（受田 1948：80）。かつての節目としての徴兵検査を意識したものであったことに注意しておきたい。なお、「成人の日」行事の先行例として有名なのは蕨市の「青年祭」であるが、成人式が戦前の青年団組織においてすでに行われていたことが近年は明らかになっている（室井 2018）。

　民俗学の調査成果が教える村の若者は、村の秩序を維持し、また逸脱行為によって秩序に働きかける「力」を有する者たちであった。徴兵は、国家による若者の身体への介入であり、力の動員だったと言える（川村 2000）。若さの逸脱性は、戦前の国家権力では統制することができたと言えようが、今日の行政体に若者を統制する力はない。成人式は早くから形骸化が指摘され、1950年代末から60年代にかけてはマンネリ化し、60年代後半の大学紛争の時期には成人式になど行かないという選択をする学生が多かった。若者の力は、この時代、思想的理想に向かっていた。このように見てくると、90年代に出現した荒れる成人式は、そのような若さの率直な発露とも言える。そして、成人式の同窓会化は、はじめから形骸でしかない機会に、若者たちなりの人生における意味づけを与えようとする営みと捉えることができるかもしれない。

　ひるがえって、私たちの「一人前」とは何であろうか。「自分は大人ではない」と語る社会人たちも、実は「一人前」の感覚を有している。かつての社会では、身体的成熟や一定の労働量をこなし得ることを以て一人前とみなしていた。経済的に自立しえていないことが結婚の障壁になる場合があることを想起するならば、社会的能力と一人前との関係は、変質しつつも、かつての感覚に拘束されていると言えるかもしれない。

　ところで、学生たちは就職を嫌がりながらも、大半は社会に出ていく。社会に出る、社会人になるという言葉も奇妙なものである。高校も大学も社会の一部であり、また、そのなかにも社会がある。就職が、ある社会から別の社会への移行であるとすれば、就職および就職活動はある種の通過儀礼として捉えることもできる（矢野 2019）。

彼ら／彼女らを迎え入れるのは、社訓や社則、独自の規範と秩序を有し、技術やノウハウの集積を持つ職場の社会集団である。新入社員たちは公的な意味でも会社の一員として統合され、社員化されねばならず、集団の新規参入者としても社会化・文化化される必要がある。日本独自とされる入社式はそのわかりやすい加入儀礼と言えようし（中牧2006）、入社後の新人研修も、こうした統合の過程と言える。

　80年代には新人類、近年はゆとり世代やさとり世代という言葉で若者気質が耳目を集めた。一方、ハラスメントの意識化や働き方改革、ブラック企業という職場表象の出現やリモートワークへの促しなど、労働環境の変容も確認できる。職場という空間こそ、新旧の価値観の対立が可視化されやすい、したがって民俗学の興味の尽きないフィールドであると言えるかもしれない。

　どのように家族をつくるか

　私たちは必ずしも結婚しなくてもよい社会で暮らしている。統計の教えるところでも、独身者に向けられる蔑視は以前に比べて薄まっている（平成25年版厚生労働白書）。もっとも、結婚を望む意識も依然として高い。「しない」という選択を尊重できる社会は望ましいものではあるが、「望んでもできない」人の増加があるとすれば、それもまた民俗学の立場から考えるべき、恋愛と結婚をめぐる世相史的問題と言える。

　かつては、婚礼の日まで相手の顔を見たこともなかったという、個人の合意なき家同士の結婚がしばしば見られた。そうした結婚の経験者にとって、見合い結婚は画期的な形式であった。恋愛結婚をよくないものと見る発想も昭和30年代にはまだ見られたが、昭和40年代には見合い結婚と恋愛結婚の比率が逆転し、以降、恋愛結婚が数量的に増加していく。ただし、今日の恋愛結婚が当初から多かったわけでもない。一般職女性が総合職男性と上司を仲人として職場結婚し、寿退社するというライフコースが出現し、やがて消えていった。婚活が取り沙汰される現在

の状況は、恋愛の自由化・競争化の産物という見方もある（山田・白河 2008）。結婚の世話人、仲人を立てる結婚式も減少の一途を辿っている。結婚はさせられるものではなくなった。しかし、それを望むならば、自分でしなければならないものへと変化してきたのである。

　なお、結婚式の場と形式にも世相の変化を読み解ける。自宅での人前結婚式がかつての一般的な婚姻形態であった。大正期に神社での神式結婚式が新しい形として登場し、ホテルでの結婚式も神前形式が選ばれるようになる。一方、多くの人びとの経済生活を圧迫しない結婚式も提唱され、戦後には公民館結婚式という形式も生まれるが、短期間で低調になった。キリスト教式の結婚式は 1990 年代半ばに神式の結婚式を超えて一般化するが、教会での挙式は僅少であり、むしろ、ホテルや専門式場でのキリスト教風が好まれている（石井 2005）。

　かつての結婚は家格とも結びつき、華美を競い、大規模な消費を行う機会でもあった。各種の儀礼が衰退・簡易化するなか、結婚式にかぎっては今日も過剰な消費を好む傾向がある。地味婚なる語はあるものの、婚約・結婚指輪、新婚旅行等の費用がかさむ贈答や催しを現代人はなお重視し、実行せねば済まないもののように捉えている。

　もっとも、家格相応の婚礼が求められた家同士の結婚式に対し、今日の個人間の合意による結婚式においてもなぜ華やかさが希求されるのかは、あらためて考える必要がある。ブライダル産業の後押しは背景の 1 つでしかない。この点は、それぞれのカップルの「結婚式」への意味づけを個別に把握していく必要があるが、人生の「記念すべき機会」として華やかに／または自分らしく演出したいという思いがある一方、「感謝の気持ちを告げる」場として、「両親のためにあげる」などという位置づけも見られる。かつてと同様に「披露」の機会ではありながら、メモリアリズムへと傾斜しつつ、その対象が変質していることに注意する必要がある。

どう死ぬか──記憶か忘却か

2009年の『週刊朝日』の連載記事以来、「終活」という語が一般に定着し、一部ではビジネス化しつつある。終活の語のもとに包括される営みは、生前整理、自伝の執筆や自身の葬儀の準備など多岐にわたる。「自分らしい死」などと個性偏重の言葉で終活を語る例も見えるが、むしろ、自身の死によって周囲の人に迷惑をかけたくないとの願いが目を引く。自分の人生に関わる最後の選択の機会が終活なわけだが、現代の私たちは、どのように死んでいくのだろうか。

日本人の死に方も大きく変容してきた。1976年以来、医療機関で死亡する者の割合が自宅で死亡する者の割合を上回り、病院死は現在も全死亡者数の8割前後を推移している（厚生省・人口動態統計）。タマヨビなど、臨終からはじまるかつての葬送儀礼は今日ほとんど目にすることのできないものとなった。また、現在の葬式を葬祭業者の関与を抜きにして語ることはできない。かつて、地域の近隣関係のもとで担われていた葬式のための各作業は個々の専門業者に分担され、葬儀社がそれらを束ねつつ消費者に一まとまりの儀礼として提供している（田中2017）。葬儀の場も自宅からセレモニーホールへと移行している。葬儀会場の中心は白木の祭壇であるが、かつては棺と葬列の輿だった。葬列で輿を運搬する必要がなくなったことにより装飾性を増し、現在の祭壇へと変化していく（山田1999）。なお、葬列は近代に華美になるが、交通事情の変化によりほどなく廃れ、きらびやかな設えが宮型霊柩車の仕様に引き継がれていく（井上1990）。告別式も家格誇示の側面があり、バブル期を頂点に盛大化する。これへの反動であるかのように、近年は近親者だけで自宅風の会場で行う葬儀もある。直葬などの葬儀をあげない例もあるが、後日あらためてお別れ会を開くケースも多いという。現代の葬儀は、死者霊のためというよりは、遺された人のための別れの儀礼なのだということが読み取れよう。

現在、大半の死者は火葬される。火葬は遺体の腐敗過程を火力で短期

化するもので、火葬骨を土葬する場合もある。遺体の土葬を条例で禁止する地域もあるが、現在でも行われている地域がある。近年も関心を集めている散骨などの自然葬は、「墓地、埋葬等に関する法律」（1948 年制定）のもとでは、政府見解は黙認という現状である。散骨の背景には「自然に還る」「故人の愛した場所へ」という動機もあるが、既存の墓制への不満もうかがえる。墓の戦後史を議論する際のキーワードの 1 つは「脱イエ化」である。「家」を単位とする墓については各種の問題が噴出している。キリスト教信者が仏教式の墓に入ることをめぐって信仰的問題が発生したり、婚家の墓に入ることへの忌避感が噴出したりする場合もある。家の名を明記せず、「絆」等のメッセージを刻印する墓を霊園に設ける、合葬墓を契約する等の選択をすることで、こうした「家墓」の問題を解決しようとするケースも発生している。なお、「〇〇家先祖代々の墓」等と刻んだ家を単位とする墓は、早い例は近世からあるが、一般に普及するのは近代以降、具体的には明治時代半ば以降である。

　今日の墓をめぐる問題の多くが「継承性」に起因している。管理者のいなくなった墓石が各地の墓地で問題化し、また、管理の困難な墓の継承が負担になるケースも続出している。いわゆる「墓じまい」はこうした状況で関心を集めるに至った。墓地問題が出来する遠因は、近世以来、庶民の暮らしに「墓石」が浸透したことにある。墓石出現以前の墓とは、死者をどこに埋葬したのか、いつかはわからなくなってしまうものだった。人の記憶の限界に対応し、自然な忘却とともに消えていくものだったわけである。墓が恒久的な管理対象へと変化したこと、または死者の記憶をめぐる習俗変化の進行が、現在の墓地問題に結びついている。無縁化した墓は、思い出す人も思い出されるべき記憶も失われてなお、何者かを「思い出させよう」とする装置であるとも言える。近年、故人のSNS が追悼コメントを寄せる先として注目されている。これらが自然な忘却とどのように連動していくのかは興味深い問題である。

　脱イエ化の流れは死後の祭祀にも及んでいる。忘却の進行によって間

接化した死者の記憶が、家での祭祀から切り離されつつある。個性が忘却されてもなお絶縁の契機を持たない死者が「先祖」であり、そのようなメンバーシップを包摂するものがかつての「イエ」であった。現在の家庭での祭祀の対象は、そのような「つながりはあるが対面関係のない死者」ではなく、身近な死者に限られる傾向にある。家の象徴としての先祖の位牌よりも家族の象徴としての写真を重視する風も生まれている。日々の写真は、残された家族が困るであろうとの観点から、終活に際して処分もされる。当事者においては重要だが、継承される必要のない記憶を、写真は表象しているとも言えよう。私たちの暮らしは、「歴史」よりもそのような短期的「記憶」を重視する傾向にあるのかもしれない。

人生の装飾法

　私たちのライフコースを規定する世相の流れはどのようなもので、どのような力が私たちを特定のライフモデルに駆り立てているのだろうか。総じて、外部化のプロセスのもとで、メモリアリズムによって価値づけられるに至った各種の儀礼を、私たちはどのように選択しているだろうか。

　私たちは人生というものを自らでつねに組み立て、演出することができる。そのような「人生の装飾法」(松崎編 1999)の今日的あり方を正視していくことは、現代民俗学の基礎的課題と言えるのである。

参考文献
石井研士(2005)『結婚式──幸せを創る儀式』日本放送出版協会
板橋春夫(2007)『誕生と死の民俗学』吉川弘文館
井上章一(1990)『霊柩車の誕生(新版)』朝日新聞社
受田新吉(1948)『日本の新しい祝日』日本教職員組合出版部
川村邦光(2000)『〈民俗の知〉の系譜──近代日本の民俗文化』昭和堂
佐々木美智子(2016)『「産む性」と現代社会──お産環境をめぐる民俗学』岩田書院
汐見稔幸(1996)『幼児教育産業と子育て』岩波書店

鈴木正崇（1998）「通過儀礼」赤田光男他編『講座日本の民俗学6 時間の民俗』雄山閣

田中大介（2017）『葬儀業のエスノグラフィ』東京大学出版会

坪井洋文（1984）「ムラ社会と通過儀礼」『日本民俗文化大系8 村と村人』小学館

中牧弘允（2006）『会社のカミ・ホトケ——経営と宗教の人類学』講談社

松岡悦子（2003）「妊娠・出産——いま・むかし」新谷尚紀・波平恵美子・湯川洋司編『暮らしの中の民俗学3 一生』吉川弘文館

松崎憲三編（1999）『民俗学の冒険2 人生の装飾法』筑摩書房

宮家準（1989）『宗教民俗学』東京大学出版会

民俗学研究所編（1951）『民俗学辞典』東京堂出版

室井康成（2018）「現代民俗の形成と批判——「成人式」問題をめぐる一考察」『専修人間科学論集』8（2）：65-105

安井眞奈美（2014）「出産環境の変容——〈第三次お産革命〉のために」安井眞奈美編『出産の民俗学・文化人類学』勉誠出版

矢野敬一（2019）「通過儀礼としての大学生の就職活動」『静岡大学教育学部研究報告——人文・社会・自然科学篇』70：39-52

山田慎也（1999）「葬儀と祭壇」松崎憲三編『民俗学の冒険2 人生の装飾法』筑摩書房

山田昌弘・白河桃子（2008）『「婚活」時代』ディスカバー・トゥエンティワン

Next Step

現代の人生と儀礼については山田昌弘・小林盾『ライフスタイルとライフコース——データで読む現代社会』（2015年、新曜社）、倉石あつ子・小松和彦・宮田登編『人生儀礼事典』（2000年、小学館）がよいガイドブックになる。これをもとに自身や周囲の人びとに対する儀礼がどのように実施されている／きたのか、確認してみてほしい。もちろん、結婚式や葬式に出席する機会があれば、その様子を詳細に観察することも重要である。儀礼の現在については佐々木美智子『「産む性」と現代社会——お産環境をめぐる民俗学』（2016年、岩田書院）や田口祐子『現代の産育儀礼と厄年観』（2015年、岩田書院）、田中大介『葬儀業のエスノグラフィ』（2017年、東京大学出版会）が参考になるだろう。古典的名著であるV. ジャンケレヴィッチ『死』（1978年、みすず書房）や澤井敦・有末賢編『死別の社会学』（2015年、青弓社）は私たちに避けがたく訪れる「別れ」を再考する手がかりを与えてくれる。［及川］

➡第II部 [13], [15], [19], [21], [24]

第Ⅱ部

現代民俗学を読み解くキーワード36

1 民 俗

室井康成

曖昧な「民俗」の理解　民俗学は、当然のことながら「民俗」を解明する学問である。だが不思議なことに、少なくとも日本の民俗学界では、その「民俗」に関する共通理解がなされていないのが現状である（岩本1998）。

　厳しい言い方だが、今のところ「民俗」とは一種の共同幻想であり、しかもその具体像は研究者によってかなりの相違があり、けっして一枚岩的な表象ではない。この点に、学問としての民俗学の脆弱性があると思われるが、そもそも日本民俗学の二大先達である柳田國男と折口信夫にしても、各々の民俗をめぐるイメージは大きく異なっていた。

　たとえば、日本の民俗学の確立期とされる1930年代の時点で、折口は、民俗を古代生活の残滓であると明言している（折口1934）。つまり、古代的要素を見出しうる事象こそが民俗ということになるが、対して柳田は、民俗とはつねに変遷するものであり、そこから古代的要素を抽出することは不可能だと断言する（柳田1998［1934］）。戦前まで、柳田は「民俗」という語彙の使用を忌避し、同じ意味で「民間伝承」の使用にこだわったが（岩本2018）、その所以は、自身の構想する民俗学が、古代志向的な折口のそれと同一視されることを柳田が厭うたためだと考えられる。

　したがって、柳田・折口両者のうちいずれの立場に立つかによって、描かれる民俗の様相は大きな違いをみせることになるが、折口的な視点に立つかぎり、民俗は「古代」や通時的に不易だと想定される「伝統」とセットで把握されるため、その対象は、古い時代に起源があるとされる事象におのずと限定されてしまう。

「民俗」の発展的捉え直しへ　他方、民俗学を「現代の日常文化」を対象とする学問だと捉えた場合、民俗は英語の folk-lore の訳語として理解するほうが、しっくりくる。つまり「folk ＝民間の」「lore ＝知識」であ

るから、その対象は「古代」や「伝統」といった古めかしい観念からは解放され、一気に拡大することになる。そうなると、やはり柳田の民俗観を参照せざるをえない。

　柳田の言う民俗とは、「伝承事象とそれを発現させる俗信（禁忌）をトータルに把握できる現在的状況」（室井 2010）と理解しておくのが、ひとまず妥当である。言い換えれば、民俗とは「過去から伝承されてきた意識」の総体だが、人が生育の過程で自然と身に付けたもので、当人の思考や価値観・行動様式を決定させるもの、ということになる。そのようなものとして民俗を捉えれば、たとえば「朝起きたら顔を洗う」などの個人の習慣から始まって、家庭・地域・種々の社会組織単位で見られる慣習的行動など、「日常」に生起するあらゆる諸現象を対象化することができる。

　なお、民俗を明らかにすることで何が言えるのかという問題は、それこそ民俗研究に携わる者それぞれの思想に帰結するものだろう。たとえば、自分自身を形成する伝承的要素を相対化し、自分とは異なる民俗を付帯した他者との違いを見極めていくことで、1 人ひとりが「個人」であることを認め、自らも「個人」であることを発揚できる社会の構築のために、思考の素材を世に提供すること。これも民俗学の持つ可能性の1 つであると思う。

参考文献
岩本通弥（1998）「民俗・風俗・殊俗──都市文明史としての「一国民俗学」」宮田登編『現代民俗学の視点 3　民俗の思想』朝倉書店
岩本通弥（2018）「珍奇なるものから平凡なものへ──柳田國男における民俗学と民族学の位相」『超域文化科学紀要』23：27-56
折口信夫（1976［1934］）「民俗学」『折口信夫全集 15』中央公論社
室井康成（2010）『柳田国男の民俗学構想』森話社
柳田國男（1998［1934］）「民間伝承論」『柳田國男全集 8』筑摩書房

「伝承」と民俗学 「文化の伝達」は、民俗学にとって、「伝承」という考え方に関わる厄介な問題をはらんでいる。民俗学は、「伝達」のうち、特に、時代や世代を超えて伝わることを「伝承」として重視し、民俗学が研究対象とするのは、文化のなかで変わらない部分、もしくは変わりにくい部分である、という強固な前提があったからだ。

　しかし、そもそも時間を縦に伝わることと、空間的に横に伝わることとを区別することが、当たり前なことであるか、一度疑ってみる必要もある。「伝達」は多かれ少なかれ、何らかの意味で、時間を超えることであり、同時に空間的な関係性の拡がりを超えることでもある。特に近代以降、人、モノ、ことばの動きを加速するメディア状況の急激な変化により、両者をどう区別しうるのか自体が議論の対象になるだろう。

メディアと「伝達」 メディアの機能とは、メディア論を提起したマーシャル・マクルーハンが指摘したように、extension すなわち、私たちの身体能力の「拡張」であり、本来「道具」と訳すべきだろう。どのような道具により伝えるのか、そのこと自体が、伝えられる事物自体を変えていく可能性がある。

　たとえば、日常的に使う筆記用具と紙は、たしかに「いま・ここ」で発せられた声の言葉を書きとどめ、「いま」という時間の縛りを超えることができ、さらには、「ここ」を離れることができる。しかしそうして伝わるものは、「声」による表現とはまったく別物である。身体と声と場ととりあえず言うしかない要素により構成される現場は、そこにはない。言葉だけが、文字という「声」とはまったく異なったかたちを与えられて伝えられることになる。口承文芸学は、「声」で表象されるものを文字を通して蓄積し研究することの限界を自覚しながら、たんなる文字テクストの分析だけでなく、声と身体が生み出す現場を捕捉すべく、

パフォーマンス（上演）そして「伝承動態」などの問いを彫琢してきた。近年の録音、録画技術の高度化と簡便化は、そうした問いの可能性をより拡げている。

「伝達」と更新・創造　そこで、あらためて浮かび上がってきたことが、伝達の過程そのものが、更新と創造の契機であるという問題である。伝達の過程に、変わらないことを見出そうとするか、それとも更新され結果的に創造的に改変されていくことを見出そうとするか、それは対象の本質というより、それを問う側の視線のあり方の問題でもある。

　その姿勢はインターネットまで含めた高速・広範化した「伝達」まで含めて考えなければならない昨今においては、特に重要になる。「ネットロア」という言葉でインターネット上のハナシの拡がりを扱った伊藤（2016）は、いわゆる「電承」という考え方の可能性をリアルに提起し、「伝達」の捉え方自体の問い直しの可能性を拓いた。

祭りの「電承」　「電承」という問いは口承文芸領域以外でも可能性を持つ。「電承」という言葉を早くから使っていた1人に、「ハカタウツシ」という概念で、博多山笠が周辺地区に模倣される過程を研究してきた福間裕爾がいる。福間は北海道芦別市の人がテレビという電子メディアで博多山笠を見て憧れたことを契機に、芦別に「博多山笠」が取り入れられ定着していく過程を、詳細に論じている（福間2004）。本場の博多山笠の振興会と具体的関係性を持ち、さらに「流（ながれ）」という博多山笠の基礎となる町組織を取り入れることで、博多への憧憬をもとにしつつ、芦別に密着した個性が創られるようになる長い「伝達」の過程がある。

　文化の伝達は、メディア環境が激変していく今こそ、向き合うべきテーマなのである。

参考文献
伊藤龍平（2016）『ネットロア——ウェブ時代の「ハナシ」の伝承』青弓社
福間裕爾（2004）「「ウツス」ということ——北海道芦別健夏山笠の博多祇園山笠受容の過程」『国立歴史民俗博物館研究報告』114：155-226

3 中央と周辺

島村恭則

対覇権主義の学問　第1章で指摘しているように、民俗学が発達した国・地域は、どちらかというと、大国よりは小国、また大きな国であっても、西欧との関係のなかで自らの文化的アイデンティティを確立する必要性を強く認識した国、あるいは大国のなかでも非主流的な位置にある地域である。この点に関して韓国の民俗学者・姜正遠は次のように述べている。

> ヘルダーにまで遡及される民俗学的問題認識は、その後グリム兄弟を経て実証的な方法論を獲得することで近代科学として成長し、全世界の被抑圧民衆の希望の学となった。民俗学は外部権力による精神的抑圧を克服する重要な手段となり、また人類史を正しい方向へ進展させる力となった。このことは、特にフィンランドやアイルランドなどヨーロッパの小国における民俗学やアルゼンチンなど中南米の民俗学の状況にはっきり見て取れる。またそれだけでなく、ドイツやアメリカ合衆国の民俗学にも、第三世界諸国の民俗学に通じる性格を見出すことが可能である。なぜなら、もともと両国は後発資本主義国家であり、過去から現在までの過程においてアイデンティティをめぐる苦悩を経験してきているからである（姜 2013）。

以上に見られる民俗学の「周辺」性は、この学問が生み出された際の地政学的背景と深いかかわりがある。民俗学が誕生した18世紀のヨーロッパではフランスを中心とする啓蒙主義が大きな影響力を持っており、また19世紀初頭にはフランスの軍事的覇権によるヨーロッパ侵略が行われていた。民俗学は、こうした啓蒙主義や覇権主義に対して抵抗しようとする国・地域において盛んになった。これらの国や地域の人びとは、

民俗学の研究を通して、自分たちに固有の価値観や生き方を確認・構築することで、自らを取り巻く大きな存在、「普遍」や「中心」とされるものに飲み込まれてしまうのを回避しようとしたのである。

　民俗学を対啓蒙主義的、対覇権主義的な学問として重視する考えは、ヨーロッパ以外の地においても見られた。欧米の価値観に基づく近代化の波が押し寄せるなか、非欧米圏の国や地域は、自らの来歴に根差した文化について確認するための方法として民俗学を重視した。日本で柳田國男が構想した民俗学もその延長線上にある。そこでは、〈欧米という世界の「中心」でつくられた制度や思想〉と〈自分たちが持ち伝えてきた在来の制度や思想〉とをいかに組み合わせて社会を構築するかを考えるための学問が民俗学だとされた（島村 2020）。

グローバル化と民俗学　20 世紀後半以降、地球規模での人・モノ・カネ・情報の高速かつ大量の移動が日常化している。いわゆる「グローバル化」であるが、ここにはネオ・リベラリズム（新自由主義）が組み込まれ、市場原理主義が世界を席巻するに至っている。ネオ・リベラリズムは、市場競争に役立たないものは躊躇なく切り捨てる。この場合、切り捨てる側が「中心」で、切り捨てられる側が「周辺」である。現在、グローバル化とネオ・リベラリズムの覇権に対し、世界中の民衆や知識人が批判の声を上げるようになっている。民俗学にとっても活躍のときである。民俗学には「中心」に抵抗する「周辺」の学としての伝統がある。世界各地の民俗学が連携しながら、この知的伝統を理論的に彫琢し、社会批判の知として現代に再生させることが求められている。

参考文献
姜正遠（2013）「民俗人と脱植民主義」『韓国民俗学』57：141-176（原文韓国語）
島村恭則（2020）『民俗学を生きる――ヴァナキュラー研究への道』晃洋書房

4　日　常

岩本通弥

日常とは何か　自らの身の回りのありふれた事柄のことであるが、民俗学では当たり前になってゆく動態的な日常化も含めている。柳田國男は民俗学を「事象そのものを現象として、ありのままに凝視し、「わかっている」「当り前だ」といわれているその奥の真理を洞察すること」だと定義したが（『民間伝承論』1934）、そう言われて見過ごされがちな卑近な事象に眼を注ぐことは、生活世界の自明性に対し、思考を停止させてきた素朴な態度や判断を一旦留保させ、内省的行為を促す作用を持っている。

　ドイツでも日常（Alltag）は、多義的で含み豊かな分析概念として使用される。祭日と対置される日常、ルーティン化された日常、家族的日常、家庭外的労働の日常を含むとともに、アルフレッド・シュッツの現象学的理論やブルデューのプラチック論とも接続するほか、後期資本主義における大衆消費社会の社会政治分析としての疎外理論、ルフェーブルの日常生活批判やアドルノらの文化産業批判も含意される。自身の日常を問うことは、自らの足元を照射し、民主主義の根本や近代への反省を問い直してゆく。

歴史ある平凡　柳田はしばしば平凡という言葉を使って、日常に言及した。「我々の平凡は、この国土に根をさした歴史ある平凡である。少なくとも其発生の根源に於て、必要も無く理由も無いといふものは一つだつて有り得ない」と述べ（柳田 2003 ［1938］：119）、『明治大正史 世相篇』では「新しい生活には必ずまた新しい痕跡がある」として、直近の過去60年間の日常や生活の変化を極めて具象的に描き出した。

　この視線はすでに1904年の『農政学』にも、「数十年来の歴史と之に養はれたる特殊の民俗」（柳田 1999 ［1904］：280）と見えており、人びとの日々の生活実践が新しい生活のあり方を形作るものだと捉えている。

「今に依つて古を尋ねる」のであり、現在の生活の横断面に、直近の数十年の歴史に養われた民俗＝人びと生活のあり様（行き掛かり）が反映されると捉え、現在から倒叙的に、歴史あるいは日常化の過程が解読される。

科学技術世界のなかの民俗学　ドイツ民俗学の変革者ヘルマン・バウジンガーも『科学技術世界のなかの民俗文化』において、民俗学を現象学的観点から再創造した。科学技術世界の世界とは、生活世界を意味するが、たとえばマッチや電灯のように、当初は魔術的であった科学技術が暮らしのなかへ浸透し、「自然なもの」として当たり前となり、違和感なく生活の技術や道具として、使い馴らされてゆく様が論じられる。

　空間・時間・社会の膨張と民俗文化の関係性も、彼は生活世界の側から再構築したが、この書の刊行を１つの契機に、ドイツでは民俗学の定義をめぐって、1970 年「ファルケンシュタインの原則」が示された。民俗学は「客体および主体に表われた文化的価値ある伝達物（及びそれを規定する原因とそれに付随する過程）を分析する」と再定義され、文化形態の伝達／移転のプロセスを、濃やかに分析する科学へと転換した。

　伝達は世代的な伝承や空間的な伝播に限らない。マスメディアや SNS などからの伝達や、学校・職場・サークルなど小集団における伝達も含まれ、「普通の人びと」がどのように文化的価値や情報を得て、いかに生活を編み上げているのか、その日常実践が問われることになった。

　すなわち、民俗学が問うのは、多くの人びとが当たり前のこととして見ている事柄が、なぜ当たり前のこととされるのか、私たちと生活空間・体験空間を共有する人間が、その自らの存在を、現在／過去がいかに形作っているのか／きたのか、個人や小集団がいかに外部の文化的価値を摂り込んで、いかに消費しているのか、その日常なのである。

参考文献
バウジンガー，ヘルマン（2005［1961］）『科学技術世界のなかの民俗文化』（河野眞訳）、文楫堂
柳田國男（1999［1904］）「農政学」『柳田國男全集 1』筑摩書房
柳田國男（2003［1938］）「平凡と非凡」『柳田國男全集 30』筑摩書房

〈伝統〉と伝承　民俗学にとって〈伝統〉は、民俗学が重視してきた、時間を縦に伝わることと事象を示す「伝承」と近接する少々厄介な言葉である。私たちの生活のなかで「伝承」されたものに価値があるという前提に立ってしまうと、〈伝統〉と「伝承」は紙一重になるからだ。第2次世界大戦後の日本の民俗学は、一時期、私たちの生活や文化の変化しにくい部分が、いかに現在の私たちを規定し続けているかを研究する学、いわゆる「基層文化」研究として自己規定していた時期があった。そうなると民俗学は、伝統文化研究に近くなってしまう。

　岩本通弥は、ドイツの民俗学者ハンス・ナウマンの「基層文化」概念が、戦後にアカデミックな制度を整えてゆく日本の民俗学のなかで、元の意味からずれて、表層の文化に対して変わりにくい文化という価値を持たされていく過程を検証し、「基層文化論」という自己規定をつくりあげた民俗学を批判している（岩本 2006）。

〈伝統〉という政治　〈伝統〉とは何か、この言葉がどのような時に使われるのかを考えると、その本性が浮かび上がるだろう。ある集団に新たな加入者があり、その加入者が、なぜそのようなことをしているのかと問うた際、「伝統だから」という応答は、そうした素朴な疑問を封じ込め、集団の既存の権威を維持し、その変革の可能性を遮るイデオロギーとして政治的な役割を果たす。

　ホブズボームとレンジャー（1992）が、〈伝統〉は、本質的な歴史的深さなどまったく関係なく、政治的な価値を担わされて新たに創出されるものであると論じて以降、〈伝統〉とされているものは存外新しく、それを〈伝統〉と語る言説の政治性を暴くことが、文化研究の1つのスタイルとなった。今も私たちが、強く〈伝統〉として認識する正月の初詣やお節料理なども、近代の過程で創出された新しい習俗であることが明

らかになっている（高木 1996、平山 2015、山田 2016）。

〈伝統〉の問い方　　かつて民俗学が、「基層文化」論を通して、「日本文化」や「日本人」の〈伝統〉を語り、「国民」という自意識を文化的に構築する政治を結果的に担ったことを、現在の民俗学は 1 つの事実として自省し、私たちが〈伝統〉と捉えている事象の歴史性をあらためて問い始めている。室井（2018）は、そうした問いのなかで、全国各地の成人認定の慣習を比較し、今日〈伝統〉とされる 20 歳の成人式が、それらと不連続に創出され、更新と再文脈化を重ねて成立した新たな儀礼であることを批判的に検証している。

　そして、「日本人」や「日本文化」などに接合される大きな〈伝統〉と、地域や職業など限られたごく小さな集団のなかで語られる〈伝統〉をどのような相関のもとに問うか、という問題もある（吉野 1997）。自分たちの暮らしと人生が、連綿と続く価値を持つと想起することで、初めて立ち上がりうる主体もあるからである。民俗学は、〈伝統〉という政治を問い質すとともに、そうした想起の切実さにも寄り添い考えていく必要もあるだろう。

参考文献

岩本通弥（2006）「戦後民俗学の認識論的変質と基層文化論」『国立歴史民俗博物館研究報告』132：25-98

高木博志（1997）『近代天皇制の文化史的研究』校倉書房

平山昇（2015）『初詣の社会史』東京大学出版会

ホブズボーム，エリック＆テレンス・レンジャー編（1992）『創られた伝統』（前川啓二・梶原景昭他訳）、紀伊國屋書店

室井康成（2018）「現代民俗の形成と批判――「成人式」問題をめぐる一考察」『専修人間科学論集 社会学篇』8 (2)：65-105

山田慎也（2016）「近代におけるおせち料理の形成と婦人雑誌」『国立歴史民俗博物館研究報告』197：295-319

吉野耕作（1997）『文化ナショナリズムの社会学』名古屋大学出版会

6 ヴァナキュラー

島村恭則

ヴァナキュラー＝〈俗〉　民俗学とは何か。その説明はさまざまになされうるが、「人間（人びと＝〈民〉）について、〈俗〉の観点から研究する学問」という考え方も説明の1つとして成り立つであろう。ここで〈俗〉とは、①支配的権力になじまないもの、②啓蒙主義的な合理性では必ずしも割り切れないもの、③「普遍」「主流」「中心」とされる立場にはなじまないもの、④公式的な制度からは距離があるもの、などのことをさす。現代の民俗学では、こうした〈俗〉のことを、ヴァナキュラー（〈俗〉を意味する英語）という用語で呼んでいる。

　辞書でヴァナキュラーの語を引くと、「土着のもの」といった記述に出会うが、それとは別に、この言葉が長らく「俗語」の意味で用いられてきた点に注意する必要がある。ヴァナキュラー＝俗語という認識は、この語が「権威ある正統的なラテン語」に対する「崩れたラテン語」の意味で長く使われてきたことに由来する。ラテン語とは、ローマ帝国の公用語で、聖職者や官吏、学者たちが用いた言葉だ。これに対して、一般人が使った「俗語」としての「俗ラテン語」がヴァナキュラーである。

　こうした経緯を背景に、言語学をはじめとする人文社会科学では、ヴァナキュラーを「権威ある正統的な言語に対する俗語」意味する言葉として用いてきた。たとえば、著名な社会言語学者のウィリアム・ラボフは、黒人が話す英語を、ブラック・イングリッシュ・ヴァナキュラーと名付け、「正統的な英語」とどのように異なるのかを研究した（Labov 1972）。

　第2次世界大戦後、それまで「俗語」のことをさすのに用いられてきたヴァナキュラーという言葉は、建築の世界でも用いられるようになっている。「正統的な建築家」による設計ではない建築物、プロの建築家以外の一般人による建築が「ヴァナキュラー建築」と表現されるように

なったのである。現在、「ヴァナキュラー建築」は、「風土的な建築」の意味で受け止められていることが少なくないが、これは派生的な用法と言うべきである。

すべての人間にヴァナキュラー　民俗学では、1990年代以降、この語が盛んに用いられるようになり、レナード・プリミアノやロバート・ハワードらによって概念の理論的整備も進められた。このうちプリミアノは、制度宗教の権威ある聖職者を例に挙げ、「ローマの教皇も、チベットのダライ・ラマも、イスタンブルの総主教も、エルサレムのチーフ・ラビも、純粋無垢な宗教生活を「公式」に生きてはいない。こうした聖職階級のメンバーは、その宗教伝統における制度規範の最たる側面を代表していようとも、ヴァナキュラー的（vernacularly）に信仰し実践している。そこにはつねに、何らかの受動的な適応、何らかの興味深い伝承、何らかの能動的な創造、何らかの反体制的な衝動、何らかの生活経験の反映が存在している」（プリミアノ 2007）と述べているが、ここからは、「人間はみなヴァナキュラーな側面を有している」という展望を得ることができる。

　民俗学は、ヴァナキュラーという概念を用いて人間についての洞察を深める学問なのである。

参考文献

プリミアノ，レナード・ノーマン（2007）「宗教民俗における方法の探究とヴァナキュラー宗教（Vernacular Religion）」（小田島建己訳）『東北宗教学』3：129-157

Howard, Robert Glenn (2015) "Introduction: Why Digital Network Hybridity Is the New Normal (Hey! Check This Stuff Out)", *The Journal of American Folklore* 128: 247-259

Labov, William (1972) *Language in the Inner City: Studies in Black English Vernacular*, University of Pennsylvania Press

7　都　市

岩本通弥

都市とは何か　一般的には人間・金融・情報などの集積によって、政治・経済・文化の中心になる空間を言い、近代資本主義社会を形成する中核的役割を担った地域を指す。繁華な場所であり、村落に対する対義語であるが、社会システムや人間関係、社会的行為のあり方は、血縁、地縁、職縁で重層的に結びついた村落とは、質的に異なっている。

　社会学では成員の共属感情に基づく共同社会的関係で結ばれる村落に対し、団体への加入で得られる利益が、成員の主たる関心で結合する利益社会的（ゲゼルシャフト）な関係が蓄積的に累増した社会を都市だとして、社会的交流の結節機関が累積したヒエラルヒー的な支配関係によって、大都市・中都市・小都市の区分がなされたりする。

　このような概念規定から都市を存在として捉える隣接科学と比べ、民俗学の場合、概念からではなく、現象として生起する都市的なものから、都市や近代あるいは資本主義を見ようとする傾向が強かった。柳田國男の『都市と農村』(1929) は、たとえば小作争議が頻発した農村の疲弊と農民の貧困を、都市中心の近代化が「無制限に、地方を搾取した結果」だとして、農村内部の問題としてではなく、都市との関係で把捉する。『明治大正史 世相篇』(1931) でも、その姿勢は基本的に貫かれており、それは近代という問いとも重なっている。

都市民俗学の提唱　村落研究に偏りがちだった民俗学において、1970年代後半より、新たな研究領域として都市民俗学が唱えられ始めた。ただし、坪井洋文が指摘したように、民俗学は一見、地方農村にみられる伝統文化を対象化したかのように見えるものの、中央に発生した文化要素の地方残存状況から、中央の支配者が創り出し選択採用した文化を再構成する方法を採ってきた (坪井 1987)。「聟入考」で柳田が「都市の生活が始まつてからは、新らしい文化は通例其中に発生し、それが漸を以

て周囲に波及」すると述べたように（柳田 1999［1929］：632）、地理的分布を時間的変遷に変換する周圏論を基礎として、むしろ都市を議論の中核においた。

　外国文化の窓口である中央都市の影響を重視し、新たな「文化の基準」を作り上げ、地方に普及させる装置として位置づけられた都市との関連を、つねに考慮しながら、民俗学は体系化されていったのであり、文化統合や社会変動の核として、都市の役割は把握されている。そのような土台の上に、都市民俗学を牽引した宮田登は、旧来の民俗学の僻陬（へきすう）地に古風を求める理解から、「大都市であればあるほど神秘的領域が拡大」し、「神や仏や精霊たちの跳梁する空間が増加している」と論じて、認識の大転換を図っていった（宮田 1982）。以降、競馬の厩舎やタクシーなど、さまざまなタイプの民俗誌が描かれるようになってゆく。

都市祝祭と多文化性　祭りと違い、見物人に見せる要素が加わった祭礼や都市祝祭では、新たな社会統合としての機能や、さらなる娯楽性の追求の結果、本来の宗教的意味は忘却され、世俗的な催事としての神なきイベントが多数発生する。高度経済成長のもと、都市人口が激増し、産業構造が大きく転換した現代、たとえば、よさこいソーランや阿波踊りの全国的伝播、各地を渡り歩く神輿同好会の発生など、次々に現われる新規な文化現象に伴って、都市祝祭は多彩な研究を蓄積している。

　異文化の窓口である都市はまた、グローバル化の進展により、多文化共生の現場として、民俗学的な関心が多角的に集中する場となっている。移民文化がいかに日本に根づくのか、在日朝鮮・韓国人の市営住宅の住まい方や生活世界を探った研究をはじめ、種々の研究が試みられている。

参考文献
新谷尚紀・岩本通弥編（2006）『都市の暮らしの民俗学』1 〜 3、吉川弘文館
坪井洋文（1987）「ハレとケの民俗学」『季刊 iichiko』2、三和酒類
宮田登（1982）『都市民俗論の課題』未來社
柳田國男（1999［1929］）「智入考」『柳田國男全集 17』筑摩書房

「生活苦」を映し出す鏡　柳田國男は、民俗学の性格を「世相を解説する史学」だと位置づけた（柳田 1998c［1935］）。この場合の「世相」とは、「最近世史」＝直近の過去との比較によって明らかになる現在／眼前の生活問題の社会的要因である。

　ただし柳田が捉えた生活問題とは、多くは人びとの生活苦を指していた。これは柳田が、経済不況によって顕在化した格差問題や、過剰な消費行動に走る人びとの志向性をはじめ、明治維新以来の社会の近代化と現実生活とのギャップからくる人びとの「生きづらさ」を世相の問題として解きたかったからであろう。その先に想定されたものは「生活改善」による生活苦の解消であった（岩本 2019）。

　柳田にとって世相研究は、これまで「材料が田舎に在り、問題も大部分田舎に在」（柳田 1998c［1935］）ると思われていた民俗学が、都市を含む国全体の課題を対象化できることを示した壮大な実験でもあった。その場合、柳田の言う「世相」とは「民俗」の拡大概念であったと仮定するとわかりやすい。つまり「民俗」とは「過去から伝承されてきた意識」の総体であり、当人の思考や価値観・行動様式を決定させるものであるから（「1民俗」参照）、それは社会が人びとの日常にもたらす「可視化しにくい「力」」（重信 2019）であるとも言い換えられる。

世相研究の意義　民俗学における世相研究の白眉は柳田の著書『明治大正史 世相篇』（柳田 1998a［1931］）であるが、これは柳田が示した民俗研究の手順に依拠した構成となっている。つまり柳田は、民俗の構成要素を①有形文化・②言語芸術・③心意現象の3つに分割し（三部分類）、民俗学の目標が③の解明にあるとしたうえで、①から③はその研究の手順だと主張した（柳田 1998b［1934］）。同書の第1章は「眼に映ずる世相」であるが、これは視覚的に把握可能な事象という点で①に該当する。そ

して終盤で設定された「貧と病」「伴を慕ふ心」「群を抜く力」「生活改善の目標」の各章が③に相当しよう。

　したがって、経済に起因する貧困問題、都市化・個人化がもたらす人間の寂寥、それゆえに大勢に迎合しがちな人びとの事大主義的性向などの根本原因を世相のなかに探ることが世相研究の目的であった。それらは人びとの日常に関わるものであるだけに「あまりにも当たり前すぎて、陳腐で些事なもの」（岩本 2017）であり、通常自覚されづらい事柄である。ゆえにその把握には「民俗学の方法」が有効だと柳田は説いたのである（柳田 1998c［1935］）。

　『明治大正史 世相篇』は「我々の考へていた世相は、人を不幸にする原因の社会に在ることを教へた。乃ち我々は公民として病み且つ貧しいのであつた」の一文で締めくくられる。さまざまな生活苦が「偶然であつて防止できぬもの」のように考えるのは誤解であって、その原因は世相を明らかにすることで浮上させることが可能だという。そして多くの人びとに「生活改善」を促す "気づき" を提供すること。これが世相研究の意義であろう。

参考文献

岩本通弥（2017）「異化される〈日常〉としてのマスメディア──『男児置き去り事件』と『介護殺人／心中事件』の NEWS 報道をめぐって」『日常と文化』3：63-98

岩本通弥（2019）「日本の生活改善運動と民俗学──モダニゼーションと〈日常〉研究」『日常と文化』7：15-31

重信幸彦（2019）『みんなで戦争──銃後美談と動員のフォークロア』青弓社

柳田國男（1998a［1931］）「明治大正史 世相篇」『柳田國男全集 5』筑摩書房

柳田國男（1998b［1934］）「民間伝承論」『柳田國男全集 8』筑摩書房

柳田國男（1998c［1935］）「史学と世相解説」（『国史と民俗学』所収）『柳田國男全集 14』筑摩書房

門田岳久

常民・古老・伝承者　民俗学の研究に登場する人物と言えば、祭礼を取り仕切っていたり昔話を記憶していたりと、伝承に詳しい人というイメージがあるかもしれない。伝承をよく保持する人という「伝承者」、昔のことをよく知っているという「古老」は、古くから民俗学で用いられてきた呼称である。特に学校教育の知識ではなく、ヴァナキュラーな知識に基づいて物事を判断する人物が想定されてきた。しかし現代の私たちはつねに伝承に沿って暮らしているわけではない。「古老」もまたスマホを持ち、LINE で友達と会話しているだろう。そもそも、学校教育の知識とヴァナキュラーな知識は混在し、不可分である。そう考えると、民俗学の人間モデルは人間の 1 つの側面しか見ていなかったのである。

　また「常民」という柳田國男の使用していた概念がある。後年になって常民とは江戸時代の本百姓が典型だとする説、現代ではサラリーマンに置き換え可能という考え方などが議論された。だが誰が常民かを探すことに意味はない。佐藤はこの概念が民俗学の課題解決にどう資するのかという観点から、常民を「民俗を生産する歴史の主体」だとする（佐藤 2002）。常民とは「民俗」を上の世代から伝承していくだけの受動的な存在ではなく、生産的な主体であるとしたのは重要な点である。

「普通の人びと」とは誰か　常民概念の意義をあえて引き継ぐならば、日々の歴史を作っていく主体でありながら、歴史に名を残す人物ばかりではなく「普通の人びと」だったという点だろう。ただ民俗学でよく使われるこの言い方も、現代では注意が必要である。かつてなら人口の多数を占めた農民を普通の人びととして実体化することも不可能ではなかったかもしれない。古い民俗学に登場する人びとが往々にして定住の農耕民で、その土地の規則に従い、男性中心的な像を持つのはそのためである。逆に移動者や非農業者はメインの研究主題になることが少なく、

またジェンダー的にも偏った視点が長く維持されてきた。こうした事情はドイツの民俗学でも同様で、田舎で農業に従事する民衆（Volk）こそが伝統を保持する人びととみなされた。こうした人間観はナショナリズムや民族主義、また保守的な男性中心主義とも親和性がある。

　しかし、現代では普通の人びとという最大公約数は存在しない。職業、出自、エスニシティは多様化し、移動がつねとなった時代には、同質性を前提とした民俗誌を書くことはできない。したがって普通の人びとの日常を捉えるべきだという現代民俗学の狙いは、標準的な人間集団を発見することではないし、ましてや平均的・典型的な日本人像を導き出していくことでもない。むしろ普通の人びとという言い方は、どのような人も民俗学の対象になりうるということである。ある町の民俗誌を描く場合にも、話を聞くべき相手はその町で何世代も住む「生粋の」地元民だけではない。他地域から居を構えてきた人、通勤通学者、外国からの移民、観光客、ふるさと納税をしている人……などテーマ次第で無限に広がる。加えて、これまでの民俗学のように地域を男性視点で見たり、逆に女性は家事育児といった点のみで見たりといった、ジェンダー的に偏った描き方も不適切である。

　さらに言うと、民俗学は必ずしも人だけを描く必要があるわけではない。これまでも民具のようなモノを中心に捉える民俗学もあったし、動物や妖怪など、行為の主体を人間以外に置いて描く民俗誌もありうる。こうした人間と人間以外の存在の関わりを捉える方法は、存在論的転回やポストヒューマンと呼ばれる人文学の思潮とも繋がり、むしろ民俗学が積極的に関わっていくことのできる領域である。

参考文献
門田岳久・室井康成編（2014）『〈人〉に向き合う民俗学』森話社
佐藤健二（2002）「常民」小松和彦・関一敏編『新しい民俗学へ──野の学問のためのレッスン 26』せりか書房

$\boxed{10}$ 自治と互助

金子祥之

村づきあい 「村社会」という言葉がある。この言葉は、閉鎖的・排他的な人間関係を指す、マイナスの価値を含んでいる。このことは、村落社会の人間関係を「良くないもの」と見る常識の存在を示している。

　ところが民俗学は、村落社会の人間関係に興味を示し、そこに可能性を見てきた。柳田國男は、農政官僚時代から、地域の自治と互助に関心をもった。彼は近代化に対応するため、社倉・義倉など過去の災害対応組織を研究した。公的機関が設置した社倉は、現場まで恩恵が届かずにいた。それに対し、「自治ヲ以テ共同貯蓄ノ法ヲ講セシ」義倉は、災害対応において実効的であったと評価した（柳田 1999［1908］:423-4）。すなわち、柳田は、近代化過程において自治と互助の重要性を見抜き、それを活用しようと考えていたのである。

住民運動 民俗学成立後も、地域の自治や互助は、社会伝承という枠組みで研究対象となった。村落生活がどのような互助組織によって支えられているのか、あるいは、どのように自治が行われてきたのか、調査研究が進められた。伝統的な自治や互助の姿が明らかになる一方で、地域の問題に接近しようとする研究は稀であった。伝統的な自治や互助に関心を示しても、その地域が抱えている問題を通して、自治や互助を問うことは少なかったと言える。

　こうしたなか、地域が抱えている問題と、そこで展開される住民運動を直視しつつ、自治や互助を考える研究が登場した。たとえば、不知火海総合学術調査団に加わった桜井徳太郎は、水俣病被害を受けた地域社会の研究を展開した。公害被害を訴える住民運動と、地域社会の自治や互助が、どのように関連するのかを分析した（桜井 1985）。湯川洋司は、ダム問題に揺れた熊本県五木村を対象とし、山村の自律性が揺らいでゆく過程を描いた（湯川 1991）。

200 第Ⅱ部　現代民俗学を読み解くキーワード 36

まちづくり　自治や互助は、もちろん、住民運動などの異議申し立ての機会にだけ立ち現れるのではない。自分たちの住む地域を「より良いものにしたい」と、住民たちが動き出すときに立ち現れる。そのような場面は、まちづくり・地域づくり・むらづくりなどと呼ばれることが多い。

　まちづくりは、日常的に行われているが、特に外部条件の変化によって、顕在化する場合が少なくない。たとえば、地域の文化が外部の眼に触れ、文化的な資源として意識されるとき、自らの地域や文化をどのようにしていくのかが問われ、まちづくりの必要性は高まる。

　民俗学においても、華々しい祭礼や民俗芸能（俵木 2018）、地域の景観（鳥越ほか 2009）、観光と文化資源（岩本編 2007）などが、研究の対象となってきた。民俗学の場合には、つまり、まちづくりの一般論や合意形成のための手法といった技術論ではなく、人びとが発揮する自治や互助を通じて、まちづくりを考えてきたと言える。

　冒頭に述べたように、小さな社会の人間関係には、たしかに課題があるかもしれない。しかしながら、個人での取り組みや公的制度に頼るだけでは、自らの生活の場をより良いものにすることはできないだろう。あらためて、小さな社会の自治や互助について理解を深めつつ、現代的な自治や互助の姿を模索してゆくことが求められている。

参考文献

岩本通弥編（2007）『ふるさと資源化と民俗学』吉川弘文館

桜井徳太郎（1985）『結衆の原点——共同体の崩壊と再生』弘文堂

鳥越皓之・家中茂・藤村美穂（2009）『景観形成と地域コミュニティ——地域資本を増やす景観政策』農山漁村文化協会

俵木悟（2018）『文化財／文化遺産としての民俗芸能——無形文化遺産時代の研究と保護』勉誠出版

柳田國男（1999［1908］）「農業政策学」『柳田國男全集 1』筑摩書房

湯川洋司（1991）『変容する山村——民俗再考』日本エディタースクール出版部

11 ノスタルジーと郷土

法橋 量

ノスタルジーの含意　「ノスタルジー」は、ギリシア語の帰郷を意味する nostos と痛みを意味する algos の造語である。したがって、ノスタルジーは語源的には故郷から切り離されたことによる痛み、病を意味していた。ノスタルジーのドイツ語 Heimweh は、17 世紀から外地で働くスイスの傭兵たちの病気として認識され、その後、西欧社会でこの医学的用法が広まった。これは人が郷土という空間と精神的・生理的に強いつながりがあったことの証左でもある。

　しかし、現在はノスタルジーという言葉は、むしろ「懐古」の意味で用いられることが多い。「ノスタルジーを感じる」という言い回しは、「昔が懐かしい」とほぼ同義である。こうした文脈で用いられるノスタルジーは、もはや「郷土・ふるさと」という空間との結びつきは含意されず、ある種の「時間（時代）」と結びついた概念になっている。

ノスタルジー・ブーム　20 世紀末から昭和ノスタルジーあるいはレトロ・ブームが、おもに当時 20 ～ 30 歳代の若者のあいだに起こった。昭和と言ってもおもに昭和 30 年代である。1990 年代、新横浜ラーメン博物館、福袋七丁目商店街といったテーマパークをはじめ、さまざまな昭和のアイテムが商品化されていった。やはり、こうしたコマーシャリズムの表象のなかに〈空間〉としての〈ふるさと〉はほとんど見られない。また実際に今、昭和ブームを牽引するのは、昭和 30 年代に子ども時代を過ごした世代ではなく、むしろその子どもたちの世代である。彼らにとってその時代は、親の昔語りか、多くはマスメディアが発信するイメージであって、彼らはその消費者である。映画『ALWAYS 三丁目の夕日』（2005 年）のなかに散りばめられた昭和 30 年代のイメージは、集団就職、町工場、東京タワー、駄菓子屋、下町、家電製品や都会的ファッション、昭和歌謡等々であり、「貧しくても夢があった時代」として表

象された。昭和ノスタルジー・ブームは、ふるさとの農村イメージから大都会の日常生活のイメージへと大きく転換した（金子 2013）。

　その転換のなかで〈ふるさと〉が本来持っていたはずの環境や社会関係、意味空間の文脈、すなわち場所性はきれいに抜け落ち、代わりに生まれたのが〈ふるさと〉を離れ大都市へ移住し、高度経済成長を支えた人びとの生活の物語から生まれた「時代性」である。ノスタルジーと郷土の関係を考えるうえで、なにゆえノスタルジーが時間的概念に変容してしまったかということをあらためて考える必要があるだろう。

場所の変容　こうしたノスタルジー概念が空間概念と切り離されているのは日本ばかりではない。たとえばドイツでは、1970 年代のノスタルジー・ブームでは、レトロ消費ブームや都市部での旧建築の取り壊し反対運動や不法占拠、そして 2000 年代は、旧東ドイツ文化を懐古するオスタルジー・ブーム（ドイツ語の東を意味する「オスト」と「ノスタルジー」をかけ合わせた造語）があった。もちろんそれぞれの時代の〈ふるさと〉イメージは違っているが、いずれの時期にも共通しているのは、急速な生活環境、社会関係の変化、すなわち〈ふるさと〉という生活空間・場所の変容があったことである。異国の戦場で、また大都会の町工場で「ふるさとへ帰りたい」という切実な望郷の念が、「あの日に帰りたい」という昔日への憧憬に変化した理由は何か、今、われわれが〈ふるさと〉と呼びうる生活空間はどのような意味を持ちうるのか、ノスタルジーの概念を通してもう一度捉え直す必要があるだろう。

参考文献
金子淳（2013）「ノスタルジー研究の現在と博物館における昭和ノスタルジーのゆくえ」『静岡県民俗学会誌』28−29：6−16
Greverus, Ina-Maria (1979) *Auf der Suche nach Heimat*, C. H. Beck
Scharnowski, Susanne (2019) *Heimat: Geschichte eines Missverständnisses*, wbg

田村和彦

近代と「民俗」　社会変動に着目する学問である民俗学では、近代化は必ずしも西洋化を意味しない。むしろ、西洋に範をとる単系的な近代化と軌を一にしない社会の変遷と人の暮らしに焦点を当て、外来文化とその対立項としての「伝統」を置く安易な二分法的発想で問題を捉えない点に民俗学の重要性がある。同時に、「民俗」という捉え方を産出した近代化の背景にも注意を払う必要がある。

　国民国家形成をめざす政府のもと、明治後期から人びとの暮らしを大きく再編する一連の政策がみられ、多くの死者を出した日露戦争後に「戊申詔書」が発布される。その文言中に「醇厚俗ヲ成シ」とあるように、これはたんに疲弊した経済を回復する政策ではなく、官製の社会再編を目指す政策となった。翌年から内務省を中心に各地で進められた地方改良運動、新たに勃興した都市の中間層をおもな対象とする生活改善と合理化に関する諸運動、民力涵養運動、郷土教育運動へと緩やかに連続する諸運動のなかで、弊風廃止や美風称揚といった人びとの価値観への介入が行われた。

官製の近代化と民俗学との差異　こうした、教化や自己改造の要請を通じてあるべき人間像や暮らしが提示される状況のなかで日本の民俗学は形成されたが、一連の運動と民俗学的視点との差異は、生活は誰によって、どのように改善されるべきなのか、という点にある。これら諸運動と同時代の柳田國男の著作『木綿以前の事』では、「昔風と当世風」（1928）のなかで、当時の生活改善を批判する一方、「昔風」もまた変化していることを指摘し、多数の者の幸福のために生活の変遷を明らかにしようとする。最終章の表題に「生活改善の目標」を掲げる『明治大正史 世相篇』では、総体としての生活が相互に各種要素の関連のなかで変化してきた様子を、言葉、感覚、物の見方を通じて叙述し、都市の知

識人らが指導する改善ではなく、「同じ憂いを抱く、多くの者が団結して」生活を改善する必要が指摘されていた（柳田 1990［1931］：392）。

戦後の生活改善運動と民俗学　第2次世界大戦終結を促したポツダム宣言では「各自の家庭に復帰し、平和的かつ生産的な生活を営む」ことが掲げられた。1947年には、家族制度の改革などを行った片山内閣により新日本建設国民運動が提唱され、復興が促される。翌年、食糧事情の改善と農村の民主化を目的とした農業改良助長法が制定され、農林省に生活改善課が設置された。こうした社会改革の機運のなか、日本各地で「新生活国民運動」が展開され、「新生活運動協会」が発足した。この、1960年代前半までの新生活運動では話し合いを通じた家族、社会関係の改善が図られた点が重要である（大門編 2012）。戦後の新生活運動では、衣食住の改善、家庭管理など、生活を大きく変化させる事業が実施されたが、改良竈など特定の対象を除いて民俗学では近年までこれらを積極的に検討してこなかった。

　この運動の初期には、生活者が主体となり自身で問題を解決することを目標としそれを技術や知識の側面から手助けする生活改良普及員が配置されるという、内省し自ら共同の問題を解決する民俗学と重なる目的を持つ運動であったにもかかわらず、両者の関係がやや希薄であったことは反省される。この傾向は、生活を激変させた高度経済成長にもあてはまる。近年、近接諸学の研究が蓄積され、民俗学においても『暮らしの革命』（田中編 2011）をはじめ生活改善運動が検討されつつある。現在を考え、未来を選択してゆくうえで、繰り返される生活変化としての近代化を民俗学的に検討することは重要なテーマである。

参考文献
大門正克編（2012）『新生活運動と日本の戦後』日本経済評論社
田中宣一編（2011）『暮らしの革命──戦後農村の生活改善事業と新生活運動』農文協
柳田國男（1990［1931］）「明治大正史 世相篇」『柳田國男全集 26』筑摩書房

$\boxed{13}$　ジェンダー

加賀谷真梨

絵本のなかのおばあさん　『もったいないばあさん』を知っているだろうか。お茶碗にご飯粒を残したままにしていると「もったいない」と言いながら杖をついてやってくる、長い髪を簪（かんざし）でダンゴ状にまとめたもんぺ姿のおばあさんである。世界的人気を博している絵本だが、なぜ「じいさん」ではなく「ばあさん」なのか。そして、なぜだんご頭にもんぺ姿なのだろうか。

おばあさんらしさ　おばあさんらしさとは、いわばジェンダー化された社会の産物である。腰が曲がって杖が必要である、目が遠いので眼鏡をかけるといった老いの特徴に加えて、子どものケア、衣食住にかかわる知恵の保有者といった女性役割と位置づけられてきた特徴がもったいないばあさんに具象化されている。つまり、読者は衣食住の専門家としての役割を担ってきた女性が子どもの振る舞いを諭す姿におばあさんらしさを読み取るのであり、実体よりもイメージが先行している。そのイメージを踏襲し表象することで、高齢の女性は「おばあさん」になるのだ。

　こうした見立てはアメリカの思想家ジュディス・バトラーのジェンダー概念に基づいている。バトラーは、生物学的・解剖学的な差異を持つ実体として想定されている「男」と「女」は、定型化された反復行為を通じてパフォーマティヴ（行為遂行的）に創出されるにすぎないと指摘した（バトラー 1999）。人は既存のジェンダー秩序に則った言葉や振る舞いを繰り返す過程で、男ないしは女であるという認識を抱くようになるのであり、この世で支配的なのは解剖学的にも多様なグラデーションを持つ人間を男か女かに二分し、それに形式と秩序を与えるジェンダーという力の作用なのだという。女やおばあさんを所与のものとして、また実体として扱ってきた民俗学に見直しを促す重要な視点である。

民俗学とジェンダー　女性の老いを表現するために、もんぺや簪など民俗的要素が採用されている点にも着目したい。このことは民俗学が過去の生活に目を向けてきたことと不可分ではない。実はもんぺは昭和10年代に使用され始めた比較的新しい下衣であるのだが、それらは無視され民俗イメージとして消費されている。しかし、こうした脱文脈化した民俗イメージの消費を容易にしてきたのは民俗学者自身なのかもしれない。モンペを履いていたかつての女性たちは、仕事着を「おしゃれ」に着こなしていた（新潟県立歴史博物館編2010）。華やかな絣や縞、鮮やかな絞り文様やレースを見せるなど、自分たちの時代らしさを織り交ぜ自己表現していた。構造化された社会のなかにあって、「おしゃれ」を通して既存の秩序をずらしていたのである。民俗学ではそうしたずらしの実践を積極的に描出してこなかったように思われる。実践ではなく実体を見ようとしてきたことの裏返しである。

　また、民俗学ではジェンダー概念が登場した1970年代以降も「産育」という用語を使用している。妊娠、出産といった生物学的特性に起因する現象と、子育てという社会的役割や規範に起因する行為は完全に別個の行為であるが、それらを一括りに捉え女性と結びつけてきた。ジェンダーという概念は、本来、身体的構造や機能と身体に結びつけられた振る舞い、感情、役割とを切り離すことを可能にする概念である。人びとの役割や振る舞いから生物学的要因の引きはがしを意識的に行い、俯瞰的に人間社会を描出していくことが求められよう。

参考文献
新潟県立歴史博物館編（2010）『新潟県立歴史博物館　収蔵資料目録──山崎光子民俗服飾コレクション』新潟県立歴史博物館
バトラー，ジュディス（1999）『ジェンダー・トラブル──フェミニズムとアイデンティティの攪乱』（竹村和子訳）、青土社

島村恭則

学史の違い　文化人類学（以下、人類学）は、欧米列強の植民地主義を背景に、19世紀のイギリス、フランス、そしてアメリカにおいて形成された。以後、「異文化理解」「他者理解」について多くの理論を開発し、膨大な実証研究を蓄積してきたが、研究を行う主体はあくまで「異文化」「他者」を〈見る（理解する）側〉としての欧米であって、非欧米の地域は一方的に〈見られる側〉として扱われる傾向が長く続いた。現在では、非欧米圏においても人類学の研究・教育が行われ、「まなざし」の一方向性は解消されつつあるが、欧米を頂点とする「知のヒエラルヒー」は依然として存在し続けているとの指摘もなされている（桑山 2008）。

　これに対して民俗学は、第1章で指摘したとおり、国・地域ごとの自律性が高く、欧米を頂点とするヒエラルヒーは希薄である。

　スウェーデンの民俗学者バルブロ・クラインは、「現代のアジア・アフリカの民俗学者たちは、人類学のことを植民地主義的な学問であると見なしており、彼らにとって、民俗学は、植民地支配に対するネイティヴ自身による対抗覇権主義的な文化研究であるとともに、彼らを「他者」として表象してきた人類学に対する抵抗としての意味を持っている」（Klein 1997）と指摘している。

民俗学の特色　人類学と比較した場合の民俗学の特色には、以下のものがある。現在の民俗学は、物質文化、社会制度、自然環境など多様な領域を研究対象としているが、初期の研究対象が歌謡や説話であったことから、学史を通じて口頭の言語表現に関する研究が多く蓄積され理論開発も行われてきた。こうしたことから、民俗学の幅広い領域で「語り」や「言葉」を切り口としたアプローチが盛んである（岩本編 2020）。

　また、「機能主義人類学」以後の人類学が、歴史性を排除した共時的分析に傾斜する傾向があるのに対して、民俗学の場合は、過去（歴史）

と照合することで現在を分析する方法をとることが多い。特に日本においてこの傾向が顕著である。

　さらに、初期は別として現在ではアカデミー（大学）に強固な制度的基盤を持つ人類学に対して、民俗学の場合、アカデミーのなかに一定の位置を占めながらも、同時に、大学に属さない民間の研究者が担い手として活躍する「民間学」としての性格も強い。民俗学の「民間学」的性格は程度の大小はあるものの世界的に共通で、この特徴は「知の民主化」としてポジティブに捉えられるようになっている（ブリッグズ 2012）。

「異文化研究」の民俗学、「自文化研究」の人類学　一般に、文化人類学は「異文化研究」を行い、民俗学は「自文化研究」を行うと理解されていることが多い。この傾向は上述の学史のなかで生まれた事実だが、両者の差異は、「異」と「自」のどちらを出発点、あるいは焦点にするかの違いにすぎず、文化人類学による「自文化研究」や民俗学による「異文化研究」が否定されているわけではない。実際、そうした試みも行われており、両学問それぞれの個性を活かした複眼的・複合的な社会・文化研究のさらなる深化が期待される。

参考文献
岩本通弥編（2020）『方法としての〈語り〉──民俗学を超えて』ミネルヴァ書房
桑山敬己（2008）『ネイティヴの人類学と民俗学──知の世界システムと日本』弘文堂
ブリッグズ, チャールズ L.（2012）「民俗学の学問領域化」『アメリカ民俗学──歴史と方法の批判的考察』（小長谷英代・平山美雪編訳）、岩田書院
Klein, Barbro (1997) "Folklore", in Thomas A. Green ed., *Folklore: An Encyclopedia of Beliefs, Customs, Tales, Music, and Art*, ABC-CLIO

$$\boxed{15} \quad 教 \quad 育$$

施 堯

生活のなかの教育　今日、教育と言えば私たちはすぐに学校教育を想起する。教育の成果としての学歴が人生を左右するとの考えが浸透し、学校教育の重要性、効率性と公平性が議論されている。では学校教育の特徴は何だろうか。それは、制度化され、時系列にいくつかの段階が設けられ、学習者が長期に専従的に就学する場であり、教員資格を持つ先生に、決められたカリキュラムに則って、文字や普遍的知識を体系的に教わることである。

　しかし教育を、「教え」や「学び」を通し、人間の身体面と精神面に影響を与え、社会に期待される人間に「育つ」営みとして広く捉えると、学校教育のような制度的教育のほかにも、幅広い形態が存在することがわかる。たとえば子どもは生活のなかで、服の着方、立ち振る舞い、食事の作法、動植物の使い方や禁忌、仲間との遊び方などをつねに学んでいる。またスポーツ、音楽など趣味を極めたいときは先生を探したり、サークルで学んだりする。こういう非制度的教育の特徴を描き、学校教育の自明性を相対化することはまさに民俗学の得意分野である。

前近代の教育体系から会得するもの　日本の近代公教育は1872年の学制公布によって始まる。それ以前の教育は私的領域にあり、個人や家に委ねられていた。経済的余裕のある家の子は寺院や寺子屋、私塾で勉強した。農家の子は職人や商家に奉公し、仕事を手伝いながら学んだ。芸事や武道を志した子は師匠の家に住み込み、内弟子になる。親方は基本的に手取り足取り教えることはせず、弟子は掃除、洗濯などの雑務に携わりながら、親方の「わざ」を自分なりの方法で習得するしかなかった。

　生田（2007）はこうした徒弟制における「わざ」の習得過程を、「形」の模倣から「型」の体得へのプロセスと考える。つまり、学習者は師匠の示す形をひたすら模倣・反復し、次第に師匠の視点から自分を客観的

に眺め始め、自らの形を吟味・反省し、型を得る。これは精密で不変の身体的動作としての形ではなく、より柔軟で、状況にあわせて創意工夫できる芸人や職人としての状態である。また、それを成し遂げるには、全人格的に師匠の生活領域に参加し、学ぶべき事柄とそれ以外の事柄である「間」を知り、それらの関係を心得る必要があった。

「伝承」から「教育の現場」へ　小林康正、橋本裕之らは以上の観点をさらに発展させ、レイヴとウェンガー（1993）の「正統的周辺参加」論の民俗芸能研究への応用を試みた。これは学習を、ある実践の共同体への周辺的参加から十全的参加への過程だとする理論である。小林らは芸能の伝承にかかわる実践の共同体の歴史的動態、参加者の主体的な参加過程、「アイデンティティ」の形成と立場変化、「知識」の生成と使い分け、芸の取捨選択や創意工夫といったことを民俗誌的に描いた（民俗芸能研究の会・第一民俗芸能学会編 1993）。小林らによると、伝承は従来考えられてきたように村という「伝承母体」のなかで行われるものではない。伝承とは芸や知識など固有物の世代間移行ではなく、技能・個人・社会の三者を関係づける力であるという。

　この視点に立ち、私たちはあらためて身の回りに溢れる「教育の現場」に立ち向かうことができる。たとえば塾、サークル、アルバイト先のなかで、いかなる人間関係の構造があるのか、何を重視して知識が形成されるのか、そのなかにいる人びとにとって学びと教え、そして習得する過程とはどういうことか。こうした問いを通じ、民俗学ならではの教育への理解が深められよう。

参考文献
生田久美子（2007）『「わざ」から知る（新装版）』東京大学出版会
民俗芸能研究の会・第一民俗芸能学会編（1993）『課題としての民俗芸能研究』ひつじ書房
レイヴ，ジーン＆エティエンヌ・ウェンガー（1993）『状況に埋め込まれた学習──正統的周辺参加』（佐伯胖訳）、産業図書

16 フォークロリズム

法橋 量

フォークロリズムの発見　民俗学者が、自明のものとして研究対象としてきた民俗（文化）もしくはフォークロアが、本来の担い手（伝承者）ではない第三者によって利用・流用されているという事態に対して、ドイツの民俗学者ハンス・モーザーはフォークロリズムと名づけた。モーザーはこのフォークロリズムに「セカンドハンドの民俗（Volkskultur）の演出と伝達」という短い定義を与えた。おもにドイツ語圏の民俗学において1960年代からおよそ30年にわたって議論が繰り返されることになったフォークロリズムの理論は、現代の民俗事象を説明する万能理論と見なされる一方、民俗学が本来胚胎していた民俗・フォークロア概念の自明性に対する批判的議論をもたらした。

　2003年、日本民俗学会の学会誌『日本民俗学』236号におけるフォークロリズム特集で提示されたフォークロリズムの事例群を見ると、高千穂神社境内での「観光夜神楽」、『遠野物語』の世界の地域化（博物館化）、食品業界のプロモーションから生まれた節分の恵方巻、地域アイデンティティとして再構成される桃太郎伝説等々、商業主義、観光戦略、地域アイデンティティの確立など、さまざまな思惑のもと活用される民俗の現代における様態が示されている。地域住民が失われつつある自らの郷土の伝統を観光資源として、また地域共同体の再生のための起爆剤として復活させ、再活性化する。また時には国家レベルで対外的に自文化の伝統性を誇示するために、民俗／フォークロアを利用するという事例は枚挙にいとまがない。

再構築される民俗　フォークロリズムは、文化・社会、経済、政治のあらゆる側面で急速な変容を遂げる現代社会において、断絶した「過去」と「現在」、そして「未来」へと橋渡しする機能を担う潜在的な文化行為であるとされるが（Bodemann 1983）、そうしたモデルにおいて民俗は操

作あるいは管理可能な客体として現れる。これは文化人類学における
「文化の客体化」論（太田1993）、歴史学における「創られた伝統」論（ホ
ブズボウム他1992）とも通底する考え方である。こうしたアカデミズムの
議論とは別に、いまや民俗、伝統、文化といった近代人文社会科学ととも
もに発生した諸概念は、アカデミズムだけではなく、政治、ビジネス、
芸術、そして公共と、あらゆる領域のアクターの手に委ねられ、さまざ
まな目論見から操作・管理可能な客体として再構築されているのである。
これを民俗の公共化、民主化であるとする立場から見れば、われわれは、
自らの日常／生活——生きられた文化——を自らが生きるための文化へ
と転換していくポジティブなプロセスととることもできるだろう。

　いずれにしても現代におけるさまざまな文化事象を政治的フォークロ
リズムや観光フォークロリズム、アイデンティティ・フォークロリズム
等々のラベルづけをし分類するだけでは不十分である。まず民俗／フォ
ークロアという民俗学の誕生とともに立ち上がった歴史的な概念を再検
証し、これらの概念によって日常世界・生活世界がいかに客体化され、
フォークロリズムと呼びうる事象を引き起こしたのか、そのプロセスを
問うていくことが重要であろう。

参考文献

太田好信（1993）「文化の客体化——観光をとおした文化とアイデンティティの創
　　造」『民族学研究』57 (4)：383-410

河野眞（2012）『フォークロリズムから見た今日の民俗文化』創土社

法橋量（2003）「記憶とフォークロリスムス」岩本通弥編『現代民俗誌の地平3　記
　　憶』朝倉書店

ホブズボウム, エリック & テレンス・レンジャー編（1992）『創られた伝統』（前川
　　啓治・梶原景昭他訳）、紀伊國屋書店

Bodemann, Ulrike (1983) "Folklorismus: Ein Modellentwurf", *Rheinisch-westfälische Zeitschrift
　　für Volkskunde* 28: 101-110

17 ネット社会の民俗

飯倉義之

パソコン通信・インターネット・SNS　現代社会においては、公私を問わず web を経由してのコミュニケーションが日常に欠かせないものとなっている。日本におけるネット社会の到来について、画期となるのは 1995 年である。マイクロソフト社の Windows95 の発売だ。単色で文字のみが羅列された画面にプログラム名を打ち込んで各動作を作動させていたパソコンが、色とりどりのアイコンが並ぶ華やかな画面に替わり、クリック 1 つで動作するようになった。技術者しか扱えない印象のあったパソコンが視覚的・直感的に操作できるようになって、一般の人びとや一般家庭に普及していく。そしてなによりも Windows95 はワールドワイドウェブ（www）に対応したネットワーク機能が充実していたのである。ホームページ、メール、チャット、掲示板といった「疑似的な声（文字媒体でありながら声のような即時性を持つコミュニケーションの形態）」が本格的に始まっていく時代となった。

　www 以前にも、パソコンを通じたネットワークは存在した。電話回線を通じてホストとなるパソコンと会員のパソコンとを直接繋いで掲示板上で文字で会話する「パソコン通信」である。電子掲示板（BBS）の開設者が「親」となり、登録した会員が「親」のパソコンに直接アクセスして書き込む仕組みだった。パソコン通信は 1980 年代後半に盛行したが、www の普及につれて、1990 年代に徐々に廃れていった。

　1990 年代は携帯電話が一般化していく時代でもあった。NTT ドコモが 1999 年に実装した「i モード」は、携帯電話に対話以外の文字・画像・音声・動画コンテンツを提供する可能性を開いた。その後携帯電話は www に直接アクセスできるようになり、2010 年代にはさらに多機能のスマートフォンが主流となって、さまざまなソーシャル・ネットワーキング・サービス（SNS）でのコミュニケーションが花開いたのである。

ネットコミュニケーションの民俗　ネットコミュニケーションの特徴は、居住地・職業・年齢その他の差異を無化して、興味関心により個人同士が即座に結びつくことが可能になったことと、自身を開示しないままに深いコミュニケーションが取れることにある。このような、地縁や血縁、職縁等を介さず匿名性を保って行われる社交はそれまでには存在しないものだった。

　しかしそうしたネット社会も、その本質は人間が作り出す（仮想の）共同体である。そこには当然共同体の慣行や不文律、すなわち「民俗」が生まれてくる。パソコン通信の時代にすでに応答や書き込みのマナーが自然発生し、緩やかに共有されている。それはネット時代には「ネチケット」「ネットマナー」として受け継がれた。こうした「自然発生し定着した社交の技術」は「ネット社会の民俗」と言えるだろう。また、文字列を組み合わせて感情を表現する「顔文字」や、絵画を再現する「アスキーアート（AA）」は「疑似的な声による表現の技術」と言える。ネット内で発生し、流行（しては死語化）する「ネットスラング」や、横書きの掲示板への書き込みやメールの各行の頭文字を縦に読んだ時に意味を持たせる「縦読み」も含めて「ネット社会の口承文芸」であり、動画SNSでの発信が流行する歌やダンスやチャレンジは「ネット社会の民俗芸能」と言えるはずだ。

　こうした「ネット社会の民俗」は、生成・展開・衰退のスパンが総じて早い。が、これらをたんなる一時の流行とせずに、ネット社会における新たなコミュニケーションの領域として捉え、そこに展開する「民俗」を考えていく必要があると考える。

参考文献

藤竹暁・竹下俊郎（2018）『［新版］図説日本のメディア——伝統メディアはネットでどう変わるか』NHK出版

ばるぼら・さやわか（2017）『僕たちのインターネット史』亜紀書房

山田厳子（2013）「都市伝説と「経験」」『口承文芸研究』36：114-125

「民芸」の発見とその政治性　近代日本の美意識に大きく影響を与えた柳 宗悦は、それまで重視されてきた貴族的工芸（王侯貴族のための特別な豪奢品）と個人的工芸（個人の美意識や表現力を誇示するための鑑賞品）に対し、民衆的工芸の価値を説いた。これは名もなき職人たちが実用を主眼とし、民衆の生活のために大量に作った安価な品物である。それに柳は「民芸」と名付けた。それは、たんなる貴族から民衆への価値の移動よりも、新しい美意識が開拓されたことに意義がある。それまでは美の天才が行う「芸術」的な創作活動や独創性が讃えられてきたが、柳にとって、それは過剰な自己表現の欲望であり、真の美ではない。彼は実用を目的とし、自然の理に従う方法で「無心」に作られた民芸にこそ美があるという。

　柳は伝統・地域・風土を強調する側面もあるが、民俗学や文化政策でしばしば強調された民間文化の重視と理論的な優先順位が異なる。柳は自身がこういった民芸に感じた美そのものの普遍的な性質を解明することを目指した。理想的で美しい民芸を作るには、環境、風土、伝統（型）に則った作り方が要求されるが、器を「直感」することを通して超越的な美を析出するという方法論では、むしろバイアスとなる歴史的文脈や文化的価値を積極的に切り捨てる必要が出てくる。

　柳の民芸論は終始、審美・鑑賞・分析の権力を学者側に据え、民芸の製作者と使用者の生の声を黙殺している点には批判がある。しかし、彼がリードした民芸運動は結果として、地域の工芸品に社会的価値を付与したのも確かである。また、地域住民が自ら民芸という新しい価値をあらためて解釈・発信するということ、つまり太田好信（1998）が示した文化の「流用」も行われた。

民俗学は「美」を扱うべきか　民俗学も成立当初から、美の問題を研究する余地を設けてきた。柳田國男は収集すべき民俗資料として、「有形

文化」「言語芸術」「心意現象」の 3 分類を提案し、心意現象のなかには、生活の目的、技術、知識、物事に関する良い・悪い、好き・嫌い、善・悪、美・醜、幸福・不幸の評価が含まれるとした。しかし、柳と異なり、柳田は生活者自身が発した感性を研究対象とし、研究者としての価値判断は避けた。実践の面では、1927 年に「民俗芸術の会」が成立し、雑誌『民俗芸術』が発行されるなど、民俗学と美の関係は一定程度続いた。しかし、戦後、民俗学が科学的・実証主義的に変化していくなかで、「民俗」や「伝承」を研究する民俗学と、「芸術」や「美」を扱う分野は徐々に相容れなくなり、民俗学で美はほとんど語られなくなっていく。

　一方、1970 年代から生活文化研究に転じたドイツ民俗学では、たとえばアルブレヒト・レーマンが『森のフォークロア』のなかで、ドイツの人びとの森に対する審美的評価を含むさまざまな「意識」を分析した。アメリカではリチャード・バウマンなどパフォーマンス研究者が、人びとがコミュニケーションする時の詩学と美的実践に注目するようになる。美の問題は現在、世界的に見ると民俗学で広く関心を持たれている。

　現代社会はメディア、市場、機械生産が高度に発達し、芸術と生活の境界線も曖昧化した。人びとは生活の営みのあらゆる場面で意識的・無意識的に審美を行っている。伝統的な芸能・舞踊・民謡等の演者もつねに美を意識し、より高く評価されるために芸を精進したり、舞台を装飾したり、パンフレットのデザインを工夫したり、創造的な活動を行っている。民俗学は、生活実践者の「美的実践」からあえて目を逸らす必要はない。それぞれの文脈にそって、さまざまな角度から当事者の感受性とその背後を捉えていこうとする研究姿勢が求められている。

参考文献
柳宗悦（1980）『柳宗悦全集　著作篇 9──工芸文化』筑摩書房
柳田國男（1998）『柳田國男全集 8』筑摩書房
太田好信（1998）『トランスポジションの思想──文化人類学の再想像』世界思想社

19 ライフコース

及川祥平

人の一生を捉える　民俗学は、人びとの人生に関心を払ってきた。ただし、第Ⅰ部第14章で触れたように、民俗学のかつての人生研究は儀礼をめぐる議論が牽引してきたのであり、それらを通して描きだせる人生観やライフサイクルを1つのモデルとして提示することを重視してきた。その結果、儀礼間の機能的連関や類似性に注意が向かい、個々人の生き方を均一に把握する傾向を帯びてしまった。社会学において、人の一生を一様に描いてしまうライフサイクル概念から、個別性を重視するライフコース概念へと関心が推移していったように、民俗学の人生研究においても生き方の多様性を捉えようとする機運が定着しつつあり、複雑化する社会に見合った視角が求められている。

　また、儀礼研究についても通過儀礼と人生儀礼の混用という問題が発生している。両語は素朴に言い換えられる傾向にあるが、通過儀礼という概念では、属性の移行や変化を伴わない儀礼を切り取ることは困難である。一方、人生儀礼は通過儀礼では捌ききれないライフイベントを包摂する概念として期待できるが、まだ、十分な概念化には至っていない。

円環と直線／経過と堆積　私たちの人生にとって、「時間」はどのようなものとしてあるだろうか。たとえば、時間は循環する。そのような時間観に立った円環型の人生モデルは、儀礼に焦点を置くことで葬送や死後の供養をも人生のなかに包摂することを可能にし、死を以て完結しないユニークな人生像を提示することに成功した。ただし、ここで循環しているのは「たましい」や「いのち」と称せられるものであり、生まれかわりの思想を念頭に置いている。転生を前提としない現代人の人生観は、円環ではなく直線的モデルのもとで捉えねばならない。

　人間の時間は循環／直進するばかりではない。時間は個人のうえを流れ去り、さまざまなものを与え、また奪っていく。若くあることに価値

を置く社会のモードは、加齢を喪失や衰退として想い描かせる。近年は「老害」などという侮蔑的な言葉が若者の口から発せられる。一方、時間は「流れ去る」ばかりではなく、「堆積」のメタファーでも捉えうる（野家 2005）。人間のライフコースは、堆積する時間を通して成熟していく過程でもあることに気づかれる。私たちは出来事を経験に変えながら何事かのことに熟練していくし、共有された時間の堆積が何かや誰かをかけがえのないものに変えていく。○○歴 5 年などと堆積する時間をカウントアップする物言いは当該事象に関する習熟の表明である。「長年」連れ添うことを理想化する金婚式・銀婚式、「永年」勤続の表彰はもちろん、若者の記念日文化もこうした文脈にある。

ライフイベントの民俗学へ　現代民俗学の人生研究において注視すべき問題の 1 つは、人びとが各ライフステージにおいて、それに見合った自己像を、各種の実践によって実現させていこうとするあり方である。子どもを持つ男女が「親」らしくあろうとして手探りで行う各種の実践には、伝統的な産育儀礼も含まれるし（工藤 2016）、さまざまな教育活動・余暇活動も含まれる。家庭における、そのような「親」たろうとする実践は、広義の家族実践（「家族する」こと Doing Family）として、ライフイベントとともに人生儀礼を捉え返す手がかりとなろう（モーガン 2017）。

　流れ去り／積み重なっていく月日を人びとがどのように捉え、それぞれのライフステージにおいてどのようにライフイベントを体験／実践しているのかを把捉するための枠組が民俗学には求められているのである。

参考文献
工藤保則（2016）「ライフイベントと人生儀礼」工藤保則・西川知亨・山田容編『〈オトコの育児〉の社会学──家族をめぐる喜びととまどい』ミネルヴァ書房
野家啓一（2005）『物語の哲学』岩波書店
モーガン，デイヴィッド H. J.（2017）『家族実践の社会学──標準モデルの幻想から日常生活の現実へ』（野々山久也・片岡佳美訳）、北大路書房

語り‒経験‒実在　民俗学的研究にとって、人の語りを聞くことは欠か
せない行為である。歴史に書かれてこなかった大多数の無名の人びとが
どのように生きてきたか／生きつつあるかを知るために、民俗学は人び
との記憶に頼り、語りを聞き、資料としてきた。

　1990年代頃から、「語り」は人文社会科学に共通の論点となった。こ
こでは、語りから客観的な過去の事実を取り出そうとする立場（実証主
義）が批判され、語りは聞き手と語り手の相互行為であり、語りの場で
その都度生み出されるものだとされた。語りを、社会的コンテクストに
おける現在の語り手の主観的真実を表すストーリーとして解釈しようと
する、構築主義的な立場が示されるようになった。

　これに対して、民俗学的な語り理解に特色があるとすれば、事実から
切り離された物語行為を読み解くのではなく、語り手の「言葉を言葉通
りに理解する」（六車 2012：110）ことであろう。民俗学は、語られた言葉
から心を持った人間が実際に経験した事実を受けとめようとするのだ。

　言葉を言葉どおりに理解することは、語りのなかのディテールを実在
への回路として掴みとることだ（岸 2018）。たとえば、生活史研究をする
社会学者の岸政彦は被差別部落出身の女性が恋人の両親から結婚差別を
受けた際、両親に受け取られなかったお土産のプリンを恋人が全部1人
で食べたという、社会学者齋藤直子の収集した語りを引用する（岸
2018：162-163）。ドイツの経験的語り論を牽引してきたレーマン（2020）
もプリンに言及する。第2次世界大戦末期と戦後の亡命・迫害に関する
調査のなかで、ある語り手はロシア軍兵士にレイプされる前にプリンの
粉を溶いただけのプリンスープを食べたことをはっきりと記憶していた。
レーマンは、経験された状況を覆う雰囲気が記憶に残り、語りに情緒的
な質を与えるという。雰囲気は、空間やそこにある事物を介して、個人

の主観を超えて知覚されうる。五感に訴える「プリン」のような語りの
ディテールは、語り手に過去の雰囲気と心情を蘇らせ、聞き手に伝える。
「お土産のプリン」や「プリンスープ」は私が食べるコンビニのプリン
とよく似ているのに、何かが違う。それが、語り手が実際に経験した過
去の雰囲気と心情を聞き手に突きつけ、実在への回路を開くのである。

型の力と型を超える力　昔話やわらべ歌などの口承文芸の型も、実在へ
の回路としての語りのディテールと同様の性質を持つ。定型的な語りが
伝える雰囲気や心情は、個人を超えて集団的に共有されやすい。美談・
悲話・笑話等の話型は、語られる事実を受け取る心情を規定し、理解を
助ける。他方でそれは、世間話のような最も自由なコミュニケーション
さえ、個々の共同体の力学のなかで定型性を帯びていくことを意味する。

　型が創出し制約する語りの場は無数にある。学校や図書館ではストー
リーテリングが広がり、地域の観光ガイドや語り部も活躍している。大
学や企業でのプレゼンや就職面接、友達や同僚との雑談のために、私た
ちは日々話の素材と型を習得し、しばしば習得できずに口をつぐむ。

　私たちの持っている言葉は、経験を伝え自由に語り合うのに十分なも
のだろうか。重信（2015：62）は民俗学を「これからの世間話」を生み
出す学問として提起した。「語り」は、実感に根差した言葉による経験
／事実の共有の可能性と、社会や共同体による言葉と経験の拘束性のあ
いだで、その力学を不断に問い、更新し続ける挑戦の 場(フィールド) でもあるのだ。

参考文献
岸政彦（2018）『マンゴーと手榴弾——生活史の理論』勁草書房
重信幸彦（2015）「民俗学のなかの「世間／話」——『明治大正史世相篇』（一九三
　　一）から」『日本民俗学』281：47-67
六車由実（2012）『驚きの介護民俗学』医学書院
レーマン，アルブレヒト（2020）「気分と雰囲気——意識分析のコンテクストにおけ
　　る記憶と語りに及ぼす影響」（内藤文子訳）岩本通弥編『方法としての〈語り〉
　　——民俗学をこえて』ミネルヴァ書房

及川祥平

方法としての記憶／対象としての記憶　民俗学にとって記憶は「方法」と「対象」の2つの側面を持つ。まず、民俗学の主なデータ獲得手段であるインタビューは、人の記憶に依存している。すなわち、想起の現場に立ち会い、質問を通して想起を促し、言葉で表現された記憶を文字に固定する。記憶に依拠する調査は、データの信頼性に危うい部分があるかのようである。しかし、インタビューは計画的な記録作成であり、想起がおびるバイアスを意識的に検証することができる点で、文書資料とは異なる確かさを獲得することができる（トンプソン 2002）。また、研究者の執筆する調査報告書は、基本的に調査協力者に還元される。調査協力者にとって、それは地域の文化を想起し、継承する手がかりになる場合もある。その意味で、民俗学の営みは記憶装置の生産とも言える。

　民俗学は、人びとが記憶を取り扱うあり様を研究対象にする。人は何らかの出来事や人物の記憶を言葉や事物に託して保存・継承しようとするし、そのような記憶を共有することで集団を生成しようとする。たとえば、郷土の偉人の銅像は、地域の歴史をなんらかのかたちで価値づけながら、「私たち」の過去として表現するものである（及川 2017）。現在において過去を語ることは未来を方向づける行為であり、そのような政治性が分析に際する留意点となる。インスタグラムを想起してほしい。これなども記録の配列によって「望ましい」自己を表象することのできるツールと言えるのではないだろうか。

動態としての記憶　私たちは「記憶を引き出す」という。記憶は、輪郭を備えた物質のように捉えられることがある。しかし、記憶の実態は不定形で可変的であり、容易に虚偽の情報が紛れ込み、歪曲される。そもそも、私たちは、誰かの「記憶そのもの」に触れることもできない。私たちが触れうるのは、文字や声、その他のメディアによって、有限で固

定的な情報として表現されたものでしかない。

　岩本通弥は記憶の可変性を前提としない静態的な議論を批判し、民俗学は記憶の動態を捉えるものであるべきと主張している（岩本 2003）。記憶の動態に注目するということは、「思い出されたこと」のみならず、何事かのことを「思い出させようとする方向づけ」、そして、人が何かを「思い出すこと」（想起）への注視を導く。先述のように、民俗学は人が何かを思い出す現場に立ち会う。誰が、いつ、何を、なぜ、どのように思い出しているのか、その想起の場に介在するどのような要素が、提示された記憶の内容に作用しているのかに、どのような分野よりも敏感でありうるのが民俗学なのであり、そのような想起の文脈に規定されながら変質していく記憶に向き合うことができるのである。

　以上からは、個人の記憶を聞き取ることが過去についての証言を獲得する以上の意味を持つことがわかる。すなわち、記憶の集団的性格へのアプローチが可能になる。ポール・コナトンは「あらゆる記憶は、どんなに個人的なものであろうとも、たとえば、自分だけが目撃しうる出来事の記憶や、内に秘めたままの思考や情緒についての記憶でさえ、ほかの多くの人々が所有している概念の全体集合との関係において存在する」と述べる（コナトン 2011：64）。だとすれば、記憶は脳科学的・心理学的問題である以上に文化論的対象である。想起の現場にあって記憶の動態を見つめながら、そこに介在する慣習や文化を把捉していくことが、民俗学の記憶研究の課題なのである。

参考文献
岩本通弥（2003）「方法としての記憶」『現代民俗誌の地平 3　記憶』朝倉書店
及川祥平（2017）『偉人崇拝の民俗学』勉誠出版
コナトン，ポール（2011）『社会はいかに記憶するか──個人と社会の関係』（芦刈美紀子訳）、新曜社
トンプソン，ポール（2002）『記憶から歴史へ──オーラル・ヒストリーの世界』（酒井順子訳）、青木書店

22 自 然

松田睦彦

民俗学と自然　自然とは、人為の加わらない、あるいは、人為をおよぼすことのできない場や物のことである。農業や漁業の技術、あるいは、それにともなう信仰のように、自然に強く規制されながらも、自然に対して積極的に働きかける人びとの営みは、民俗学の古典的な研究対象である。また、季節のうつろいとかかわる衣食住や年中行事、自然とのつき合い方を示唆する口承文芸なども、広い意味で人と自然とのかかわりの研究である。つまり、農山漁村をフィールドとする従来の民俗学では、とりたてて「自然」をうたうことがなくても、人と自然とのかかわりが研究の対象であった。

　人が自然とのかかわりのなかでどのような生活文化を作りあげ、伝承してきたのかを意識的に問うようになったのは、「生態民俗学」（野本寛一）、「民俗自然誌」（篠原徹）、「環境民俗学」（鳥越晧之）などが提唱された1980年代以降である。多くの人びとの日々の生活が自然から離れることによって、あらためて自然が対象化されたのかもしれない。

現代社会と自然　「「水と緑と光」の豊かな自然環境と調和した街づくり」。東京23区の西のはずれの、とある町の再開発のキャッチコピーである。現在、多くの人がアスファルトとコンクリートで固められた町に暮らしているが、日々の生活では、自然を求める意識がところどころで顔をのぞかせる。安室知は都市生活者と「農」とのかかわりを、都市のなかに「農」を作ろうとする「内部化」と、都市生活者を農村へと向かわせる「外部化」とに整理しているが（安室2020）、この「農」を「自然」と読み替えることも可能であろう。ガーデニングや家庭菜園、ペットの飼育などは自然の内部化であり、キャンプや地方への移住、就農や就漁などは外部化である。都市生活者がこれほどまでに自然を希求する理由を明らかにすることも、民俗学の課題である。

農山漁村に暮らす人びとと自然とのかかわりも変化してきている。農業における遺伝子組み換え作物の登場や、漁業における GPS やソナーの導入といった科学技術の活用は、従来の人と自然との関係を大きく転換するものである。その一方で、自然農法が模索され、いわゆる里山の再生が試みられるなど、自然の摂理と折り合いをつけながら持続可能な社会を構築しようとする取り組みも注目される。自然を超克しようとする姿勢と、自然により添おうとする姿勢。どちらも、これまでの人と自然との関係を転換するものであるが、その向かう方向は異なっている。

自然災害と民俗学　ふだん自然を意識しない人でも、いやおうなく自然と対峙させられるのが、自然災害の発生時である。地震、津波、豪雨、火山噴火、流行病などの発生は、私たちが、いつでも自然の掌のうえにあるという当たり前の事実を顕在化させる。2011 年 3 月 11 日に発生した東日本大震災以降、災害をとおして人と自然との関係を問い直そうとする研究が注目されると同時に、現代社会において民俗学が果たすべき役割があらためて問われている。

　気仙沼に生まれ育ち、長年、全国の漁村に通って海とともに生きる人びとの話を聞いてきた川島秀一は、漁民の高台移住と、漁港の集約化を柱とする震災復興計画を、「オカモノ（陸に住む者）」による「机上の空論」であると痛烈に批判する（川島 2012）。歴史的に築かれてきた漁師と海との関係を、すなわち、人と自然との関係を無視した政策への疑義を、そこに生きる人の立場から発せられるのは、民俗学をおいてほかにない。

　環境破壊、自然災害、食の安全など、人と自然とのかかわりが人類共通の課題として提起される現在、民俗学に期待される社会的役割は大きい。

参考文献
川島秀一（2012）『津波のまちに生きて』冨山房インターナショナル
安室知（2020）『都市と農の民俗──農の文化資源化をめぐって』慶友社

及川祥平

「宗教的なるもの」の氾濫　私たちの日常には「宗教」とは認識されて
いないが、宗教を介在させずに説明することのできない事象が存在する。
パワースポットにおいて想定されているパワーとは何か。星占いや血液
型占い、幽霊や UFO は非科学的であるが、宗教なのか否か。ここでい
う「宗教的なるもの」は「宗教」の外縁に存在する現象であり、主に私
事化・世俗化され、消費文化化された宗教要素を指す。日本人は無宗教
であるという自己認識を持ちがちであるが、私たちの身の回りには、そ
のような宗教文化があふれている。

　ところで、「宗教」に外縁があり、したがって中心があるということ
は何を意味しているだろうか。つまり、どのような基準が「宗教的なる
もの」を「宗教」から周縁化しているのか。これは、人びとが無宗教を
自称する際の「宗教」とは何かを問うことにもつながる。ここまで用い
てきた「宗教」は、西洋的な「宗教」観、教団宗教のイメージを前提と
している。「私たちは無宗教です」という物言いは、自身が教団に帰属
せず、敬虔な宗教行動を意識的に実践しているわけではないという表明
である。しかし、宗教を超自然的なものをめぐる観念や諸実践と理解す
れば、社会生活を営むあらゆる人間は非宗教的ではありえない。神も仏
も信じないが初詣で祈り、幽霊も UFO も信じないがヨガ教室には通う
という人の姿は、1 つの宗教観を示している。現代の日本人は無宗教で
あるよりは、自身の宗教性に無自覚であると言い換えうるだろう。

　「宗教的なるもの」が、狭義の「宗教」概念にはそぐわない宗教のあ
り方を指すものであるとすれば、日本人の宗教生活の大きな部分は「宗
教的なるもの」によって構成されていることになる。同じことが信仰と
いう概念にも言える。狭義の信仰概念のもとでは、日常生活のなかで営
まれる神仏への「気軽な」働きかけの位置づけは困難になってしまう。

「宗教的なるもの」と民俗信仰　民俗学が注視してきた宗教事象の多くは、すでに、またはつねに、「宗教的なるもの」であったとも言える。暮らしのなかでの神仏への祈りは全人生を投げ打つような深い帰依を伴うわけではなく、神仏の実在への確信とともに為されるわけではない。その現実性について、積極的で一貫した肯定を伴わないまま、世俗的な願望実現の手段として実施されるのが生活者の宗教や信仰の姿である。狭義の「宗教」概念には当然そぐわない。それはあらかじめ慣習化されており、娯楽的・消費文化的であることもある。それを「宗教」の衰退ではなく、むしろ自然な姿として捉える点に、民俗学の特徴がある。

　民俗学において重要なのは、宗教そのものではない。むしろ、それらが生活や人生と接するあり方、そこで発生する諸現象、何かに対し何かが願われたり祈られたりするあり方、何かがさまざまな程度で信じられてある／信じられずにあるあり方を重視する。民間信仰や民俗宗教というカテゴリー的な概念にかわって、近年の民俗学では民俗信仰（小池2006、谷口2009）やヴァナキュラー宗教（プリミアノ2007）という概念が提案されている。これらは広義の宗教が生活の現場でさまざまな程度で担われるあり方を把握しようとする概念である。

　以上を踏まえれば、人間にとっての宗教は、あらかじめ「宗教的なるもの」との関連のもとにあり、民俗信仰として生活現実に受肉すると言っても過言ではない。私たちの宗教性を適切に描くためには、そのような関連を理解したうえで、現実生活に即した議論を構想することが求められるのである。

参考文献
小池淳一（2006）「信仰──民俗信仰の領域」『日本民俗学』247：101-124
谷口貢（2009）「民俗信仰研究の歩み」『日本の民俗信仰』八千代出版
プリミアノ，レナード・ノーマン（2007）「宗教民俗における方法の探求とヴァナキュラー宗教（Vernacular Religion）」（小田島建己訳）『東北宗教学』3：129-157

24 ケ ア

加賀谷真梨

ケアとは ケアと聞くと、デイケア、ターミナルケアといったように、医療や福祉の領域における身体的支援を想起する人が多いだろう。しかし、ケアの語源であるラテン語 cura は、心配する、世話をする、気にかける、思いやる等の心理的支援を意味し、必ずしも身体的支援に限定されない。また、ケアは何かをしたいといった能動的な心情を持つことにも限定されず、それは往々にして双方向的・互酬的行為である。哲学者の森村修によれば、ケアには必ず喜怒哀楽などの「情念 passion」が伴うがゆえに、人を傷つけることもあるという（森村 2020）。誰かを支え勇気づけると同時に誰かを傷つけるという二律背反な特性をケアは持つ。森村はこのことを前提に、「存在のかかわり（共に在ること）」を肯定的に捉えることの重要性を説く。

民俗学とケア 日本民俗学においてケアはなじみの薄い用語である。しかし、アメリカの人類学者ランベックは、ケア概念と民俗学との接合可能性を次のように示唆している。

ランベックは、ケアすることは覚えていることの一形態であり、それは親族の倫理や実践でもあるという（Lambek 2007）。記憶は親族と結びつき、ケアの実践的・経験的領域に表出する。親族の最も特徴的なことは、年長者、祖先、そして死者をケアすることである。

このランベックの視点に基づくと、民俗学者が扱ってきた祖先祭祀や死者儀礼をケアの一形態として再定位できよう。たとえば、柳田國男は『先祖の話』で「御先祖になる」と語る老人を取り上げた（柳田 1946）。6人の男児それぞれに家を持たせ、新たな 6 軒の一族のご先祖になるのだと老人は柳田に喜々として語ったという。この老人は、子を分家させることで、死後も確実に自分が祭られ続けることを確証していたのだ。また同書で柳田は、日本では先祖の御霊を盆と正月に特別な棚をこしらえ

て祭ってきたのみならず、御霊も生きた人の社会と交通しようとしてきたと述べる。柳田は先祖と生者のあいだの双方向的な関係を読み取っていた。このことから、彼が祖先祭祀を記憶を媒介にしたケアとして見立てていた蓋然性が高い。

ケアが拓く常民の世界　ケアを自分と他者との情念を媒介とした記憶をめぐる行為実践として、さらには「共に在ること」を鍵概念として民俗社会を見渡してみると、これまでと異なった世界が見えてくる。たとえば、日本では明治以降、写真技術の発達と共に先祖の遺影を鴨居に飾る家が増えた。これも死者が生者と共に在ることを可能にすべく誕生した文化的装置だと言えよう。また、これまで神棚の設置や初詣、七五三等の儀礼は、政治的策略に基づいた「創られた伝統」であると指摘されてきたものの、なぜそうした慣習を人びとが受容したのかについての説明は十分ではない。もし、生者が「共に在ること」を重視して儀礼を行ってきたのだとすると、誰と共にいようとしているのだろうか。それらの儀礼に記憶はどう介在しているのか。ケアという概念を民俗学に導入することで、これまでとは異なる角度から常民の心意に迫ることができるように思われる。

参考文献
森村修（2020）『ケアの形而上学』大修館書店
柳田國男（1946）『先祖の話』筑摩書房
Lambek, Michael (2007) "The Cares of Alice Alder: Recuperating Kinship and History in Switzerland", in Janet Carsten ed., *Ghosts of Memory: Essays on Remembrance and Relatedness*, Blackwell Publishing

朴 承賢

多義的な地域　筆者は文化人類学者として「地域」を拠点にフィールドワークを行い、地域で生きてきた人びとの話から地域の歴史やその生活世界を描き出す作業を行ってきた。ここで地域とは一定の空間的限定をもって、人びとの日常生活が営まれる場であり、さまざまな暮らしの問題を解決するための実践が展開される場でもあった。文脈によって local、region、district、area などとして翻訳されることからも、地域はその使い方が非常に広範囲であり、問題設定によって多様に定義される重層的概念であることがわかる。ここでは、地域－コミュニティ、また、地域－国家－世界の関係から今日における地域の意味を考えたい。

地域－コミュニティ　地域とは何かを考えると、住まい、日常生活、近隣関係、そしてそこから生まれるコミュニティがまず浮かび上がる。地域という地理的、社会的空間は人びとの相互作用や連帯感の基盤であり、持続可能な地域とは持続可能なコミュニティから成り立つ。コミュニティはあらゆる学問領域において最も広範に影響を及ぼした概念であり、「地域」以上に重層的な意味を持つ概念である。社会学におけるコミュニティ議論は都市化により、伝統的な農耕社会の人間結合が崩れる現象を分析することから出発した。急速な都市化や交通網の発達を背景にした匿名的で流動的な現代社会において、人と地域の関わりが薄くなりつつ、地域に基づいたコミュニティは弱体化しつつあることが問題視されてきた。

　一方、現代社会が直面しているさまざまな課題において、「地域中心」という言葉は福祉のスローガンのようになっている。地域は国家や市場、家族の隙間を埋める公共性の担い手として注目を浴びるようになったのだ。特に、高齢化とともに住み慣れた地域で生活をすることは望ましい老後のあり方とされており、地域は共同の生活空間を基盤にした公共の

絆が生み出される空間として期待されている。そして、日常的な支え合いなど「地域にしかできないこと」が強調され、地域再生を目指す取り組みが目立つ。日本の地域社会におけるまちづくりの長い経験は「地域再生」の実践につながっていると思われる。

地域 – 国家 – 世界　交通や通信の発展とともに日常的な移動性が高まりつつあるなかで、人間の相互作用において地理的な距離、領土の境界という壁は低くなり、地球全域があたかも 1 つのコミュニティになっているようでもある。新自由主義的なグローバル化のなかで世界のあらゆる地域は、その生産物を媒介にして地理的に離れていても互いにつながっているように経験される。

　一方、新型コロナウイルス感染症（COVID-19）の流行は地域、国家、世界の関係性や相互性への省察を導いた。COVID-19 によって、人びとはグローバル化が人類の健康と保健に深刻なリスクをもたらすことを認識し、不確実性が増加するなかで、危機管理能力を備え国民の安全を守れる効率的な政府を求めるようになった。また国境封鎖や入国規制という脱世界化の動きと同時に、私たちはウェビナーなど国境を越える新しい交流の仕組みを探ったり、非対面コミュニケーションの可能性と限界を考えたりしている。そこで、互恵性、信頼、帰属意識をもとにした生活世界としての地域、また地域のなかでの生産と消費の循環があらためて実感されている。グローバルな現象とローカルな現象は同時ないし連続的に、しかも相互に影響を及ぼしながら進行する（Robertson 1995）。私たちは家で暮らしながらつねに世界につながれており、それと同時に地域に住んでいるのだ。

参考文献

Robertson, Roland (1995) "Glocalization", in Mike Featherstone, Scott Lash & Roland Robertson eds., *Global Modernities*, Sage Publications

26 公共民俗学

金子祥之

公共とは　近年、公共という文字を冠した学問領域が誕生している。公共学・公共哲学・公共人類学・公共社会学・公共歴史学などがある。民俗学もまた、公共民俗学を名乗る研究が生まれている。公共という言葉には、学問が象牙の塔に閉じこもるのではなく、広く社会の役に立つ公共的なものとなることへの期待が込められている。

　実は日本民俗学の祖である柳田國男は、学問の公共性を強く意識していた。言い換えれば、民俗学は公共のための学問であると自負し、研究を行っていた。「私たちは学問が実用の僕となることを恥としてゐない。……能く世間の要求期待を感じて居る」（柳田 1998：260）。このように柳田は、世間の期待に応えうる、実用的な学問として民俗学を構想した。

野の学問　学問領域として確立していくなかで、日本の民俗学は、「野の学問」と表現されるようになった。なぜなら、民俗学は柳田の学問観を反映しつつ、いわゆる研究者のみならず、在野の非専門的な人びとを結集しつつ、組織化されていったからである。

　「野の学問」には次の意味があると、菅豊は指摘する。「「野の学問」という表現の意味は、その学問の在野性であり、現場におけるフィールド科学性であり、人びとに資する実践性であり、権力や権威、そしてアカデミズムといった「何ものか」への対抗性というエッセンスに求められる」（菅 2013：5-6）。民俗学が、生活の現場に根差した学問領域であることが、あらためて確認されよう。

　学問の公共性が問われる昨今、民俗学が、「野の学問」であったことが指摘される機会が増えている。このことは、民俗学に「野の学問」としての性格がいまもなお継続しているというよりも、むしろ後退していった事実を残念ながら示している。

　だが、かつて民俗学が有していた、「野の学問」としての「多声的な

見解が反映され複数性が確保された言説空間の姿」（岩本 2013：67）が、私たちにとって示唆に富むことも事実である。「野の学問」の問題点を克服しつつ、開かれた言説空間をいかに構築するのか問われている。

災害と民俗学　公共民俗学のあらわれとして、災害研究を取り上げてみたい。災害研究は、研究者が惨事に便乗しかねない危うさをもつ。極言すれば、災害にかかわる研究はすべて、惨事に便乗するかたちをとらざるをえない。

　そのような困難な場で、被災者とともに地域再生に取り組もうとする、民俗学の興味深い研究が生み出されてきた。民俗芸能に注目する橋本裕之は、「生活再建や地域再建のために欠かせないものの一つこそ祭りや芸能だった」（橋本 2015：64）ことを見抜き、民俗芸能の支援を通じた地域再生の実践を進めている。また加藤幸治は、被災地での文化財レスキュー活動を起点に、「地域の人々にとって大切にしたいものを浮き彫りにし、それを共有していくための移動博物館という方法」（加藤 2017：207）を実践し、「より良い復興」を模索している。

　公共民俗学という領域は、理論的な検討のみならず、このような現場での実践を通じて着実に拡大している。そこには、今後、民俗学が展開しうる、豊かな領域が広がっている。

参考文献

岩本通弥（2012）「民俗学と実践性をめぐる諸問題──「野の学問」とアカデミズム」岩本通弥・菅豊・中村淳編『民俗学の可能性を拓く──「野の学問」とアカデミズム』青弓社

加藤幸治（2017）『復興キュレーション──語りのオーナーシップで作り伝える〝くじらまち″』社会評論社

菅豊（2013）『「新しい野の学問」の時代へ──知識生産と社会実践をつなぐために』岩波書店

橋本裕之（2015）『震災と芸能──地域再生の原動力』追手門学院大学出版会

柳田國男（1998）「郷土生活の研究法」『柳田國男全集 8』筑摩書房

27　世界の民俗学

田村和彦

世界の民俗学誕生　民俗とは所与の存在ではなく、徐々に浮かび上がっ
たある種の視野のなかで成立した。その意味で、民俗学の誕生は、18
世紀から19世紀にかけてドイツ語圏において起こった郷土生活の研究、
J. G. ヘルダーによる歌謡や詩を通じた民族精神の理解からグリム兄弟
の文献学、W. H. リールによる学問領域の確立へと至る流れに契機を求
められる。

　その後、イギリスのW. トムズによってFolk-Loreの語が創造され、
1878年にはG. L. ゴムらによってThe Folklore Societyが創立された。
以降、Folklore研究は世界各地で展開したが、ある種の普遍性への対抗
として普通の人びとに目を向け、それぞれの国情による変化を伴いなが
ら展開した点にこの学問の特徴がある。このため、早くに産業革命を達
成し世界のヘゲモニーを握った国々ではその周縁部に、それ以外の国々
では国学などと結びつきながら発展した。民俗学は、人びとの生活技術
の研究である性格上それぞれの地域の文脈に近い位置から、新たにもた
らされた近代化や植民地主義、資本主義に対抗しつつ、郷愁や生活の向
上、国民国家形成などさまざまな動機や目標を包摂しながら各地で多様
な研究と実践とが営まれてきた。

日本の民俗学との交流　初期には俗説学、土俗学などいくつかの訳語が
用いられながら、Volkskunde、Folkloreは日本に紹介された。その後、
1920年代から40年にかけて、世界の主要な民俗学テキストが次々と日
本語へ翻訳された。ゴムとC. S. バーン『The Handbook of Folklore』補
足版（岡正雄訳）、S. ベヤリング゠グウルド『A Book of Folk-lore』（今泉忠
義訳）、ヴァン・ジェネップ『Le Folklore』（後藤興善訳）、K. クローン『Die
folkloristische Arbeitsmethode』（関敬吾訳）などがそれにあたる。

　世界各地の民俗学への目配りの頂点は、関敬吾が「はしがき」を書い

た『日本民俗学体系1　民俗学の成立と展開』（大間知ほか編1960）であろう。本書では、ヨーロッパ各地、ソヴィエト、朝鮮半島の民俗学が紹介されている。その後、日本民俗学は、世界的にも稀にみる国内各地の膨大な研究を蓄積する一方で、個々の研究者による少数の例外を除いて、世界各地の民俗学への関心は弱まった。その結果、世界各地の民俗学で起こった1970年代の大きな変革が十分に参照されず、近年急速に進む世界的な均質化／差異化を促す動力のなかで生起する現象についても、広い視野から研究、発信することを困難とした。無形文化遺産（Intangible Cultural Heritage）やインターネットをめぐる問題などはその典型であろう。

世界の民俗学との交流ふたたび　近年、日本民俗学をめぐる状況に大きな変化が起こっている。日本民俗学会は国際交流事業を開始し、成果の一部は学会誌の特集などに表れている。2008年には「先鋭化」「実質化」「国際化」を掲げた現代民俗学会が発足し、成城大学にもグローカル研究所が新設された。2015年からは、日中韓とドイツの民俗学の地ならしを目指す雑誌『日常と文化』が刊行を開始した。2019年には関西学院大学に世界民俗学研究センターが開設されている。

　その目的、背景を異にしつつも、これらは国際化を標榜する点で共通する。フランスや北欧の国々などかつての民俗学の拠点でこの学問の存在感が衰退し、多くの国の民俗学が現在と向き合うための方法や研究視野を模索するなかで日本の民俗学がどのような発展を試みるのか（菅 2012）。ふたたび盛んとなった国際交流の内実と展望がいま問われている。

参考文献
大間知篤三ほか編（1960）『日本民俗学系1　民俗学の成立と展開』平凡社
菅豊（2012）「民俗学の悲劇——アカデミック民俗学の世界史的展望から」『東洋文化』93：3-52
日常と文化研究会編（2015〜2021）『日常と文化』1〜9

28 フェス・イベントと祭り・行事

俵木 悟

祭りと信仰　民俗学の話題で「フェスとイベント」とは訝しく思われる
だろうか。現代の若者には、フェスと言えばロックフェスティバル、イ
ベントと言えばコミケなどの商業イベント、オリンピックやワールドカ
ップなどのスポーツ大会、大規模な博覧会や展示会などだろう。しかし
辞書で festival と引いて最初に出てくる意味は「祭り」であり、event と
引けば「行事」である。そして祭りや行事は古くから民俗学の重要な研
究対象である。

　従来の民俗学が祭りや行事を重視したのは、それが人びとの生に関わ
る心意を表すと考えたからだ。柳田國男は、マツルの語源は側にいて奉
仕するという意味のマツロウだと説いた（柳田 2013［1942］）。奉仕する相
手は神である。人の力の及ばない物事を制することを求めて神を頼る人
びとが、神と直接交流する限られた機会が祭りである。正月や盆や節供
などの年中行事、雨乞いや除災などの臨時の行事も、神や精霊に感謝し
たり慰撫したりして、生活の安穏を願って行われる。つまり祭りや行事
の中心には神霊などの超自然的存在があり、それを求心力とする人の願
い、すなわち信仰がその本質だと説かれてきた。

祭りから祭礼へ、そしてフェスへ　だがこの信仰を核とした祭り・行事
の理解が、現代のフェスやイベントにすぐに当てはめられるはずもない。
そこで参考になるのは、都市における「祭りから祭礼へ」の変化という
柳田の見解である。出自や境遇が異なる人びとが集住する都市では、祭
りをただ審美的な目で観望する者、すなわち見物という存在が発生した。
彼らが求めるのは派手で珍奇なモノやコトであって、その欲求を満たす
ために、祭りの演出や装飾も華美に複雑になった。こうして祭りから神
や霊の存在感が薄れ、好奇心と興奮が支配する、日常とは切断された自
己充足的な非日常の性格が強まった。この非日常性がフェスやイベント

にも受け継がれている。

フェス・イベントに見る共同性　柳田の言う見物は、同じ神を祀る集団に対するよそ者である。伝統的な都市祭礼の場合、確かに観衆とのあいだの「見る／見られる」関係がその様式を形作ったが、それでも祭礼の担い手の内には、当事者にしか理解し難い価値や厳格な規範があり、よそ者がそれに触れることは少なかった。だが現在のフェスやイベントには、そうした主体が存在せず、参加者が皆お互いによそ者どうしといった関係で成り立っているかのように見える。フェスやイベントに求める価値は各人で異なり、個々人が好むものを選択する「個人化」や、フェスの関係性は一時的なもので、ノリや気分に応じて再編成されたり乗り換えられたりする「流動化」がその特徴として指摘される（永井 2016）。

　たしかに伝統的な祭りや行事と比較すればそうかもしれない。だがフェスが本質的にそうした性格を有するかは疑問が残る。たとえば「フジロッカー」等という集団の名乗り、明確な規則もないのに整然とできるコミケの待機列、先輩から伝授される参加の心得、何となく様式化された参戦服やフェスコーデなど、フェスやイベントにも内発的かつ集合的に形成される独特の文化がある。多くの参加者がその文化に染まり、それを共有する者どうしで連帯していく（と同時に、染まらない者は疎外される）様子を見ると、血縁や地縁といった旧来の結びつきに実感を持てない現代人が、それでも何かしらの共同性への帰属を潜在的に求めているように思われるのである。

　いずれにせよ、神や霊といった超越的存在を必要としないフェスやイベントを読み解くには、絶対的な求心力が無いにもかかわらず同じ時と場所を多くの人が共有する、その関係に注目することが重要だろう。

参考文献
柳田國男（2013［1942］）『日本の祭』角川書店
永井純一（2016）『ロックフェスの社会学——個人化社会における祝祭をめぐって』
　　ミネルヴァ書房

29 文化政策

俵木 悟

文化財保護と民俗学　戦後の民俗学は、国家の文化政策と深く関わってきた。その最たるものは文化財保護であろう。1950 年制定の文化財保護法には、1954 年に民俗資料というカテゴリーが設けられ、1975 年には民俗文化財と改称され、有形・無形の双方で指定を受けて保存と活用の措置がとられてきた。多くの地方自治体でも、これに準じた文化財保護条例が定められている。保護の対象を選別したり、その実態を明らかにするための民俗文化財調査事業には、多くの民俗学者が関わり、地方自治体が設置する博物館や民俗資料館は、地域の民俗文化財の保存と活用を図る施設として運営されている。民俗学を学んだ研究者の多くが、地方自治体の文化財担当や博物館・資料館の職員として従事していることは、日本民俗学の 1 つの特色である。

　民俗文化財保護の初期の目的は、私たちの生活の推移の理解に欠かせない資料を体系的に残すことであった。しかし徐々に、他の文化財と同様、指定された民俗文化財は他よりも優れた価値の高いものだと思われるようになり、またこの政策を通して、民俗文化とは、失われつつある貴重な伝統文化だという通俗的な理解が浸透することになった。

活用される民俗文化とその問題　文化財保護法は 2018 年に大規模な改正を迎えた。その骨子は、従来の保存重視から活用重視への転換である。観光立国政策のもと、インバウンド需要に応じて伝統文化をコンテンツとして活用したい意図がうかがえる。

　民俗文化の政策的活用は、1990 年代から目立って行われてきた。貿易自由化等の影響による一次産業の苦境に対し、「農村の多面的機能」をうたった農林水産省の政策では、地域に伝わる祭りや互助協同の作業などが、伝統文化の保存や人間性の回復の機能を持つとして注目された。文化政策としては、1994 年の「おまつり法」や、2001 年に始められた

「ふるさと文化再興事業」など、はっきりと民俗文化を活用した観光や商工業の振興を目的に掲げる施策も行われた。この傾向は、2008年の「歴史まちづくり法」等を経て、2015年から始まった日本遺産の登録など、国の地方創生政策の一環として、いっそう強力に進められている。しかし、地域の生活のなかで内発的に育まれてきた総体としての民俗文化から、利用価値のある部分だけが切り取られ、それが外部から値踏みにさらされる状況に対しては、自律的かつ持続的な地域の生活を重視する民俗学の立場からの批判もなされている（岩本編 2007）。

グローバルな課題としての民俗文化の保護　近年、民俗文化の保護は世界的な広がりを見せている。2003年にユネスコで採択された無形文化遺産保護条約は、長らく「フォークロアの保護」として国際的に取り組まれてきた課題の帰結であった（俵木 2018）。無形の文化財の保護を世界に先駆けて法制化した日本は、無形文化遺産保護の先進国と見られることもあるが、2つの制度の理念には大きな相違がある。文化財保護が伝統的な文化の様式の保存を目的とするのに対し、無形文化遺産は、文化の多様性の尊重を前提に、コミュニティが文化を継承するプロセスそのものを支援することを目的とする。ただし民俗学や人類学の議論を反映して設計された無形文化遺産の保護も、実際の運用においては、国ごとの遺産記載数争いや、文化の起源をめぐる論争、伝統やコミュニティの美名に覆い隠される社会的排除や不平等の問題など多くの歪みを生み出している。

　私たちは、民俗文化の意味や価値が語られる政治的文脈をつねに意識し、これらの政策との関わり方を反省的に考え続けていく必要がある。

参考文献
岩本通弥編（2007）『ふるさと資源化と民俗学』吉川弘文館
俵木悟（2018）『文化財／文化遺産としての民俗芸能——無形文化遺産時代の研究と保護』勉誠出版

門田岳久

問いのある旅　「野の学問」と言われる民俗学では調査が重要である。民俗学のフィールドワークは民俗調査と呼ばれることが多いが、それに強い影響を与えたのは『民俗調査ハンドブック』（初版1974年、上野和男他編）であろう。本書は大学や自治体史、文化財保護の調査で広く活用され、民俗学の拡大に寄与してきた。他方で本書は、対象を生活の変化ではなく古い型（民俗）に限定したことや、質問項目があらかじめ用意され、調査をマニュアル化したことが批判されてきた。つまり調査者が何を明らかにしたいか確たる問題意識がなくても、項目どおりに採集していけば学術めいたデータが揃う仕掛けになっている。

　だが「民俗」の採集だけでは学問にならない。学問はまず問いから始まるものであり、問いを解決するため先行研究に学び、文献や資料を分析する。それで解けない課題がある時、フィールドに向かう意義が生まれる。そこで出会う他者との対話を通じて常識を揺さぶられ、さらに問いを深めていく。柳田國男が民俗学を「実験の史学」と呼んだのは、文献で明らかにできる歴史学ではなく、人びとが暮らしや経験のうえに現れる歴史を明らかにしていく実証的な学問だったからである（柳田2019）。柳田もさまざまな問いを持った人だが、とりわけなぜ農民は貧しいのかという根底的な疑問は、当時の学問が目を向けなかった農民生活を具体的に知ることでしか解けない課題だった。フィールドワークとは問いと不可分な旅なのだ。

フィールドワークと観光のあいだ　問いの有無で言えば、対極なのは観光である。これは悪いことでも何でもなく、私たちは旅行先に関する疑問や多角的視点を一時停止することでリラックスし、商品としての「楽しみ」を享受する。ただ近年大学などいくつかの領域で、一見学術的なフィールドワークに見えながらも特段問いを要せず、観光にも近い中間

的な旅が増えている。旅行会社のボランティアツアーや大学が実施する短期研修旅行のようなものはもちろん、街歩きや見学ツアーなどたんに「外に出る」こともフィールドワークと呼ばれつつある。

　言うまでもなく、こういった教養的観光商品にもさまざまな学習効果がある。だが「実験の史学」を学ぶ私たちは、そこに、はたして本やネットにない知や経験を求める問題意識や、自分の常識を覆すような根源的な問いがあるか、あえて疑ってみるべきである。すると、マニュアル化した民俗調査がそれと大差ないことに気づかされる。いかなる事柄を調べるのであっても、その事柄を通して何を明らかにしたいのか、何のために知るのか、また調査者の営みがフィールドにどういう影響を及ぼすのかという洞察を欠くと、いかに「民俗学っぽい」ものを調べても教養的観光商品とほとんど区別できない。「フィールドワーク」が氾濫する現代だからこそ、この区別は重要だ。

　逆に言えば、先行研究を踏まえた問いさえあれば、どれだけの期間どこに行こうともフィールドワークである。それはかつて「異文化」での長期調査を標準としていた人類学の変化を見れば明らかで、科学人類学や医療人類学などでは国内調査が当たり前になりつつある。それは民俗学でも同じで、地方の農村に行くこと自体が民俗学のフィールドワークではない。都市や外国はもちろん、オンライン空間をフィールドにした民俗学も珍しくない（Peck & Blank 2020）。重要なのは「人生至る所フィールドあり」（菅原 2006）という考えだ。自らの日常を問い直し、見慣れた風景を異化することがフィールドワークの第一歩である。

参考文献
菅原和孝（2006）『フィールドワークへの挑戦──〈実践〉人類学入門』世界思想社
柳田國男（2019）『日本の民俗学』中央公論新社
Peck, Andrew & Trevor J. Blank (2020) *Folklore and Social Media*, Utah State University Press

門田岳久

民俗誌と民族誌　まだ民俗学の形が定まっていない1930年代初頭、柳田國男はヨーロッパのエスノロジーを「民俗誌学」と呼び、エスノグラフィーを「民俗誌」と訳そうとした（岩本2018）。エスノグラフィーは現在、文化人類学では「民族誌」、民俗学では「民俗誌」と表記されているが、両者は別物のようで実はルーツは同じなのである。

　エスノグラフィーは、フィールドワークによって文化や社会を捉え、その成果を記述した書物のことを指す。ただ対象社会の全体的把握を元に、厚い記述を行ってきた人類学の民族誌と異なり、戦後民俗学の民俗誌は調査報告書に近いものになっていった。特に文化財制度や自治体史の影響で、公的予算に沿った調査のために内容や手法がマニュアル化し、「信仰」「生業」「芸能」といったジャンルが定式化された。伝統文化の記録保存という役割があったにせよ、個々の習俗を生活から切り離し、標本採集のように項目化する民俗誌は批判に晒されるようになる。

現代民俗学のエスノグラフィー　現代民俗学が目指すエスノグラフィーとは、人びとの日常を社会的、文化的な側面に着目しながら質的に記述することを目指す書物である。民俗誌とは言うものの狭義の民俗だけを記述するのではなく、人と人、人とモノとを関係性のなかで捉え、生活の文脈において描くとともに、人びとの日常に影響を与える過去や歴史の現れ方にも目を配る。日常や生活は固定的なものではなくつねに変化するものであり、民俗誌に描かれた場面は、変化する日常を任意の時間で切り取ったものでしかない。

　過去の民俗学で編まれてきた民俗誌のなかには、人びとの「素朴」な生活を不変の伝統として固定的に描いたものも少なくなかった。民俗誌記述に内在する、地方や民衆に対するステレオタイプな視点は、文化人類学の民族誌記述における他者表象の権力性と同様の問題を抱えたもの

として、批判的に検討されてきた（菊地 2001）。自己中心的な民族誌に陥らないためには、『文化を書く』以降の人類学が、民族誌的実践をどのように再構築してきたか学ぶことにも意義がある（木村 2018）。

プロダクトとプロセス　エスノグラフィーは書かれた成果物（プロダクト）であると同時に、一種の方法である。現場で参与観察や聞き取りを行い、人びとのミクロな実践から秩序や意味を発見していくことはエスノグラフィー固有の過程（プロセス）である。近年プロセスとしての側面を重視した応用的研究がさまざまな分野で拡大しつつある。とりわけ医療や看護、マーケティング、防災などの分野では、予見を持たない調査を通じて人びとの実践を観察していくエスノグラフィーが専門家に予想外の気づきを与えるツールとして用いられている（木村・伊藤・内藤 2019）。とりわけビジネスエスノグラフィーはその問題発見的な手法によって、世界的に流行している。

　他方、これまで学術成果と言えばおもに民俗誌記述が想定されていた民俗学でも、映像やアート作品の制作をしたり、地域貢献など公共性を持った取り組みを成果としたりする実践も広まりつつある。エスノグラフィックな方法に依拠しつつも、プロダクトとしてのエスノグラフィー以外のアウトプットを生み出す取り組みは、現代民俗学の担い手の多様化、学際的な連携を促しながら、さらに増えていくことが期待される。

参考文献
岩本通弥（2018）「珍奇なるものから平凡なものへ──柳田國男における民俗学と民族学の位相」『超域文化科学紀要』23：27-56
木村周平（2018）「公共性」『21 世紀の文化人類学──世界の新しい捉え方』新曜社
木村周平・伊藤泰信・内藤直樹（2019）「1.5 次エスノグラフィから見えるもの──「文化人類学する」ことについての協働的考察」『文化人類学研究』20：104-118
菊地暁（2001）『柳田国男と民俗学の近代──奥能登のアエノコトの二十世紀』吉川弘文館

32 働 く

加賀谷真梨

活発な生業研究の展開　民俗学では、生存を維持するために自然環境と向き合い、自然を手なづけながら大量の時間と労力を費やす活動を「生業」や「なりわい」と呼びならわしてきた。生業とは、稲作や畑作などの農耕、漁労、狩猟採集の他、炭焼き、養蚕、大工、商い等、固有の技術や手法を伴う働きのことを言う。1970年代には、それら個別の技術や地域毎の特色を明らかにする研究が隆盛し民俗学の看板領域となった。当時の研究は、市場経済の外部にあって人びとの自律的な管理に基づく経済活動（サブシステンス経済）として生業を捉える傾向にあった。1980年代以降は市場経済下において複数の生業を組み合わせて生きる術や生業を営む人間の環境認識に注目が集まった。労働歌の豊かさに示されるように、人びとが働きのなかに「遊び」や「楽しみ」の要素を組み込んできたことも指摘されている。

シャドウ・ワーク　豊かな生業研究の蓄積の裏で、ひっそりと理論化されずにきたのがシャドウ・ワークである。この用語はイヴァン・イリイチが用いた用語であり、いわば有償の労働を下支えする世帯における無償の働きである（イリイチ 2006）。料理や掃除、洗濯といった家事労働の他、家族の成員の予定や健康の管理といった共同生活に必要不可欠なことも含まれる。重要なのは、すべての消費行動に伴ってこれらの働きが現れること。さらには、女性がシャドウ・ワークの重荷を担うことである。

　むろん、近年、育児や介護が世帯内の女性役割から切り離され、市場における有償労働となったように、シャドウ・ワークのなかにも世帯外に移出可能な働きとそうでない働きがある。どこまでを市場に担わせることが可能なのか、今後は市場と世帯とを俯瞰的に分析する視座が求められよう。その際、家事労働をサブシステンス労働の一環とみなし、ジ

ェンダー視点不在のワークを語ってきたことへの反省も必須である。

女の働きに見る日本社会　女の働きに着目してきた研究者に瀬川清子がいる。瀬川は、結婚後も自律的に生きる海女の姿に衝撃を受け、彼女たちの生活実態を全国的調査から明らかにした。瀬川の研究は「働き者のたくましい女性像」を産出してきたと問題視する声もあるが、筆者は瀬川が海女や販女の姿に日本の社会構造を読みとろうとしたのではないかと考える。

　たとえば、瀬川は戦後資本主義が急速に発展していくなかで、海女と船頭のペアとして成立していた働き方に変化が生じ、それが女性の自律性を脅かすことを懸念した（瀬川1950）。資本主義が所有や分配をめぐる人びとの認識と態度を変えることへの嫌悪感を露わにしている。また、販女の存在理由を考察するなかで節日のまなぐいに着目し、なぜ農村では山間僻地の村々まで田植肴、盆肴、正月肴をなければならないものとして、節句節句に海のものを食膳にのぼらせてきたのか。なぜ日本の神祭には海の草、海の塩、砂、食塩、そして海の魚が欠くべからざるものだったのかとの問いを立て、その仮説として漁村と農村の間の贈答が用意されていたのではないかとの興味深い説を挙げている（瀬川1971）。農村での「なまぐさもの」の必要性の高さについては、柳田國男も瀬川を引用して述べているが、瀬川が女の働きや女が販売するモノの価値に着目しながら、日本の社会構造を分析する視座を有していたことは明らかである。いま一度女の働きに着目することは、働きの多面的側面を浮かび上がらせ、生業研究に新たな視点をもたらすように思われる。

参考文献
イリイチ，イヴァン（2006）『シャドウ・ワーク──生活のあり方を問う』（玉野井芳郎他訳）、岩波書店
瀬川清子（1950）『海女記』ジープ社
瀬川清子（1971）『販女──女性と商業』未來社

辻本侑生

私たちの身近にある差別　2020年に発生した新型コロナウイルスの感染拡大は、私たちの日常のなかに差別としか言いようがない現実があることを顕在化させた。民俗学が日常を対象とする学問であるならば、差別は避けて通ることのできないテーマである。では、民俗学は差別の問題について、どのように取り組むことができるのだろうか。

民俗学における差別研究の視点　日本の民俗学が活動を始めた1910年〜1930年代、柳田國男をはじめとする民俗学者たちは、山々を移動しつつ生活する漂泊民など、日本が近代国家として体制を整える過程において差別・排除されてきたマイノリティに注目し、その暮らしのあり方を記述していった。こうした視点は、戦後日本の民俗学がマジョリティ（「常民」）の研究に重点を置いていくなかでも、一部の研究者に引き継がれ、被差別部落や障がい者などを対象とした研究成果が蓄積されてきた。

　差別の視点から人びとの日常を捉えた研究の例として、ハンセン病患者に対する差別を扱った今野大輔の研究を見てみよう（今野2014）。今野は日本各地の民俗調査報告書からハンセン病に関わるデータを徹底的に抽出し、結婚や葬儀といった私たちの暮らしに関わる事項のなかに、ハンセン病患者を忌み嫌う言い伝えや慣習が数多く見られることを明らかにした。今野はこの分析結果から、ハンセン病患者に対する差別が私たちの日常に潜む差別意識に下支えされていることを指摘し、差別が行われてきた責任を国家や専門家のみに帰するのではなく、私たち自身の問題として考える必要があると論じている。

現代民俗学から差別を捉えるには　以上の研究蓄積を踏まえつつ、現代民俗学の立場から差別を考えるための視点を2点挙げておきたい。

　1点目は、民俗学の大きな武器であるフィールドワークにおいて、多様さや繊細さに目を凝らす視点である。たとえば、地域社会には障がい

のある人、移住してきた外国人やその子孫、性的マイノリティなど多様な属性を持つ人びとが暮らしている。また、地域社会において人びとはさまざまな理由から対立し、時には特定の住民の排除（いわゆる「村八分」）に至ることさえある（柏木 2014）。さらに言えば、地域内における経済的な格差も当然存在する。個人情報の保護や被調査者への丁寧な説明など、調査倫理の問題には十分配慮しつつ、多様さや繊細さが織りこまれた人びとの日常を描いていくことが求められるのである。

　2点目は、多様な資料や複数の調査手法を活用し、差別の動態的な側面を捉える視点である。たとえば「男性」というカテゴリーはマジョリティと捉えられがちであるが、時と場合によっては差別を受けているマイノリティであると主張されることもある。実はマジョリティ／マイノリティを明確に分けることは難しく、ある時はマイノリティとして抑圧を受けている人が、別の場面ではマジョリティとして差別的な言動を行っている事例も見られる。こうした差別の複雑な様相を捉えるためには、歴史的経緯を把握しうる文書史料、新聞・雑誌・テレビといったメディア、ウェブや SNS 上の記事や書き込み、そして日常における人びとの何気ない発言や態度など、あらゆる資料を用いて実態を把握していくことが求められる。

　私たちの身のまわりには、どのような差別が見られるだろうか。そして、その問題に日常の視点から迫るためには、どのような方法が必要だろうか。現代民俗学の視点から差別研究を行うことは、決して簡単ではないが、私たちの日常そのものを捉え直す大きな可能性を有している。

参考文献

柏木亨介（2014）「民俗学からみる人権——村八分の解釈をめぐって」門田岳久・室井康成編『〈人〉に向き合う民俗学』森話社

今野大輔（2014）『ハンセン病と民俗学——内在する差別論理を読み解くために』皓星社

34 地域差／地域性

鈴木洋平

「地域」を冠する2つの単語　本項のタイトルになっている2つのよく似た単語、「地域差」と「地域性」の違いは何なのだろうか。この点に注目することは、これまでの民俗学による2つの大きな研究方法の流れを浮かび上がらせる。

　「地域差」は、「地域ごとに違いがある」ということを指す。この点については、特に議論の余地はないだろう。ある2つの地域が、たとえ隣接していようと、離れた場所にあろうと、まったく同じ、ということはありえない。同じ木になった2つの果実も、丁寧に見比べてみれば、まったく同じ形であることがないように、大きな違い、細かな違いを問わず、ある2つの地域を比較すれば、何らかの「地域差」が存在する。

　一方、民俗学の言う「地域性」とは、「地域差」を生み出す地域の構造を指す。地域の人びとの価値体系や志向性というものが、いかなる要因によって、自然環境、生業、地域、社会関係などによって、何が何をどのように規定し、どのように変形され、慣行化するのか。そういった人間が生み出すものを「地域性」と捉える。ある特定の民俗事象の違いは「地域差」であり、それは「地域性」が表現されたものと言える。

目的・方法の異なる2つの「民俗学」　こうした「地域性」理解を共有しつつ、なぜ「地域差」が生まれるのか、という命題に関して、民俗学には2つの大きな流れが存在する。

　1つは「地域差は時代差を示す」とした柳田國男以降の民俗学の流れである。方言分布の検討を中心とした周圏論や、民俗事象の比較による歴史的変遷の提示をめざす比較研究法などを代表的なものとする。時代差を判断する基準は、周圏論においては発生中心からの距離の遠近、比較研究法では変化しにくいとされる「本質要素」に求める。

　もう1つが、1970年代以降に発展した地域民俗学（あるいは個別分析

法）である。比較研究法が変遷を明らかにすることを目的としたことで、地方を手段視することが問題であったとした。地域民俗学では「地域差＝時代差」という前提を否定し、民俗事象が個別の特定地域との有機的な連関によって生じる側面を強調したため、それぞれの違いである「地域差」が生じる意味については、意識的には検討されてこなかった。

「地域差」に基づく「地域性」研究へ　このように、柳田國男の確立しようとした民俗学と、1970年代に発展した地域民俗学では、目的・方法を異にしており、「地域差」が生まれる背景への視線も異なっている。両者の違いを意識しながら、「地域差」を共通の基礎として「地域性」研究を進めることが必要となる。

　今後の「地域性」研究としては、2つの方向性が注意される。1つは、民俗事象の分布を地図上に示した民俗地図の、より厳密な地理学的手法の模索である。資料内容の客観性を、全国的な分布を量的に示しつつ、質的な個別事例の検討を行う、という質量両面から検証する技法が必要となる。また、文化的事象を受け止める側である地域社会について、歴史的に形成された性質から、事象の受容過程と地域への作用を分析し、地域の受容構造と呼ぶべきもののモデル化が目指される。

　近代化や都市化が進むなかで、それでも「地域差」が生まれる状況へ視線を向けることで、対象を過去の問題に限定せず、また、地域を限定された範囲に囲い込むことなく、過去の成果を活かしながら、現在にまでつながる民俗学の「地域性」研究が生まれていくだろう。

参考文献
岩本通弥（1993）「地域性論としての文化の受容構造論──「民俗の地域差と地域性」に関する方法論的考察」『国立歴史民俗博物館研究報告』52：3-47
千葉徳爾（1988）『千葉徳爾著作選集1　民俗学方法論の諸問題』東京堂出版

35 サブカルチャーと民俗学

飯倉義之

サブカルチャーとポピュラーカルチャー　まずはサブ・カルチャー（下位文化）とポピュラー・カルチャー（大衆文化）の定義から始めよう。サブカルチャー（いわゆるサブカル）は、その社会で高級で高尚であると認知されているハイ・カルチャー（上位文化）や、健全で一般的とされているメイン・カルチャー（主流文化）とは異なる、少数者が担う文化を指す語として、イギリスのカルチュラル・スタディーズの議論のなかで使われるようになった言葉である。音楽で言えば、クラシックやポップに対するパンクやモッズであり、そこには階級社会における下位者の抵抗の精神が含まれることも多々ある。しかし、日本ではサブカルチャーはたんに主流ではない、教科書に載るような正統性が社会で認められていない文化を指す語として使われており、大衆の娯楽のために大量生産されるポピュラーカルチャーとの境目は曖昧である。

サブ／ポピュラーカルチャーと民俗学　そうしたエンターテインメントにおいて、民俗学とその成果が取り上げられる機会は意外と多い。と同時に、偏っている。音楽やファッションの分野では民俗学の知見が利用されることはほとんどない。民俗学と親和性のあるサブカルチャーは、小説・マンガ・アニメ・映画といった物語の分野である。こうした分野では、しばしば作中に民俗学のテイストや知見が引用される。しかしそこでも、社会組織や交通・交易、生業、衣食住、人生儀礼、民具などの生活に密着した領域が取り上げられることは少ない。サブカルチャーに引用される「民俗学」は、民間信仰・俗信と祭礼、民間説話の分野に偏っている。

　こうした作品中での民俗学は「近代の文化と制度により隠蔽された、前近代の超自然的な秘密」と位置付けられており、民俗学はその秘密を解説する知識として取り扱われ、民俗学者はその秘密を知る者、あるい

は探る者として物語に登場してくる。民俗学は、民間信仰に語られる超自然的な力（呪い）や存在（カミ・妖怪）の実在を、祭礼や民話を手がかりとして復元する学問として描かれている。サブカルチャーのなかの「民俗学」は、現実の民俗学とはかけ離れた「オカルト学」として扱われていると言える。

コンテンツとしての「妖怪」　そのなかでも特に「妖怪」は、サブカルチャーでもてはやされている。1990年代以降、妖怪を題材とする小説（特にライトノベル）・マンガ・アニメ・ゲームが数多く発表され、人気を獲得した。そこではしばしば柳田國男や宮田登・小松和彦らの、民俗学における妖怪研究の知見が利用される。妖怪を文化として正面から論じてきた学問分野が民俗学であったため、これら作中では「民俗学」はほぼ「妖怪学」と同義として扱われている。

　妖怪をエンターインメントの創作に活かす先駆けとなったのは水木しげる（1922年〜2015年）である。水木は代表作『ゲゲゲの鬼太郎』において、民間伝承の妖怪の報告を基にビジュアルや特徴を創作し、妖怪をマンガのキャラクターとして創作した。こうした「実在する民間伝承を作品中に導入する」手法は、水木以後も受け継がれていく。

　サブカルチャーにおいては当然大胆な創造がなされるため、伝承の解釈や内容が現実のものとは大きく異なったり、無から創作されたりする。それを「真正な民俗を歪めるまがい物」としてでなく、「現代社会における〈民俗〉イメージの1つ」として受け取り、分析していくことで、サブカルチャー分野への民俗学的アプローチが可能となるだろう。

参考文献
飯倉義之（2016）「妖怪は紙とインクでできている──マンガの中の妖怪文化」『ユリイカ』48（9）：219-225
廣田龍平（2019）「オカルトと民俗学──その困難な関係性」ASIOS編『昭和・平成オカルト研究読本』サイゾー

36　複数の民俗学

門田岳久

フォークロレスク　アメリカの書店で民俗学の本を探している時、社会科学にも人文学にもなく、結局 "Fiction" の棚で Folklore のコーナーを発見したことがある。Folklore は学問の名称である前に、一般には神話や昔話の類義語で、話のジャンルとして理解されている。日本でも民俗学の書棚には各地の伝承を記録した書籍などが並んでおり、概説書や調査方法論のような、学術書として書かれたものはさほど多くない。

　ただ、通常民俗学と言えば大学や博物館で研究されている内容や学術書よりも、上記のような一般書に描かれたものを指すほうが多い。たとえば、「民俗学が好き」というと、地方の伝説やしきたり、民間信仰、祟りや妖怪などに関心があるということを指すように思われる。実際ヨーロッパや日本では、ファンタジー小説や漫画、映画、ゲームなどで「民俗」や「伝統」が用いられ、作品にある種の深みを出していることは、著名な例としては『ハリー・ポッター』シリーズやジブリ映画（『千と千尋の神隠し』『もののけ姫』）などを見ても明らかだ。マイケル・ディラン・フォスターらがフォークロレスク（Folkloresque）と呼ぶ、ポピュラーカルチャーにおける民俗学（的要素）の展開を見ると、「民俗学」という名称で展開する現象には、大学や博物館だけでなく複数の形態があるように思われる。

民俗学の生産主体　民俗学は大学などアカデミズムで展開するものと、博物館など公共部門で展開するものとがあるとされてきた。ただこの二元論は往々に、前者を「純粋な」民俗学とみなし、展示や社会教育といった実践の集合体である後者を「応用的な」民俗学とみなす、一種のヒエラルキー意識に繋がると指摘されてきた（カーシェンブラット゠ギンブレット 1996）。こうした二元論の超克を目指す試みとして公共民俗学が進展している。

他方、ポピュラーカルチャーとしての民俗学の生産主体は、職業的な研究者ばかりではない。たとえば、水木しげる、京極夏彦らは民俗学的なエッセンスを取り入れたコンテンツを生み出してきた作家であるし、谷川健一、畑中章宏、宮本常一、赤坂憲雄らは長く在野で執筆活動に当たってきた人びとである。一部は後年大学に籍を置くことになるが、一般に「民俗学者」と言えば、書籍を通して知名度の高いこれらの人びとが想起されるだろう。

　加えて生産主体という点で言えば、インターネットや SNS の普及により、民俗学は匿名もしくはハンドルネームの作者によってオンライン上でも展開する。そこではたんに民俗学的な「ネタ」が提供されるだけでなく、ネットの人びとによって分析されたり考察されたりする。これまでもネットロアの研究対象としてオンライン情報が対象化されることはあったが、民俗学の主体として捉える視点は少なかった。ポピュラーカルチャーとしての民俗学は日本でも相応の規模があり、メディア市場やネットという自律的世界で展開する。ゆえに大学等との懸隔をあえて埋めるべきかどうかも議論を要する。だが「民俗学」に複数性があり、そのなかでアカデミズムの占める割合が、たとえば文化人類学や社会学などに比べると格段に小さいことは、民俗学の自己認識を語るうえで欠かせない。また民俗学は国際的にも多様であるため、それぞれの国や地域で何が「民俗学」に相当し、何がその構成要素になっているか比較することも有意義な作業となるだろう。

参考文献

カーシェンブラット = ギンブレット，バーバラ（1996）「誤りの二元論」『民俗学の政治性──アメリカ民俗学 100 年目の省察から』（岩竹美加子訳）、未來社

Foster, Michael Dylan & Jeffrey A. Tolbert eds. (2015) *The Folkloresque: Reframing Folklore in a Popular Culture World*, Utah State University Press

索　引

著者紹介・編者

岩本通弥（いわもと・みちや）　第Ⅰ部2・11章、第Ⅱ部④・⑦
東京大学名誉教授
1956年生まれ。筑波大学大学院博士課程歴史・人類学研究科満期退学。文学修士。
主な著書に、『方法としての〈語り〉——民俗学をこえて』（編、ミネルヴァ書房、
2020年）、『ふるさと資源化と民俗学』（編、吉川弘文館、2007年）、『都市の暮らしの
民俗学』1～3（共編、吉川弘文館、2006年）などがある。

門田岳久（かどた・たけひさ）　はじめに、第Ⅰ部7章、第Ⅱ部⑨・㉚・㉛・㊱
立教大学観光学部交流文化学科准教授
1978年生まれ。東京大学大学院総合文化研究科博士課程満期退学。博士（学術）。主
な著書に、『巡礼ツーリズムの民族誌——消費される宗教経験』（森話社、2013年）、
『〈人〉に向きあう民俗学』（共編、森話社、2014年）、『現代宗教とスピリチュアル・
マーケット』（共著、弘文堂、2020年）などがある。

及川祥平（おいかわ・しょうへい）　第Ⅰ部13・14章、第Ⅱ部⑲・㉑・㉓
成城大学文芸学部文化史学科専任講師
1983年生まれ。成城大学大学院文学研究科博士課程後期、単位取得退学。博士（文
学）。主な著書に、『偉人崇拝の民俗学』（勉誠出版、2017年）、『東日本大震災と民俗
学』（共編、成城大学グローカル研究センター、2019年）、「「人生儀礼」考——現代
世相への対応に向けて」（『成城文藝』254、2020年）などがある。

田村和彦（たむら・かずひこ）　第Ⅰ部6章、第Ⅱ部⑫・㉗
福岡大学人文学部東アジア地域言語学科教授
1974年生まれ。東京大学大学院総合文化研究科博士課程満期退学。博士（学術）。主
な論文に「中国民俗学の現在——現地調査と民俗誌を中心に」（『日本民俗学』259号、
2009年）、「文化人類学與民俗学的対話——圍繞「田野工作」展開的討論」（周星（主
編）『民俗学的歴史、理論與方法』、上巻、商務印書館、2006年）などがある。

川松あかり（かわまつ・あかり）　第Ⅰ部8章、第Ⅱ部⑳
東京大学大学院総合文化研究科超域文化科学専攻文化人類学コース博士課程
1990年生まれ。東京大学大学院総合文化研究科修士課程修了。修士（学術）。主要業
績に、「「語り部」生成の民俗誌にむけて——「語り部」の死と誕生、そして継承」
（『超域文化科学紀要』23、2018年）、「ナラティヴ研究と『日常的な民俗誌実践』——
日本の旧産炭地豊における遺産と記憶」（『日常と文化』8、2020年）などがある。

著者紹介・編者以外（執筆順）

島村恭則（しまむら・たかのり）　第Ⅰ部1・12章、第Ⅱ部③・⑥・⑭
関西学院大学社会学部教授。主要業績に、『みんなの民俗学——ヴァナキュラーって
なんだ？』（平凡社新書、2020年）。

周星（しゅう・せい）　第Ⅰ部3章
神奈川大学国際日本学部歴史民俗学科教授。主要業績に、『現代民俗学的視野与方向』

（商務印書館、2018 年）。

法橋量（ほっきょう・はかる）　第Ⅰ部4章、第Ⅱ部 ⑪・⑯
慶應義塾大学非常勤講師。主要業績に『方法としての〈語り〉──民俗学をこえて』
（共著、ミネルヴァ書房、2020 年）。

フェルトカンプ，エルメル（Elmer VELDKAMP）　第Ⅰ部5章
ライデン大学人文学部地域研究所（Leiden Institute for Area Studies）韓国学科専任講師。
主要業績に『Highlights from the Korea collection of Rijksmuseum Volkenkunde』（Arnhem:
LM Publishers、2014 年）。

山泰幸（やま・よしゆき）　第Ⅰ部9・10章
関西学院大学人間福祉学部教授。主要業績に『だれが幸運をつかむのか──昔話に描
かれた「贈与」の秘密』（筑摩書房、2015 年）。

室井康成（むろい・こうせい）　第Ⅱ部 ①・⑧
会社役員。主要業績に『事大主義──日本・朝鮮・沖縄の「自虐と侮蔑」』（中央公論
新社、2019 年）。

重信幸彦（しげのぶ　ゆきひこ）　第Ⅱ部 ②・⑤
國學院大學兼任講師。主要業績に『みんなで戦争──銃後美談と動員のフォークロ
ア』（青弓社、2019 年）。

金子祥之（かねこ・ひろゆき）　第Ⅱ部 ⑩・㉖
東北学院大学文学部歴史学科講師。主要業績に「オビシャ行事をめぐる地域社会の縮
小戦略──村規約にみる現代化への対応」（『生活学論叢』33 号、2018 年）。

加賀谷真梨（かがや・まり）　第Ⅱ部 ⑬・㉔・㉜
新潟大学人文学部准教授。主要業績に『民衆史の遺産　第 14 巻沖縄』（谷川健一・大
和岩雄編）（分担執筆、大和書房、2019 年）。

施堯（し・ぎょう）　第Ⅱ部 ⑮・⑱
東京大学大学院総合文化研究科超域文化科学専攻文化人類学コース博士課程。主要業
績に「「民謡」への道──戦後沖縄の旧・コザ市を舞台にした4人の民謡歌手のライ
フストーリーから」（東京大学修士学位論文、2014 年）。

飯倉義之（いいくら・よしゆき）　第Ⅱ部 ⑰・㉟
國學院大學文学部日本文学科准教授。主要業績に『怪異を魅せる』（青弓社、2016年）。

松田睦彦（まつだ・むつひこ）　第Ⅱ部 ㉒
国立歴史民俗博物館研究部准教授。主要業績に『人の移動の民俗学──タビ〈旅〉か
ら見る生業と故郷』（慶友社、2010 年）。

朴承賢（ぱく・すんひょん）　第Ⅱ部 ㉕
啓明大学校国際地域学部日本学専攻助教授。主要業績に『老いゆく団地──ある都営

住宅の高齢化と建替え』（森話社、2019 年）。

俵木悟（ひょうき・さとる）　第Ⅱ部 28・29
成城大学文芸学部教授。主要業績に『文化財／文化遺産としての民俗芸能──無形文化遺産時代の研究と保護』（勉誠出版、2018 年）。

辻本侑生（つじもと・ゆうき）　第Ⅱ部 33
弘前大学地域創生本部地域創生推進室助教。主要業績に「いかにして「男性同性愛」は「当たり前」でなくなったのか──近現代鹿児島の事例分析」（『現代民俗学研究』12 号、2020 年）。

鈴木洋平（すずき・ようへい）　第Ⅱ部 34
拝島大師職員。主要業績に「石塔化と「無縁」──佐渡橘における恒久的石塔の選択と『意味づけ』」（『日本民俗学』257 号、2009 年）。

民俗学の思考法
——〈いま・ここ〉の日常と文化を捉える

2021 年 3 月 30 日　初版第 1 刷発行
2022 年 1 月 20 日　初版第 2 刷発行

編　者————岩本通弥・門田岳久・及川祥平・田村和彦・川松あかり
発行者————依田俊之
発行所————慶應義塾大学出版会株式会社
　　　　　　　〒108-8346　東京都港区三田 2-19-30
　　　　　　　TEL〔編集部〕03-3451-0931
　　　　　　　　　〔営業部〕03-3451-3584〈ご注文〉
　　　　　　　　　〔　〃　〕03-3451-6926
　　　　　　　FAX〔営業部〕03-3451-3122
　　　　　　　振替　00190-8-155497
　　　　　　　https://www.keio-up.co.jp/
装丁・イラスト—中尾悠
組　版————株式会社キャップス
印刷・製本——中央精版印刷株式会社
カバー印刷——株式会社太平印刷社